KB262848

선설보장론 善說寶藏論

선설보장론 善說寶藏論

티벳 운문학의 정수

선설보장론 善說寶藏論

사꺄 빤디따 지음
신상환 옮김

西以苑

추천사

　인도라는 나라는 부처님의 땅이라는 것 하나만으로도 가슴 벅찬 곳이다. 그러나 인도에 가서 처음 느낀 것은 인도의 불교는 한국불교의 정서와 너무 다르다는 것이었다. 인도 북부의 산악지대, 간다라 지역, 파키스탄, 아프가니스탄을 지나면서 한국불교의 뿌리는 여기구나 하는 생각이 들었다.

　티벳 불교는 한국불교와는 직접적인 관계는 없었다. 그러나 지금은 티벳 불교와의 관계가 하나 둘 알려졌다. 현재 티벳이라는 나라는 중국에 병합되었고 티벳 불교는 세계를 유랑하고 있다. 이 유랑의 길이 새로운 문명을 형성할 수 있는 씨앗이 될지는 두고 볼 일이다.

　세계를 토인비식의 문명권으로 나눈다면, 티벳이나 한국은 자문명(子文明)권이다. 화석화된 모문명(母文明)권을 대신하는 자문명권이 꽃피울 수 있을 것인지는 지적 프롤레타리아들의 상상력이나 창조력에 달렸다.

　티벳 불교의 중론(中論) 전공자인 저자가 중론의 전공서가 아닌 『사꺄 렉셰』라고 불리는 『선설보장론(善說寶藏論)』을 번역한 것에는 또 다른 뜻이 있으리라고 짐작된다. 『선설보장론』은 12세기 경의 티벳 논리학자이기도 하고 현자라는 칭호를 받은 뀐가 곌첸이라는 사꺄빠의 스님이 지은 잠언집이라 할 수 있다.

　지금도 티벳 교양교육의 텍스트로 활용되고 있다고 한다. 한국에서 티벳학을 연구하는 데, 티벳의 불교는 물론 티벳의 문화와 정서를 이해하는 데 많은 도움이 될 것으로 생각한다.

불기 2554년(2010년) 6월

종림(고려대장경 연구소) 화남(和南)

번역의 말

　보통 『사꺄 렉셰(Sa kya legs bshad)』라 불리는 이 『선설보장론』은 티벳 운문
학의 대표로 잘 알려졌다. 그것은 평이한 어휘들로 구성된 각 경구가 자연스러
운 운율을 이루고 있을 뿐만 아니라 풍부한 비유들이 들어 있기 때문일 것이다.
오늘날도 망명 티벳의 각 학교나 승원에서는 이 『사꺄 렉셰』를 통해서 티벳의
전통적인 운문학을 가르치고 배우고 있는데 맨 처음 이 글을 접한 것은 2천년
대 초반, 인도 - 티벳학 준석사(Diploma) 과정의 학생이었을 때였다. 완역을 마친
지가 5, 6년 전이었으나 개인적인 사정으로 이제야 내놓게 되었다.

　옛날 티벳의 수도 라싸의 뽀따라 궁에서는 당대의 식자층인 관리들이 이 글
에 등장하는 경구들로 대화를 주고받았다는 일화를 티벳 선생님에게 처음 들었
을 때, 중국의 『시경(詩經)』과 비슷하다는 느낌이 언뜻 스쳐 지나갔다. 물론 티
벳 문화가 인도의 후기 불교 전통을 통해서 확립되었으므로 자비와 보리심,
공성과 무아 등 여러 대승 불교의 개념들을 바탕으로 하고 있음은 주지의 사실
이다. 그러나 이 『사꺄 렉셰』는 이런 티벳 불교의 특징을 전면에 드러내 놓고
있기보다는 좀 더 보편적인 인간의 덕성 함양의 필요성을 지적하고 있으므로
문학 작품에 포함하는 게 합당하다고 여겨진다.

　경론은 읽는 이의 눈높이에 따라 그 내용이 달리 보이는 법이라고 한다. 어떤
한 독자가 경론을 읽는 것과는 다르게 자신의 언어로 옮기는 역경(譯經)이란
작업은 ‘오뉴월에 먹는 돼지고기 같다’는 시답잖은 생각을 하고 있었다. 그 이
유는 각 역경사마다 보여줄 수 있는 복업에 따른 능력과 문장의 구사력 등이

천차만별이라 원래 한 경론이 가지고 있는 다이성(多異性)을 곡해하지 않을까 하는 우려 때문이었다. 또한, 비유하자면 풍선에 바람을 넣을 때 그 내부의 공기의 양이 증가할수록 그 표면적 또한 커지는 것처럼, 학문이란 지식의 양이 늘어날수록 모르는 부분이 더욱 많아진다는 간단한 이치 때문이었다. 결국, 남은 것이라고는 진리의 무한성에 도전하기 위한 용기와 자신이 가진 지식의 한계를 뼈저리게 통감하면서 느끼는 진리에 대한 겸손뿐이다. 이 용기와 겸손 사이에서의 주저함이 해결될 기미가 좀처럼 보이지 않는 것이 지금 필자의 처지다.

6 [1-6]

현자에게 의심을 가지고 묻지 않는다면
그때까지 (그 지혜의) 깊이를 측량할 수 없다.
북을 북채로 쳐보지 않으면
그때까지 다른 북과 그 차이를 어찌 (알 수) 있겠는가!

최소한 먹고 자고 싸는 세 가지는 안다고 '두셰 숨빠〔'du shas gsum pa, 우리말로 하면 삼상(三想)이란 뜻으로 바보와 동의어다〕'라 스스로 칭하니 현자와는 거리가 멀어도 한참 멀지만, 북을 북채로 쳐보지 않으면 그 좋고 나쁨을 알 수 없듯이 한글로 이 글을 옮겨 출판하는 것은, 다만 필자의 역경에 대한 능력을 가늠하고 싶었기 때문이다. 앞으로 티벳 중관 사상의 주요 주석서를 우리말로 옮기기 위한 예비 작업이라 생각하고 있으니 거침없는 질책을 바란다.

아무래도 역경이란 신심 없이는 이룰 수 없는 어떤 독특함을 지닌 듯한데 불교 철학의 중관 사상을 전공하는 자로서 여러 철학적 난점들에 대한 끝없는 의심을 품으면서 티벳 문학 작품을 우리말로 옮긴다는 것은 머리를 짓누르는

딜레마였다. 이 모두가 다만 스스로 무지를 드러내면서 얼굴 붉어지는 부끄러움을 감추기 위한 잡설일 뿐이니 우리말로 이 글을 읽을 수 있다는 사실에 자족할 따름이다.

한국의 티벳 학자들과 학생들에게 도움이 될까 하여 티벳 원문과 한역을 함께 적고 주석에서 문법 해제를 덧붙이는 번거로운 작업을 병행하였는데, 일반 독자들에게 불편함을 안긴 게 아닌가 싶다. 인문학의 마이너리그 가운데서도 마이너리그인 티벳학, 또는 티벳 불교를 다루는 '동종업종 종사자들'의 질타를 기대하며 수행한 작업이니 넓은 아량으로 이해하여 주시기 바란다.

인용된 한역은 주석서가 포함된 한역본에서 따왔는데 아무래도 산스끄리뜨어에 어원을 둔 불교 개념보다 중국 유학의 영향과 7자 1행을 맞추기 위한 의역이 지나칠 정도로 눈에 거슬렸다. 본문의 각주에서 가능하면 다른 역본(영역, 한역)들과 비교하여 이런 점에 대해서 대충이나마 언급하였다.

권말에는 해제와 함께 티벳 30음도에 대한 특징을 추가하였다. 산스끄리뜨어에 근간을 두고 있으면서도 히말라야 산악 지역 현지어의 발성법을 따르는 티벳어의 고유한 성격으로 말미암아 우리말로 정확한 발음을 적기란 불가능하지만, 앞으로의 연구를 위한 단상이니 계속적인 고민과 연구가 필요한 부분이다.

티벳의 '로짜와(lo tsa' ba, 역경사)'들은 항상 인도의 현자들과 원문을 함께 읽으며 옮겼다고 한다. 이 글은 필자가 속한 인도 - 티벳학과의 사꺄빠의 셰둡 뗀진(Shedup Tenzin) 교수님과 매일 조금씩 원문을 읽고 한국어로 옮긴 결과다.

글이 옳고 좋다면 사꺄 빤디따와 셰둡 뗀진 선생님 공덕이요, 글이 부족하다면 전적으로 필자의 몫이다. 같은 과의 산집(Sanjip K. Das) 교수님도 다른 역본들과 비교하여 여러 탈·오자들을 바로잡아 주었다.

　　고려대장경 연구소의 이사장님이신 종림 스님께서 말학의 미천한 재주를 아껴 추천사를 써주셨다. 도서출판 서이원(西以苑)의 마하심씨가 편집에 공을 많이 들였다. 이 자리를 빌려 도움 주신 여러분에게 고마움을 전한다.

불기 2554년(2010년) 6월
샨띠니께딴에서 覆程 波天

일러두기

1. 본 역서는 상게 뗀진(sangs rgyas bstan 'dzin)의 『사꺄 렉셰』의 주석서인 『사렉 델와(sa legs 'grel pa, 원명은 legs par bshad pa rin po che'i bter gyi don 'grel blo gsal bung ba'i bstin gnas zhes bya ba bzhugs so, Sherig Parkhang, Dharmasala, India, 1999)』의 경구들을 저본으로 삼아 번역한 것이다. 〔略 : 주석서〕

2. 참고한 다른 판본들은 다음과 같다.
   티벳어 : legs par bshad pa rin po che'i gter dang 'grel pa bzhugs so, Sherab Gyaltsen Palace Monastery, Gangtok, Sikkim, 1883. 〔略 : 강톡판〕
   티벳어와 영문 :
   Development of Awareness and Conduct, Lozang Jamspal, Ladakhrarnashridipika, Leh, India, 2003. 〔略 : 잠뻴역〕
   Tibetan Studies, Alexander Csoma de Körös, Gaurav Publishing House, New Delhi, India, 1912. 〔부분역으로 略 : 쾨뢰스역〕
   한문 : 格言寶藏論, 索達吉堪布, 1996. 〔略 : 한역본〕

3. 양정현의 기존 연구에 따르면(http://skb.or.kr/down/papers/023.pdf), 한역본은 티벳어- 중국어 합본인 王堯의 『薩迦格言(西寧, 青海民族出版社, 1989)』이 있다고 하나(한역본에서는 1979년에 발행되었다고), 티벳 주석서를 저본으로 삼았기에 한역본에는 크게 구해 받지 않았다.

4. 티벳어 로마자(字)는 와일리 표기법(Wylie system, T. V. Wylie, 1959, 'A standard system of Tibetan transcription', Harvard Journal of Asiatic studies, vol. 22, pp.261-7)에 따랐으며 본문의 티벳어는 기존의 삼보타나 TCRC에 비해서 훨씬 간편한 The Tibetan Translation Tool로 타자한 것이다.

5. 번역에 사용된 사전들과 인용된 저서에 대해서는 각주에 개략적으로 실었다.

차 례

사꺄 지역의 대승원　　Copyright Sangwhan Shin

산스끄리뜨어로 '수바씨따라뜨나니디(Subhāṣitaratnanidhi, 善說寶藏)'라는 이름의 논(論, śāstra)이며 티벳어로 '렉발 셰빠 린뽀채 뗄(legs par dshad pa rin po che'i gter)'이라는 이름의 논(dstan bcos)이다.[1]

【예경문】

།།འཕགས་པ་འཇམ་དཔལ་གཞོན་ནུར་གྱུར་པ་ལ་གུས་པས་ཕྱག་འཚལ་ལོ།།

성스런 문수 보살에게 경배하옵니다.[2]

【귀경게】

a.

ལྷ་ཡི་མཆོག་དང་ཀླུ་དབང་ཤྲུབ་པ་རིག་འཛིན་གཙོ།།
དང་སྲོང་རྒྱས་པ་གྲོག་མཁར་པ་དང་ཀུང་མིག་སོགས།།
ཀུན་ནས་དགའ་བའི་གཏུག་གི་རོར་བུས་ཞབས་མཆོད་པ།།
འགྲོ་བའི་གཙོ་བོ་ཀུན་མཁྱེན་དེ་ལ་བདག་ཕྱག་འཚལ།།

위대한 신과[3] 용왕, 전륜성왕[4]

---

1 རྒྱར་སྐད་དུ། སུབྷཱ་ཥི་ཏ་རཏྣ་ནི་དྷི་མ་ཧྲྀཿ། བོད་སྐད་དུ། ལེགས་པར་བཤད་པ་རིན་པོ་ཆེའི་བཏེར་ཞེས་བྱ་བའི་བསྟན་བཅོས། 자세한 내용은 「해제」참조.

2 붓다의 지혜 상징인 문수 보살에게 예경 드리는 것은 이 글 전체가 지혜에 대해 다룬다는 점을 가리킨다. 자비에 대해서는 관자재보살에게 예경하는 것이 관례이다. 〔잠뻴 역〕에서는 티벳어의 경우 약어로 써서 『선설론』이라고 적고 있으며, 문수보살의 이명인 문수 동자(Mañjuśrī, the Youth)라고 원문에 따라 적고 있다.

3 브라흐만(Brahman, 梵天)과 인드라(Indra, 帝釋天) 등의 위대한 신들을 가리킨다.

4 원문의 해석이 상게 뗀진의 〔주석서〕와 〔잠뻴역〕은 다른데, 전자에서는 '둡빠 릭 진쪼(grub pa rig 'zin gtso)'를 하나로 보아, '지무따바하나(Jīmūtavāhana)'와 같은 전륜성왕('khor los bsgyur ba'i rgyal po sprin bzhon sogs pa)이라고 해석하였다. 후자는 '둡빠'와 '릭진쪼'를 나누어 '둡빠'를 'adept(숙련자)'로, '릭진초'를 'Vidyādharas(待明咒者)'라고 번역하였으나 전자가 옳다고 본다. 왜냐하면 '비드야다라'는 주로 닝마빠에서 사용하는 주술적인 개념에 등장하는 것이기도 하거니와 문장이 신, 용왕 그리고 전륜성왕의 구조로 이어져 있다고 보기 때문이다. 〔한역본〕은 후자에 따라 번역하였다.

선인(仙人) 뱌사(Vyasa), 발미끼(Valmiki) 그리고 아끄싸빠다(Akṣapāda) 등이

커다란 희열로 보옥의 왕관을 발아래 (머리) 숙여 존경한

중생의 우두머리인 일체지자(一切智者)에게[5] 저 (또한) 경배하옵니다.[6]

a. 勝天龍王成就持明主, 廣成蟻穴足目仙人等,
   皆以歡喜頂寶禮佛足, 諸衆主尊遍知吾頂禮。

【글의 주요 목적】

b.

རིགས་པས་དཔྱད་ན་ཆོས་ལུགས་མི་འགལ་ཞིང་།།
འཇིག་རྟེན་བྱ་བ་ཀུན་ནས་ལེགས་བསྒྲུབ་པ།།
དམ་པ་རྣམས་ཀྱི་སྤྱོད་ཚུལ་ཇི་འདྲ་ཞིག།
བཤད་པ་འདི་ནི་ལེགས་བཤད་རིན་ཆེན་གཏེར།།

적절하게 살펴보면 교법(敎法)과 반(反)하지 않고

세상 모든 일로부터 잘 성취한〔能善成〕

성자들의[7] 이처럼 행하는 방법

바로 이에 대해서 설하는 것이 '선설보장론'(이다).[8]

b. 以理觀察不違法, 亦能善成世間法,
   如何行持正士行, 此説格言寶藏論。

---

5 여기서는 붓다의 10대 명호 중 하나인 '꾼켄(kun mkhen, Skt., sarvajñā)'이 쓰였다.

6 귀경게인 '최죄(mrchod brjod)'로 거의 모든 티벳어와 산스끄리뜨어 경론은 이와 같은
  경배로 시작하는 형식을 취한다. 자세한 내용은 「해제」 참조.

7 〔한역본〕에서는 담빠(dam pa)를 모두 정사(正士)로 통일했다. 이것은 팔정도(八正道)처
  럼 산스끄리뜨어 '아리야(ārya)'를 정(正)으로 번역한 결과다. '아리야'는 성(聖)으로도
  번역할 수 있다. 본문의 내용은 현자와 성자의 품격에 대해서 논하며, 성자를 현자보다
  높게 치고 있는데 본문에서는 '담빠'를 성자로 통일했다.

8 '셰빨 담짜와(bshad par dam bca' ba)' 또는 '쫌빨 담짜와(rtsom par dam bca' ba)'로 이
  글의 주요 목적 또는 특징을 설명하는 글이다. 여기서 그 내용은 성자의 성품과 행하는
  바는 1) 불법에 능통할 뿐만 아니라 2) 세간법에도 능통하다는 뜻이다.

사꺄 빤디따의 부도탑　　Copyright Sangwhan Shin

제1장 현자에 대한 검토[1]

1. [1-1]

མཁས་པ་ཡོན་ཏན་མཛོད་འཛིན་པ།།
དེ་དག་ལེགས་བཤད་རིན་ཆེན་སྡུད།།
རྒྱ་མཚོ་ཆེན་པོ་ཆུ་བོའི་གཏེར།།
ཡིན་ཕྱིར་ཆུ་བོ་ཐམས་ཅད་འབབ།།

현자는 (지혜) 공덕의[2] 창고를 가지고 있나니

그것들에는 선설 보장이 모여 있다.

큰 바다는 강물의 저장고라

이로 말미암아 모든 강물이 흘러간다.

---

1 དང་པོ་མཁས་པ་བརྟག་པའི་རབ་ཏུ་བྱེད་པ།།

티벳 경전들은 글 말미에 장을 표시하나 편의에 따라 앞에 두었다. 원어의 '딱빠(brtag pa)'는 한문 경전의 '관(觀)~품(品)'의 '관'에 해당하는데, 산스끄리뜨어의 parikṣa로 분석(examination)으로 보통 영역된다. 한문 경전식으로 옮기자면 1장은 「관현자품(觀 賢者品)」이다.

2 '(지혜) 공덕'으로 옮긴 보통 '왼뗀(yon tan)'은 티벳 불교뿐만 아니라 티벳 문화를 이해 하는 중요한 어휘로 보통 영역으로는 'good quality' 또는 'virtue'라고 하는데, 우리말의 공덕에 해당하지만 '지혜'라는 뜻도 지니고 있다. 공덕의 최고는 지혜라는 뜻인데, 보 통 지혜는 '셰랍(shes rab)'으로 쓰기 때문에 여기서는 '(지혜) 공덕'으로 풀어 썼다. 우리말로 공덕과 복덕은 큰 차이가 없어 보이지만 티벳 불교에서의 '복덕(소남, bsod nams)'은 '지혜(이셰, yid shes)'와 한 쌍을 이룬다. 즉 지혜가 아닌 여러 공덕들을 '소남' 이라고 한다. 달라이 라마의 이름인 '소남 갸쵸(rgya mthso)'를 '지혜의 대해(the ocean of wisdom)'로 영역한 초기의 영역자들은 이 점에서 큰 오류를 저질렀다. '소남 갸쵸' 는 지혜가 아닌 여러 복덕을 쌓은 자다. 바로 이 복덕 때문에 달라이 라마는 티벳의 정교일치 사회의 수장이 될 수 있었으며 관자재보살의 환생으로 간주할 수 있었지 결코 지혜 때문이 아니다.

1. 智者卽是學問庫, 彼等收集格言寶,
   如海卽是江河庫, 是故百川流大海。

2. [1-2]

སྐྱེ་བོ་ཡོན་ཏན་ཡོད་མེད་བས།།
བླང་དོར་བློ་གྲོས་ལྡན་པ་མཁས།།
རྡུལ་དང་འདྲེས་པའི་ལྕགས་ཕྱེ་རྣམས།།
ཁབ་ལེན་རྡོ་ཡིས་ལེན་པར་ཤེས།།

(지혜) 공덕이 있고 없는 자 (가운데)

취사(取捨)를 (분별하는) 지혜를 갖춘 자가 현자다.

흙먼지에 섞여 있는 쇳가루들을

자석이 (끌어) 모으는 것을 아는 것처럼.[3]

2. 無論有或無學問, 能知取舍爲智者,
   猶如鐵屑混灰塵, 磁石方能吸出彼。

3. [1-3]

ལེགས་བཤད་མཁས་པའི་བློ་གྲོས་ཀྱིས།།
གོ་ཡི་བླུན་པོས་དེ་བླ་མིན།།
ཉི་མའི་འོད་ཟེར་ཁར་བ་ན།།
འབུང་པོའི་གྲུ་རྣམས་ལོང་བར་འགྱུར།།

선설(善說)은 현자의 지혜로

---

3 이하 제1장의 대다수의 경구는 1행, 2행과 3행, 4행이 나눠진 '뻰돈(pen don)' 양식을
  취하고 있어 그 작법에 따른 비유법이 명확한 경우 4행의 술어부를 '~처럼' 또는
  '~듯이'로 옮긴 경우가 있다. 다만, 한 문장, 문단을 확실하게 마쳤다는 '랄두(slar
  bsdu)'가 쓰였을 경우, 이에 대해서 술어부를 확실하게 적어 두었다. 작법의 자세한
  내용은 「해제」 참조.

이해되나[4] 어리석은 자에 의해서는 그렇지 않다.

햇살이 비치면[5]

부엉이들이 눈이 멀듯이.

3. 智者以慧知格言, 然而愚者非如是,
   猶如陽光普照時, 鴟鴞皆成盲眼也。

4. [1-4]

ཤེས་རབ་ལྡན་པས་ཉེས་པ་དག །

སེལ་བར་ནུས་ཀྱི་བླུན་པོས་མིན། །

ནམ་མཁའ་ལྡིང་གིས་དུག་ཅན་སྲུལ། །

བསད་པར་ནུས་ཀྱི་ཁ་ཏ་མིན། །

지혜를 갖춘 자는 과실(過失)들을

제거할 수 있으나 어리석은 자는 그렇지 않다.

(새들의 왕) 가루다(Garuḍa)는[6] 독사를

죽일 수 있으나[7] 까마귀는 그렇지 않듯이.

4. 智者能除諸過患, 然而愚者非如是,
   大鵬能啄有毒蛇, 烏鴉不能如是行。

---

4 여기에 사용된 '이('i)'는 소유격(genetive)이 아니라 '그러나(but)'에 해당한다.

5 해자하면 '태양의 빛이 비치면'인데 208번 경구의 3행에도 동일한 표현이 등장한다.

6 금시조(金翅鳥) 또는 묘시조(妙翅鳥)로 한역된 가루다(Garuḍa)는 비쉬누가 타고 다니
   는 새들의 왕으로 독사를 잡아먹고 산다고 한다.

7 2행, 4행에 쓰인 소유격의 '끼(kyi)'도 '그러나'라는 뜻이다.

5. [1-5]

 བློ་གྲོས་ཆེན་པོ་རྒུད་ན་ཡང་།།
ལྷག་པར་བློ་གྲོས་སྟོབས་ལྡན་འགྱུར།།
རི་དགས་རྒྱལ་པོ་བཀྲེས་པ་ན།།
གླང་ཆེན་ཀླུ་བོ་མྱུར་དུ་འགེམས།།

위대한 현자는 쇠약해졌어도
더욱더 지혜의 힘을 갖추려 한다.[8]
백수의 왕이 굶주리면
코끼리의 정수리를 재빨리 삼키려 하듯이.

5. 智者即使受挫折, 彼智更加成頑強,
　　猶如獸王饑餓時, 速能撕裂大象腦。

6. [1-6]

མཁས་པ་བརྩད་ཅིང་མ་དྲིས་པ།།
དེ་ཡི་བར་དུ་གཏིང་མི་དཔོགས།།
རྔ་ལ་དབྱུག་གུས་མ་བསྣུན་པ།།
དེ་སྲིད་གཞན་དང་ཁྱད་ཅི་ཡོད།།

현자에게 의심을[9] 가지고 묻지 않는다면
그때까지 (그 지혜의) 깊이를 측량할 수 없다.
북을 북채로 쳐보지 않으면
그때까지 다른 북과 그 차이를 어찌 (알 수) 있겠는가!

6. 不詢不辯於學者, 不知學識之深淺,
　　猶如槌子不擂鼓, 彼與餘物有何異?

---

8 본문에는 '현자(로되, blo gros)'가 반복되어 있는데 1행에서는 현자로, 2행에서는 지혜
　로 옮겼다. 티벳어 원문은 이와 같은 방식으로 운율을 맞추고 있다.
9 원문은 논쟁이나 질문을 뜻하는 '쩨(btsad)'가 쓰였다.

7. [1-7]

རིག་པ་ནང་པར་འཆི་ཡང་བསླབ།།
ཚེ་འདིར་མཁས་པར་མ་གྱུར་ཀྱང་།།
སྐྱེ་བ་ཕྱི་མར་བཙལ་བ་ཡི།།
ནོར་ལ་རང་ཉིད་ལེན་པ་འདྲ།།

아는 자는 내일 죽더라도 공부한다.
비록 이번 생(生)에 현자가 될 수 없어도
다음 생을 위하여 (이는 마치) 맡겨 둔
보물을 자기 스스로 되찾는 것과 같다.

7. 卽使明早要死亡, 亦應學習諸知識,
　　今生雖不成智者, 來世如自取儲存。

8. [1-8]

ཡོན་ཏན་ལྡན་ན་སྐྱེ་བོ་ཀུན།།
མ་བསྐུལ་པར་ཡང་རང་ཉིད་འདུ།།
དེ་ལྟར་མེ་ཏོག་རྒྱང་རིང་ཡང་།།
བུང་བ་སྤྲིན་གྱི་ཚོགས་བཞིན་འཁོར།།

(지혜) 공덕을 갖추었으면 뭇 중생들이
부르지 않더라도 자기 스스로 모인다.
향내 나는 꽃은 멀리 떨어져 있어도
벌이 구름떼처럼 몰려든다.[10]

8. 設若具有眞知識, 衆人自然會集聚,
　　猶如香花雖遠方, 蜜蜂環繞如雲集。

---

10 원문을 직역하면 '벌이 구름의 무리처럼 모인다'이다.

9. [1-9]

མཁས་པ་ཡོན་ཏན་ཀུན་བསླབས་པ།།
མཐར་ཕྱིན་གཅིག་གིས་འཛིན་རྟེན་གསལ།།
བློ་དན་ཤེས་པ་མང་ན་ཡང་།།
རྒྱུ་སྐར་བཞིན་དུ་གསལ་མི་ནུས།།

현자는 모든 (지혜) 공덕을 배워

통달했기 (때문에) 그 혼자만으로도 (태양처럼) 세상을 비춘다.

어리석은 자는 아는 것이 아무리 많아도

(밤하늘의) 별처럼 세상을 (두루) 비출 수 없다.[11]

9. 智者學習諸知識, 究竟一門通世間,
　　愚者雖是見識廣, 不能照明如星光。

10. [1-10]

མཁས་པ་ཡོན་ཏན་དཔག་མེད་ཀྱང་།།
གཞན་གྱི་ཡོན་ཏན་རྡུལ་ཙམ་ལེན།།
དེ་ལྟར་རྒྱུན་དུ་སྒྲུབ་པ་ཡིས།།
མྱུར་དུ་ཐམས་ཅད་མཁྱེན་པར་འགྲོ།།

현자는 한없는 (지혜) 공덕을 (갖추고) 있어도

다른 (사람)의 (티끌과 같이) 작은 공덕마저도 (배워) 얻으려 한다.

이처럼 항상 수행하니

빨리 일체지자(一切智者)가[12] 된다.[13]

---

11 2행을 '혼자 (태양처럼) 세상을 비춘다' 또는 '빛낸다'로도 옮길 수 있는데, 4행과
　 대구를 이루고 있어 이렇게 옮겼다.

12 앞의 귀경게에서는 일체지자로 '꾼켄(kun mkhen, sarvajñā)'이 쓰였으나 여기서는 '탐
　 쩨 켄빠(thams cad mkhyen pa)'가 쓰여 있다.

13 〔잠뻴역〕에는 '귤('gyur)'이, 〔주석서〕에는 가다는 뜻을 지닌 '도('gro)'가 쓰였는데
　 전자가 좀 더 일반적인 용례다.

10. 智者知識雖淵博, 亦取他人之微德,
    長期如是行持者, 速成一切智智位。

11. [1-11]

མཁས་པ་ཤེས་རབ་ཀྱིས་བསྲུངས་ན།།
དགྲ་བོ་མང་ཡང་ག་ལ་ཚུགས།།
འཕགས་རྒྱལ་གྱི་ནི་བྲམ་ཟེའི་བུ།།
གཅིག་པུས་དགྲ་བོའི་ཚོགས་ཀུན་བཅོམ།།

현자가 지혜로 (자신을) 보호하려고 한다면
수많은 적인들 어찌 해할 수 있으랴?
인도의[14] (한) 브라흐만 아들이
자기 혼자 모든 적의 무리 물리쳤듯이.

11. 智者以慧護自己, 怨敵雖多亦無奈,
    如吾仗那婆羅門, 彼子一人摧敵衆。

12. [1-12]

བློ་ཆུང་གྲོས་ཉེས་འཐུགས་པའི་ཚེ།།
བློ་ལྡན་ཐབས་ཀྱིས་བདེ་བར་གསོ།།
ཆུ་ཆུང་ཚོག་པས་ཆུད་གསན་པ།།
ཆུ་དངས་ནོར་བུས་དྭངས་པར་བྱེད།།

우둔한 자가 의견이 달라[15] 다툴 때

---

14 원문은 '팍겔(phags rgyal)'이 쓰였으나 인도로 의역하였다. 팍겔은 현재 파키스탄의
   서북 변경구의 스와트 계곡의 우다야나(Udayana) 지역으로 한문으로 오장군(烏丈郡)
   으로 불린다. 〔한역본〕은 이를 따랐다. 우다야나에 대한 설이 분분한데, 〔잠뻴역〕은
   웃자이니(Ujjayini)라고 적고 있다. 오릿사를 중심으로 한 남인도라는 설도 있다. 어찌
   되었든 내용의 요지는 명석한 한 브라만 젊은이가 자신을 곤궁에 빠뜨렸던 도독과
   부자, 왕 등을 차례로 물리치고 결국 바라니시의 왕이 되었다는 이야기다.

지혜를 갖춘 자는 (현명한) 방편으로 좋게 해결한다.

탁류는 (물을) 흐리지만

등수주(澄水珠)는[16] (물을) 맑게 한다.[17]

12. 愚者爭吵哄鬧時, 智者設法使之靜,
　　如水渾濁不清時, 澄清寶珠能清之。

13. [1-13]

མ་ཁས་པ་རྗེ་སླར་ཐབས་རྡུགས་ཀྱང་།།

བླུན་པོ་འཇུག་པའི་ལམ་མི་འགྲོ།།

ཆར་འདོད་བྱིའུ་སྐོམ་ན་ཡང་།།

ས་ལ་འབབ་པའི་ཆུ་མི་འཐུང་།།

현자는 제아무리 곤궁해도

어리석은 자가 들어서는[18] 길을 가지 않는다.

연자조(燕子鳥)는[19] (제아무리) 목이 말라도

땅에 떨어진 물을 마시지 않는다.

13. 智者無論再計窮, 絶不邁步愚者道,
　　猶如燕子雖口渴, 絶不吸飮落地水。

---

15 본문에는 나쁘다는 '녜(nyes)'가 쓰였다.

16 '등수주(澄水珠, chu dwangs nor bu)'는 물을 맑게 하는 보옥으로 산스끄리뜨어로 '께
　따까(ketaka)'라고 한다.

17 〔잠뻴역〕은 등수주의 '당('dang)'을 썼으나 '당(dwangs)'의 오자다. 전체적으로 대구를
　이루기 위해 3행의 '오염된 흐르는 물'을 탁류로 옮겼다.

18 '들어서는'이라고 옮긴 죽('jugs)은 한문의 입(入, Skt., avatar)에 해당하는 글자로 주요
　경전의 주석서 또는 입문서에 자주 사용되는 어휘다.

19 '찰되 지우(char sdod byi'u)'는 빗물을 먹고 사는 작은 새란 뜻인데 제비를 뜻한다.

14. [1-14]

ཤེས་རབ་ལྡན་པ་མགོ་བསྐོར་ཡང་།།
བྱ་བའི་ཚ་ལ་རྨོངས་མི་འགྱུར།།
སྲོག་ཆགས་གྲོག་མ་མིག་མེད་ཀྱང་།།
མིག་ལྡན་གཞན་བས་ལྡག་པར་མགྱོགས།།

지혜를 갖춘 자를 속이려 해도
행하는 바를 속일 수 없다.
뭇 생명 중 개미는 눈이 없어도
다른 눈 가진 것들보다 더욱더 빠르다.[20]

14. 智者雖然被人騙, 亦不入迷諸事業,
    舍生螞蟻雖無眼, 較與有眼者更快。

15. [1-15]

བློ་གྲོས་ལྡན་པ་གཉིས་བགྲོས་ན།།
བློ་གྲོས་ལེགས་པ་གཞན་འབྱུང་སྲིད།།
ཡུང་བ་དང་ནི་ཚ་ལ་ལས།།
ཁ་དོག་གཞན་ཞིག་སྐྱེ་བར་འགྱུར།།

지혜를 갖춘 두 사람이 상의하면
다른 좋은 지혜가 나올 수 있다.
강황(姜黃)과 붕사(硼砂)로부터
다른 색이 생겨나듯이.[21]

---

20 이 게송은 정확한 의미가 와 닿지 않는 비유로 유명하다. 3행, 4행의 '눈 없는 개미가
   뭇 생명보다 더욱 빠르다'는 비유에 대해서, 겔룩빠에서는 '사꺄빠 개미는 말보다
   빠르다(사깨 독마 따레곡, sa skya'i grog ma rta las mgyogs)!'고 농을 친다고.
21 이 비유도 혼란스러운데, [잠뺄역]에서는 2행을 완전히 의역하여, '새로운 관점을
   만들어 낼 수 있다'고 했는데 그 비유를 4행(새로운 색을 만들어 낸다)에서 찾고 있다.

15. 若二智者共商議, 則將生出善智慧,
    薑黃硼砂配一起, 便會變出餘色彩。

16. [1–16]

ཁོང་མཛངས་བསོད་ནམས་བསགས་པའི་མི།།
གཅིག་པུ་ཡིན་ཡང་ཀུན་ལས་རྒྱལ།།
རི་དྭགས་རྒྱལ་པོ་སེངྒེ་དང་།།
འཁོར་ལོས་བསྒྱུར་ལ་གྲོགས་མི་དགོས།།

용맹 · 현명하고 복덕을 갖춘 자는
혼자라도 모두를 이길 수 있다.
백수의 왕 사자나
전륜성왕이 무리 지을 필요 없듯이.

16. 具備智慧造福者, 一人亦能勝一切,
    猶如獅子轉輪王, 彼等不需友相助。

17. [1–17]

ཐབས་ལ་མཁས་ན་ཆེན་པོ་ཡང་།།
ཐུན་དུ་བཀོལ་བ་ག་ལ་དཀའ།།
མཁའ་ལྡིང་མཐུ་རྩལ་ཆེན་ཡང་།།
གོས་མེར་ཅན་གྱི་བཞོན་པར་གྱུར།།

방법을 현명하게 쓰면 위대한 자라도

3행, 4행의 비유를 통해보면, 강황(커리 원료인 타머린)은 노란색을 띠고 있고 붕사 (천연 붕소, 방부제 원료)는 하얀색을 띠고 있으나 둘이 만나면 (붕사가 염기성이면) 적갈색으로 바뀌므로 맞는 것처럼 보이지만, 1행, 2행과 비교하여 어딘지 매끄럽게 보이지 않는다.
여기서는 1행과 2행의 '로되(blo gros)'를 '지혜를 갖춘 자'와 '지혜', 두 가지로 옮겼다.

종으로 만드는 것이 어찌 어려우랴?
가루다는 (싸움에서) 힘이[22] 셌어도
비쉬누의 탈 것이 되었다.[23]

17. 若有善巧方便法, 役使大者亦不難,
　　如同大鵬高本領, 亦成毗紐天之騎。

18. [1-18]

འཇིག་རྟེན་འདི་དང་ཕ་རོལ་གྱི།།
བདེ་བ་བསྒྲུབ་པ་ཤེས་རབ་ཡིན།།
རྒྱལ་བུ་ཟླ་བའི་ཤེས་རབ་ཀྱིས།།
བརྟན་བཟང་འདི་དང་ཕྱི་མར་བསྐྱབས།།

금생(今生)과 피안(彼岸)의
행복의 성취는 지혜다.
다와 세랍 왕자의 지혜로
덴장 (왕)이 금생과 후생(後生)을 구제받은 것처럼.[24]

---

22 직역하면 '용맹함이 컸어도' 정도 된다.
23 〔주석서〕에는 가루다와의 힘겨루기에서 패배한 비쉬누가 약속한 바대로 승자의 소원
   을 들어주려 하였으나, 승리에 도취한 가루다가 자신이 이겼으니 비쉬누의 소원을
   들어주겠다고 약속을 번복하는 바람에 자신의 탈 것이 되어 달라는 비쉬누의 꾀에
   속았다고 나와 있다.
24 1행과 4행의 금생과 피안, 후생 등의 어휘들을 달리 사용한 작법은 비슷한 의미를
   달리 사용하여 운율을 맞추는 형식인데, 여기서 행복이라고 번역한 '데와(bde ba)'는
   육체적·정신적인 기쁨〔樂〕, 만족〔喜〕뿐만 아니라 선(善)이라는 뜻도 있다. 티벳 불
   교에서 매우 자주 쓰이는 어휘다.
   배경이 되는 이야기는 보살의 화신인 다와 세랍 왕자가 사람 고기를 먹어야 되는
   저주에 걸린 인간과 사자 사이에서 태어난 왕, 상게 덴장 왕을 귀화시켰다는 불전
   문학에서 왔는데, 〔주석서〕에 자세하게 설명되어 있다.

18. 求得今生來世樂, 皆爲依靠智慧力,
　　達瓦王子用智慧, 拯救暫桑今來世。

19. [1-19]

དཔའ་ཞིང་མཐུ་རྩལ་ཆེན་ཡང་།།
མཁས་པ་མིན་པས་དཔའ་མི་ཐོབ།།
འབྱོར་བ་ཐོབ་པར་གྱུར་ན་ཡང་།།
བསོད་ནམས་མེད་ན་ག་ལ་རྟག།

매우 힘이 세도
지혜가 없으면 영웅이라 할 수 없다.[25]
재산을 모았어도
복덕이 없으면 얼마나 오래 가겠는가!

19. 卽使英勇又頑强, 若非智者難得盛,
　　卽使獲得諸財富, 若無福份豈能常?

20. [1-20]

ཡོན་ཏན་སྐྱོན་གཉིས་སུས་ཀྱང་གསལ།།
འདྲེས་པ་འབྱེད་ཤེས་མཁས་པ་ཡིན།།
བ་ལས་འོ་མ་ཀུན་གྱིས་ལེན།།
ཆུ་ལས་འོ་མ་ངང་པས་ཕྱིད།།

(지혜) 공덕과 과실(過失) 이 둘은 누구에게라도 선명하다.
(그러나) 혼잡한 것을 분석하여 알(면) 현자다.
젖소에게서 젖은 모두가 얻을 수 (있지만)

---

25 직역하면 '영웅이라는 (칭호를) 얻을 수 없다' 정도 된다. 동사 '톱(thob)'은 얻다, 받다, 획득하다 등에 자주 쓰인다. 3행에도 이 동사가 쓰여 있다. 〔잠뻴역〕의 2행 '뻴(dpal)' 은 '빠(dpa')'의 오자다.

물에서 우유는 기러기(만)[26] 분리할 수 있듯이.

20. 誰能了知過與德, 智者方能辨彼二,
    從牛擠奶皆能會, 由水分奶唯天鵝。

21. [1-21]

སྨྲས་ཤིང་བསྐུལ་བར་གྱུར་བ་ན།།
དུད་འགྲོ་ལ་ཡང་གོ་བ་སྐྱེས།།
མ་བསྐུལ་གཞན་གྱིས་མ་སྨྲས་པར།།
བསམ་པ་ཤེས་ན་མཁས་པ་ཡིན།།

말로 (시키고)[27] 윽박지르면
짐승에게도 이해력이 생겨난다.
시키지 않고 다른 이가 말하지 않아도
(스스로) 생각하여 이해한다면 (이가 바로) 현자다.

21. 卽使囑咐又催促, 雖是旁生亦能知,
    他人未說亦未催, 自覺領會方智者。

22. [1-22]

བློ་དང་ལྷན་ན་མ་སྨྲས་ཀྱང་།།
རྣམ་འགྱུར་ཉིད་ལས་བསམ་པ་གོ།
བལ་པོས་མེནུ་མ་ཟོས་ཀྱང་།།
ཁ་དོག་ཉིད་ལས་བྲོ་བ་ཤེས།།

---

26 '낭빠(ngang pa)'는 야조, 기러기, 오리 등을 뜻하는데 물에서 우유를 분리할 수 있다는 이야기는 인도에서 비롯된 것이다.

27 1행의 두 번째 글자에 '슁(shing)'이 쓰였는데 보통은 '그리고'에 해당하지만 앞 어휘와 연결되어 있을 때에도 쓰인다. 〔잠뺄역〕에서는 '그리고'로 옮겼고 〔한역본〕도 의역했으나 이를 따르고 있다. 3행과 대구를 이루기 위해서 이렇게 옮겼지만 '말로 윽박지르면'으로 옮기는 것도 옳다.

지혜를 갖춘 자라면 말하지 않아도
몸짓 자체만으로도 생각하여 이해한다.
네팔인들이 석류를 먹어보지 않고서도
색깔 자체만으로도 (익었는지) 그 맛을 아는 것처럼.

22. 若具智慧雖不説, 表情亦能知所想,
　　未嘗尼泊爾之榴, 看色亦能知滋味。

23. [1-23]

མཁས་པ་རང་གི་ཡུལ་བས་ཀྱང་།།
ཡུལ་ཁམས་གཞན་དུ་མཆོད་པ་ཐོབ།།
ནོར་བུ་གཞན་དུ་བྱིན་པ་ཚམ།།
རྒྱ་མཚོའི་གླིང་དུ་ག་ལ་བྱིན།།

현자는 자신의 고향에서보다
타지에서 (더 큰) 존경을 받는다.
보옥(들)이 다른 곳에서 더 잘 팔리지
(발견된) 바닷가 섬에서 어찌 (잘) 팔리겠는가!

23. 智者離開自處境, 至於餘處更受敬,
　　猶如外地寶暢銷, 島上豈有彼銷售?

24. [1-24]

མཁས་པ་སློབ་པའི་དུས་ན་སྡུག།
བདེ་བར་སྤྱོད་ལ་མཁས་མི་སྲིད།།
བདེ་བ་ཆུང་ལ་ཆགས་པ་དེས།།
ཆེན་པོས་བདེ་བ་ཐོབ་མི་སྲིད།།

현자(되기를 바라는 자가) 배울 때 고통스러워하고

편하게 지내려고 하다가는[28] 현자되기 불가능하다.
작은 즐거움에 집착하면
커다란 행복은 얻기 불가능하다.

24. 智者學時卽困苦, 貪樂安住不成名,
　　貪圖微小逸樂者, 彼將不會得大樂。

25. [1-25]

 སློ་དང་ལྡན་ན་རྩམས་ཆུང་ཡང་།།
སྟོབས་ལྡན་དགྲ་བོས་ཅི་བྱར་ཡོད།།
རི་དགས་རྒྱལ་པོ་སྟོབས་ལྡན་ཡང་།།
རི་བོང་སློ་དང་ལྡན་པས་བསད།།

지혜를 갖추었으면 힘이 약해도
힘을 갖춘 적이 어찌할 수 있으랴?
백수의 왕이 힘을 갖추었어도
지혜를 갖춘 토끼에게 죽었던 것처럼.[29]

25. 若具智慧雖弱小, 有勢怨敵亦無奈,
　　獸王雖有强勢力, 具智兔兒謀殺之。

26. [1-26]

མེམས་ཅན་གཞན་དང་རྩེས་མཐུན་པའི།།
སྟོད་པ་ཤེས་ན་མཁས་པ་ཡིན།།
དད་འགྲོ་ཡིན་ཡང་རིགས་མཐུན་རྣམས།།
ཁྱུ་གཅིག་ཏུ་ནི་མི་གནས་སམ།།

---

28 2행의 문장 가운데 쓰인 '라(la)'는 문장을 부정적인 센스로 이어지는 구실을 하지
　목적격이 아니다.
29 이 우화에서는 호랑이 대신 사자가 백수의 왕으로 나와 토끼 꾀에 당해 우물에 비친
　자기 그림자를 향해 덤비다 빠져 죽는다. 『빤짜딴뜨라』에서 왔다.

다른 유정(有精)(들)에[30] 따라 부합되는
행위를 알면 (이가 곧) 현자다.
짐승에게도 종류들이 (많이 있지만)
한 무리로 지내지 않는가?

26. 若知所作同他人, 和睦相處卽智者,
    卽便傍生同類衆, 豈非類聚住一群?

27. [1-27]

རེས་པར་འགྱུབ་དགོས་བྱ་བ་འགའན།།
མ་གྱུབ་པ་ནས་དཔྱོད་པའི་ཆེ།།
མཁས་རྨོངས་གཉིས་ཀྱི་ཁྱད་པར་ཤེས།།
གྱུབ་ནས་དཔྱོད་པ་བླུན་པོའི་ཚུལ།།

반드시 행할[31] 필요가 있는 어떤 일을
행하기 전에 분별할 때
현자와 우매한 자 이 둘의 차이를 알 수 있다.
행한 후에 분별하는 것은 어리석은 자의 방법이다.

27. 必定發生之事前, 對此研究則分清,
    智者愚者之差別, 事後觀察卽愚者。

---

30 보통 '중생, 사람'으로 옮기는 '셈쩬(sems can)'은 불교적 단어인 유정(有精)으로 사
   람뿐만이 아닌 삼계육도(三界六道)를 오가는 모든 중생을 가리킨다. 여기서는 사람,
   중생 등과 구별하기 위해서 '셈쩬'을 항상 '유정'으로 표현했다.
31 '둡빠(grub)'의 현재형인 '둡빠('grub pa)'는 보통 성취하다, 성공하다는 뜻이 있는데,
   여기서는 4행에 부정적인 의미가 내포되어 있어 '행하다'로 옮겼다. 이 '둡빠'는 어떤
   일이 되는데 행위자의 의지가 포함되지 않는 경우에 사용된다. 의지가 포함될 경우에
   는 '둡빠(sgrub pa)'가 사용된다.

28. [1-28]

མཁས་པ་རྣམས་ཀྱིས་དཔྱད་པ་ཡི།།
ཤེས་བྱ་ཤེས་ན་མཁས་པར་བགྲང་།།
བ་ལང་རྒན་གཞོན་དཔྱོད་པ་ལ།།
བླུན་པོ་མཁས་ཀུང་ཡོན་ཏན་མིན།།

(일찍이) 현자들이 분별했던
소지(所知)를[32] 알면 현자라고 헤아려진다.
늙고 젊은 소를 분별하는
어리석은 자의 지식 따위는 (지혜) 공덕이 아니다.

28. 智者若以善觀察, 精通知識是學者,
    鑒別犛牛之大小, 愚者亦能非學問。

29. [1-29]

རྒྱ་མཚོ་ཆུ་ཡིས་མི་ངོམས་ཤིང་།།
རྒྱལ་པོའི་བང་མཛོད་ནོར་གྱིས་མིན།།
འདོད་ཡོན་སྤྱད་པས་མི་ངོམས་ཏེ།།
མཁས་པ་ལེགས་བཤད་ཀྱིས་མི་ངོམས།།

바다는 (이미 담고 있는) 물로 만족하지 않고
왕의 (보물) 창고는 (이미 장만한) 보옥으로 (만족하지) 않고
묘욕(妙慾)은[33] (이미 맛본) 경험으로 만족하지 않듯이
현자는 선설(善說)로 만족하지 않는다.

29. 大海不厭河水多, 國庫不厭珠寶多,
    欲者不厭受用多, 學者不厭格言多。

---

32 인식의 대상을 가리키는 어휘로 불교 철학에서 종종 등장하는 용어다.
33 오감으로 느끼는 욕망, 즉 오감을 통해 얻은 쾌락을 뜻한다.

30. [1-30]

ལེགས་བཤད་བྱིས་པ་དག་ལས་ཀྱང་།།
མཁས་པ་རྣམས་ནི་ཡོངས་སུ་ལེན།།
དྲི་ཞིམ་བྱུང་ན་རི་དགས་ཀྱི།།
ལྟེ་བ་ལས་ཀྱང་སྤྲ་ཙེ་ལེན།།

선설을 어린아이에게서라도[34]

현자들은 완전하게 얻으려 한다.

묘향(妙香)이 풍겼으면 짐승의

배꼽에서라도[35] 사향을 얻으려는 것처럼.

30. 卽使由從孩童前, 智者亦要聞格言,
　　氣味芬芳之麝香, 雖在獸臍亦取之。

　　　　　　『선설보장론』「제1 관현자품(觀賢者品)」 마침.

---

34 '어린아이'라고 옮긴 '진빠(byin pa)'는 8세 미만의 아이를 가리킨다.

35 원문은 배꼽 또는 '중심부(떼와, lte ba)'라 적혀 있으나 〔주석서〕의 설명에는 사향노
　루의 '상네(gsang gnas, 항문 또는 남녀 생식기, 원래는 숨겨진 혹은 비밀 장소라는
　뜻)'에서 얻을 수 있다고 적혀 있다. 속되게 표현하면, '똥구멍에서라도 얻으려 한다'
　정도 된다.

제2장 선량한 성품에 대한 검토[1]

31. [2-1]

ཐུག་ཏུ་དམ་པའི་ཡོན་ཏན་རྣམས།།
སྐྱེ་བོ་དམ་པ་ལྷག་པར་སྒྲོགས།།
མ་ལ་ཡ་ཨི་ཙཎྜན་ཏེ།།
རླུང་གིས་ཕྱོགས་བཅུར་རྒྱས་པར་བྱེད།།

언제나 성자의 (지혜) 공덕들은
(다른) 성자에 의해 더욱더 널리 알려진다.[2]
향산(香山, Malaya)의 향냄새가
바람에 의해 온천하에 퍼지듯.[3]

31. 正士特意常宣揚, 所有高士之功德,
　　馬拉雅山檀香味, 被風傳送於十方。

---

1 གཞིད་པ་ལ་རབས་བརྟག་པའི་རབ་ཏུ་བྱེད་པ།།
　한문 경전식으로 하자면 「관선량품(觀善量品)」이다. 여기서는 성자, 성인을 뜻하는
　'담빠(dam pa)'가 주로 나온다.
2 원문에는 명령형으로 되어 있다. 이 동사의 시제는 역본들이 모두 같다. 그런데 원문에
　사꺄 빤디따는 일반적인 시제를 사용하고 있지 않다. '알려져야 한다'로 풀면 우리말
　과 어울리지 않아 이렇게 옮겼다. 이하 76, 104, 210, 263, 333 그리고 354번 경구 참조.
3 1행, 2행의 성자는 1행에서는 '담빠(dam pa)'로, 2행에서는 '께뽀 담빠(skye po dam
　pa)'로 쓰여 있으나 7자 1행을 맞추기 위한 것으로 보고 해석했다. 〔잠뺄역〕은 '담빠'를
　'the good one'으로 '께뽀 담빠'를 'good people'로 번역했으며 〔한역본〕은 '정사(正士)'
　와 '고사(高士)'로 썼다. 3행의 향산의 원문은 '말라야(ma la ya)'로 남인도의 산을 가리
　키거나 때로는 스리랑카를 이르기도 한다. 4행의 '온 천하'의 원문은 '십방(十方, 촉추,
　phyogs bcu)'이다. 227번 경구의 비유에도 나온다.

32. [2-2]

དམ་པ་དཔོན་དུ་བསྐོས་གྱུར་ན།།
དོན་གྲུབ་པ་དང་བདེ་སྐྱིད་འཐོབ།།
ནོར་བུ་རྒྱལ་མཚན་རྩེར་མཆོད་ན།།
ཡུལ་ཕྱོགས་དགེ་ཞེས་མཁས་རྣམས་སྒྲོགས།།

성자를 우두머리로 모시면
(행하는) 일 완성하고 행복과 기쁨을[4] 얻는다.
'보석을 승리의 깃대 끝에 공물로 올리면
그 나라는 행복하다'고 현자들이 선포했듯이.[5]

32. 若立正士爲高官, 旣能成事又得樂,
　　如寶供於幢頂上, 智者稱頌境吉祥。

---

4 '행복과 기쁨'이라고 옮긴 '데와(bde ba)'와 '끼뽀(skyid po)'는 보통 같이 쓰이지 않는데, '끼뽀'는 『장한사전』에는 '희열'로 나왔다. 여기서는 원문에 따라 옮겼으나, 〔한역본〕은 락(樂)이라고만 썼다. '데와'는 육체적·정신적 기쁨, 행복, 덕 등을 나타낼 때 쓰이며 '끼뽀'는 일상생활에서 '좋다', '편하다'는 의미로 자주 쓰인다.

5 이 문장은 쾨뢰스(Alexander Csoma de Körös)가 일찍이 번역한 적이 있는데 '보석으로 장식된 깃발 끝이 그 나라의 행복을 나타낸다고 현자가 말했다'고 되어 있으나, 〔주석서〕의 원문에는 '그런 깃대에 빌면 그 나라는 행복하다'라고 되어 있다. 3행의 '승리의 깃대'는 불당(佛堂)에 쓰이는 깃발로도 해석이 가능하다.
여기에 사용된 동사 '독빠(sgrog pa)'의 시제 형태는 31번 경구에서 '널리 알려진다'와 같은 동사로, 명령형으로 되어 있다. 원문의 오류인지 필경사의 오류인지 이 책 전체를 통해서 이 동사의 시제는 불명확하다. '독빠'는 선포하다, 공포하다, 널리 알리다 등의 뜻을 지니고 있으며 능동, 수동을 모두 취한다.

33. [2-3]

རྒྱལ་དང་གཞན་གྱིས་གཙེས་པ་ན།།
ལྷག་པར་ཆོས་རྒྱལ་དྲན་པར་འགྱུར།།
རིམས་ཀྱིས་བཏབ་པའི་སེམས་ཅན་རྣམས།།
གངས་ཆུ་འབའ་ཞིག་ཡིད་ལ་བྱེད།།

다른 폭군에게 해를 당하면

더욱더 성군만 생각하게 된다.

독감에 걸린 유정들이

오직 얼음물만 마음속에 (생각)하듯이.[6]

33. 若被暴君殘害時, 則彼更爲念法王,
    猶如衆生受疫時, 心裏總是念雪水。

34. [2-4]

སྡིག་སྤྱོད་རྒྱལ་པོས་གཙེས་པ་ལ།།
མི་དབང་ཆོས་སྤྱོད་ལྷག་པར་སྐྱོངས།།
འབྱུང་པོའི་གདོན་གྱིས་བཏབ་པ་ལ།།
གསང་སྔགས་གྲུབ་པས་རྗེས་སུ་འཛིན།།

죄악을 행하는 왕에게 상처를 입은[7]

사람은 법의 힘을 행하는 (왕이) 더욱더 돌보아 주기를 (바란다).[8]

마귀에게 홀렸으면[9]

---

6 1행, 2행의 폭군과 성군에서 '최겔(chos rgyal)'은 보통 '법왕(法王, Dharmarāja)' 또는
  티벳 3대 대왕 등을 뜻하지만 운조를 맞추기 위해 성군으로 해석했다. 3행의 독감을
  뜻하는 '림(rims)'은 전염병을 뜻하기도 한다. 4행의 얼음물로 번역한 '강추(gang chu)'
  는 원래 눈 녹은 물이라는 뜻이다. 티벳인들도 고열이 나면 서양인들처럼 몸을 차게
  한다고

7 1행의 말미에 쓰인 '라(la)'는 2행의 사람을 수식하고 있다.

8 1행과 대구에서 생략된 부분을 첨언하였다.

9 3행의 말미에 쓰인 '라(la)'는 1행과 운율을 맞추고 있는데, 여기서는 원인, 이유 등을
  나타낸다.

밀주(密呪) 성취자에게 전적으로 의지하듯이.

34. 遭受暴君迫害時, 人主法王特護之,
    如當惡魔纏身時, 密呪上師會攝收。

35. [2-5]

དམ་པ་སྡིག་པ་ཆུང་ཡང་སྤོང་།།
དམན་རྣམས་ཆེན་པོའང་དེ་ལྟ་མིན།།
ཞོ་ལ་རྡུལ་ཕྱུན་འབྱུར་བ་སེལ།།
ཆང་ལ་ཕབས་ཀུན་ལྡག་པར་འདེབས།།

성자는 조그만 죄악도 피하려 하지만
하찮은 자들은 큰 것 또한 그렇지 않다.
요구르트에는 티끌이 묻으면 없애지만
술에는 주정(酒酊)을 더욱더 집어넣듯이.[10]

35. 正士斷除微小罪, 劣者大罪亦不斷,
    猶如奶酪淸除塵, 酒中特爲放酒曲。

36. [2-6]

སྐྱེ་བོ་དམ་པ་རྒུད་གྱུར་ཀྱང་།།
སྤྱོད་པའི་ཁྱད་པར་ལྷག་པར་མཛེས།།
མེ་ནི་ཕྱིར་དུ་ཁ་བསྟན་ཡང་།།
མེ་ལྕེ་གྱེན་ལ་འབར་བ་མཐོང་།།

성자는 (육체적으로) 쇠약해지더라도
행실의 남다름은 더욱더 빛난다.
(등잔) 불은 거꾸로 돌려도

---

10 1행, 3행에 반대되는 개념이 들어있어 이것이 생략된 것으로 보고 옮겼다.

불꽃이 위로 타오르는 것에서 보여지듯이.

36. 正士雖然遭衰失, 行爲顯得更如法,
　　猶如火把向下垂, 火焰一直向上燃。

37. [2-7]

དམ་པ་རྒྱང་ན་གནས་ན་ཡང་། །
འཁོར་འདབ་ཕན་པས་རིང་ནས་སྐྱོང་། །
མཁའ་ལ་སྤྲིན་ཆེན་འཐིགས་པ་ཡིས། །
ས་ཡི་ལོ་ཏོག་ཁྱད་པར་འཕེལ། །

성자가 먼 곳에 머물러도[11]
(그의) 권속(眷屬)은[12] 그 혜택을 먼 곳에서(도) 받는다.
하늘을 덮은 큰 구름이
땅의 곡물을 특히 잘 자라게 하듯이.

37. 正士雖然住遠方, 亦會守護自眷屬,
　　天空密布濃雲時, 地上莊稼更增長。

38. [2-8]

གསོན་ཚེ་སྙན་གྲགས་དགའ་བའི་རྒྱུ། །
འཇིག་རྟེན་གཞན་དུ་བསོད་ནམས་དགའ། །
དེ་གཉིས་མེད་པའི་ནོར་ཚམ་གྱིས། །
མཁས་རྣམས་དགའ་བ་བསྐྱེད་མི་ནུས། །

사는 동안에는 명성이 즐거움의 원인이고

---

11 자수와 운율을 맞추기 위해서 '나(na, 만약)'가 두 번 쓰였다.
12 '콜답('khor 'dab)'은 이후에도 자주 등장하는데 보통 '콜('khor)'만 쓰인 경우가 많다. 풀어보면 '주변 (사람)'이라는 뜻인데 본문의 '콜욕('khor gyog)'도 가능하면 '권속(眷屬)'으로 통일했다.

다른 세간(世間)에서는 복덕이 즐거움(의 원인)이다.
그 둘이 없는 단지 재물 따위로는
현자들에게 기쁨이 생겨날 수 없다.

38. 名聲今生歡喜因, 福份來世歡喜因,
    此外惟有憑財富, 智者絶不生歡欣。

39. [2-9]

ཕྱི་རྗེས་རིང་དུ་བལྟ་བ་དང་།།
བག་ཡོད་པ་ལ་བཟོད་སྲན་ཆེ།།
བརྩོན་འགྲུས་ཆེ་ཞིང་བརྟན་ལ་གྲིམས།།
བྲན་གཡོག་ཡིན་ཡང་དཔོན་དུ་འགྱུར།།

먼 장래를 주시하고
게으르지 않은 가운데 크게 인내하고
매우 근면하고 끊임없이[13] 조심하면
종이라 할지라도 주인이 된다.

39. 往後應有遠目光, 忍苦耐勞不放逸,
    勤學穩重機靈者, 卽使奴仆亦爲官。

---

13 원문은 '뗀빠(bstan pa)'로 확고하다는 뜻으로 주로 쓰이나 'everlasting'이라는 용례가
   있어 이에 따라 옮겼다. 앞서 2행, 3행에는 티벳어로 '체(che)'가 쓰여 운율을 맞추고
   있다. 여기서는 '크게'와 '매우'로 옮겼다.

40. [2-10]

སྦྱིན་ལ་རྟག་ཏུ་སེམས་སྤྲོ་བ།།
དེ་ཡི་གྲགས་པ་རླུང་བཞིན་ལྡང་།།
ཕོངས་པ་སློང་ལ་འདུ་བ་བཞིན།།
འབུལ་བར་འདོད་པ་དེ་བས་མང་།།

보시를 항상 마음으로 즐기면
그의 명성 바람처럼 퍼진다.
거지(들)이[14] 구걸하러 몰려드는 동안[15]
주려 하는 욕심은 그보다 더 많다.

40. 恒時歡喜發施者, 名聲如風傳諸方,
　　如同乞丏聚施處, 願意贈者將更多。

41. [2-11]

བྱིན་ནས་སློར་ཡང་མི་ལེན་པའི།།
དམན་པའི་བརྙས་པ་དང་དུ་ལེན།།
ཕན་པ་ཆུང་དུའང་མི་བརྗེད་པ།།
བདག་ཉིད་ཆེན་པོའི་ཆེ་རྟགས་ཡིན།།

베푼 후에 다시 돌려받지 않고
하찮은 자의 모욕도 받아들이고
작은 은혜라도 잊지 않으면[16]
위대한 성자라는[17] 큰 징표다.

---

14 거지를 복수형으로 해석했다.
15 3행의 말미에 쓰인 '씬(bzhin)'은 보통 '~하는 것처럼'으로 쓰이지만 여기서는 '~하
　는 동안(while)'으로 보고 옮겼다.
16 1행의 말미에는 소유격의 '이('i)'가 쓰였고 2행, 3행에는 별도의 조사가 쓰여 있지
　않아 생략된 것으로 보고 옮겼다.
17 '닥니 첸뽀(bdag nyid chen po)'는 산스끄리뜨어 '마하뜨만(mahātman)'에서 왔는데, 간
　디를 부를 때처럼 '위대한 성자'란 뜻이다.

41. 若已施舍不收回, 能容劣者之侮辱,
    受恩雖小亦不忘, 此等卽是聖者相。

42. [2-12]

དམ་པའི་ཡོན་ཏན་སྦས་གྱུར་ཀྱང་། །
འཇིག་རྟེན་ཀུན་ལ་ཁྱབ་པར་གསལ། །
སྤྲུ་མའི་མེ་ཏོག་ལེགས་བཀབ་ཀྱང་། །
དྲི་ཞིམ་ཀུན་ཏུ་ཁྱབ་པར་འགྱུར། །

성자의 (지혜) 공덕은 숨겨져 있어도
온 세상에 (두루) 퍼져 드러난다.
자스민 꽃이 잘 감춰져 있어도
그 향기 두루 퍼지듯이.

42. 正士學問雖隱藏, 聲望傳揚諸世界,
    猶如密藏豆蔻花, 芬香遍於諸四方。

43. [2-13]

རྒྱལ་པོ་རང་ཡུལ་ཆེ་བ་ཙམ། །
དམ་པ་གང་དུ་ཕྱིན་པར་བཀུར། །
མེ་ཏོག་ཕལ་ཆེར་ཉིན་རེའི་རྒྱན། །
གཙུག་གི་ནོར་བུ་གང་དུའང་མཆོད། །

왕은 자기 나라에서만 위대할 뿐이지만
성자는 어디를 가나 환대받는다.
꽃은 대부분 하루만의 장식이지만
왕관의 보석은 언제나 모셔지듯이.[18]

---

18 이 문장은 1행, 2행은 꾸샤나 왕조의 대신이던 짜나꺄가 지은 『짜나꺄스로까
   (cāṇakyaśloka)』의 '왕과 현자는 같지 않나니, 왕은 자기 나라에서만 존경받지만 현자
   는 온 세상에서 존경받는다'에서 왔다. 여기서는 현자가 성자로 바뀌었으나 내용은

43. 國王僅在本國大, 智者處處受人敬,
　　花朵僅是一天飾, 頂寶永時受供奉。

44. [2-14]

སློན་ཤིང་དུལ་བ་འབྲས་བུ་མང་།།
རྨ་བྱ་དུལ་བ་མཇུག་སྒྲོ་བཟང་།།
རྟ་མཆོག་དུལ་བ་འགྲོ་མགྱོགས་ཏེ།།
དམ་པ་དུལ་བ་མཁས་པའི་རྟགས།།

과일나무는 잘 가꾸면 열매가 많고
공작은 독을 마시면[19] 꼬리와 깃털이 아름답고
준마(駿馬)는 조련하면 (더욱) 빨리 달리듯
성자가 (잘) 수행하면 현자라는 징표다.[20]

44. 彎彎樹木果實多、雅馴孔雀尾屏美,
　　馴良駿馬行道快, 誠摯溫和智者相。

45. [2-15]

དམ་པ་རྣམས་དང་ཕྲལ་བ་ལ།།
བྲས་པ་མཛམ་ཡང་རྗེན་མི་འདི།།
ཞིང་ལ་ས་བོན་ཁྱད་མེད་ཀྱང་།།
ལོ་ཏོག་ཁྱད་པར་དཔག་ཏུ་མེད།།

얼추 같다.

19 공작이 독을 마셔 깃털과 꼬리가 아름답다는 인도에서 전래된 이야기다. 152번 경구
　에도 이 비유가 나온다.

20 이 문장은 앞의 3행까지가 비유인데 티벳어 원문에는 모두 '둘와(dul ba)'를 반복적으
　로 사용하여 운율을 맞추고 있다. '둘와'는 온순한, 얌전한, 겸손한, 부드러운 것 등을
　표현할 때 자주 쓰인다. 성자의 수행은 달리 계율을 잘 지키는 것과 명상 수행을 가리
　키기도 한다. 〔한역본〕에서는 온화로 옮기고 있다. 비유법으로 해석하지 않은 〔쾨뢰
　스역〕은 마지막 행을 '성자의 침묵(quitness)'이라고 해석하였고, 〔잠뺄역〕은 '훌륭한
　수행은 현자의 징표다'라고 의역하였는데, 문장의 구조와는 조금 맞지 않다.

성자들과 범부(凡夫)에 대한

같은 행위라도 그 보은은 같지 않다.

경작지에 (따라) 다르지 않은 씨앗이라도

그 수확이 다른 것이 한량이 없는 것처럼.[21]

45. 正士常人同做事, 彼二報恩卻不同,
　　 於田撒下同種子, 長出莊稼不相同。

46. [2-16]

བདག་ཉིད་ཆེ་ལ་ཕན་བཏགས་ན།།
ཅུང་ཟད་ཙམ་ལའང་འབྲས་བུ་འབྱིན།།
སྐྱུ་རུ་ར་གཅིག་བྱིན་པ་ལ།།
ཚེས་རྒྱལ་བུ་དང་མཉམ་ལ་ལྟོས།།

위대한 성자에게 은혜를 베풀면

제아무리 작은 것이라도 (커다란) 과보가 주어진다.

꾸루라[22] 한 알을 주고

성군의 왕자와 같아진 것을 보라.[23]

---

21 '빠뚜 메빠(dpag tu me pa)'는 한 어휘로 무량(無量)을 뜻한다.

22 인도의 토종 과일 '암라끼(Amlaki)'를 가리킨다. 티벳에서는 주로 건약재로 사용되며 영문 식물명은 'Emblica(서양 까치밥 나무열매 일종, 혹은 올리브 종류라고도 함)'로 대추 크기만 한데 레몬보다 훨씬 시어 신맛으로 유명하다.

23 이 경구는 인도의 고사에서 빌어 왔다. 행실이 좋지 않은 아들이 좋은 왕과 아내, 친구를 사귀라는 아버지의 유언이 옳은지 시험하는 이야기를 예로 들고 있다.
첫 번째 나라에서는, 숲 속에서 호랑이에게 잡혀먹힐 뻔한 왕을 구하였으나 왕을 시험하기 위해 왕궁의 공작을 훔쳐 친구에게 숨겨놓고 아내에게 '잡아먹었다'고 하자 상금에 눈이 먼 아내의 고발로 왕에게 잡혀 가, '당신 생명을 구한 대가로 공작을 잡아먹었다'고 말하였으나 용서를 받지 못하자 친구에게 맡겨 둔 공작을 찾아 되돌려 주고, 나쁜 왕과 사귀지 말라는 부친의 유언을 확인한다.
두 번째 나라에 가서는 숲 속에서 목이 마른 왕에게 암라끼 세 알을 주고 난 뒤 돌아와 왕자를 납치하여 숨겨 두었다. 그리고 나쁜 친구에게 왕자의 소지품을 보여 주자

46. 若於聖者作賢事, 無論再小亦有果,
　　猶如施一油柑果, 法王待彼若王子。

47. [2-17]

བཟང་པོའི་ཚེ་རིགས་སྤྱོད་པས་བསྲུང་། །
སྤྱོད་པ་ཉམས་ན་རིགས་དོན་མེད། །
ཙནྡན་དྲི་བཟང་སྐྱེ་བོ་དགའ། །
དེ་བསྲེགས་སོལ་བ་སུ་ཞིག་ལེན། །

좋은 가문은[24] 그 행실로 지켜진다.
행실이 타락하면 그 가문은 의미가 없다.
향나무 향기를 사람들이 좋아하지
그 타버린 숯덩이를 누가 얻으려 하랴!

47. 行爲護持高門閥, 若失行爲則無義,
　　諸人喜愛檀香味, 燒盡成炭誰需之

48. [2-18]

ཆེན་པོ་ར་ཞིག་ཀུན་གྱུར་ཀྱང་། །
དེ་ལ་གདུང་བ་བསྐྱེད་མི་དགོས། །
རྒྱ་བ་ར་ཞིག་གཟས་ཟིན་ཀྱང་། །
དེ་ལ་ཐག་ཏུ་སྒྲོལ་བར་འགྱུར། །

상금에 눈이 먼 친구의 밀고로 왕에게 붙잡혀 가 심문을 받을 때, "내가 왕자를 죽였으나 그때 내가 베푼 세 알의 꾼루라 열매를 기억하시오!"라고 말하자 왕은 첫 번째 알로는 왕자를 죽인 죄를 사면해 주고, 두 번째 알로는 공주를 아내로, 세 번째 알로는 왕국의 절반을 주겠다고 한 이야기에서 유래한 것이다.

본문 중의 '꾼꾸라 한 알을 주고 왕자와 같아진 것'은 왕자를 죽인 죄를 사면해 준 것을 가리킨다. 〔잠뻴역〕의 해설에서는 첫 번째와 두 번째 나라의 아내와 친구가 바뀌어 있으며, 공작 대신에 앵무새라고 설명되어 있다.

24 선자(善者)의 가문 혹은 명문가로도 해석된다.

위인이 잠깐 나약해지더라도

그에게 번뇌가 생긴 것을 (걱정할) 필요가 없다.

달이 잠깐 별에 의해 가려지더라도

바로 자유롭게 되듯이.[25]

48. 大者暫雖受衰失, 不必爲彼生憂傷,
　　月亮暫被羅睺食, 立卽將會得解脫

49. [2-19]

ཆེན་པོས་དགྲ་ལ་བྱམས་བྱས་ན།།
དགྲ་ཉིད་དེ་ཡི་དབང་དུ་འགྱུར།།
མང་པོས་བཀུར་བས་ཀུན་བསྐྱངས་པས།།
ཀུན་གྱིས་རྒྱལ་པོར་དབང་བསྐུར་རོ།།

위인이 적을 인자하게 대하면

그 적 스스로 그의 위세를 따르게 된다.[26]

망뻬 꿀와가[27] 모두를 보호하자

모두가 (그를) 왕으로 추대하였다.[28]

---

25 이 경구는 〔잠뻴역〕의 2행처럼 '그를 걱정할 필요 없다'고 옮기는 것도 괜찮다 싶다.
　　3행, 4행의 비유는 달이 잠시 월식으로 가려졌지만 곧장 돌아온다는 뜻인데,〔잠뻴
　　역〕에서는 붓다의 아들이자 10대 제자 중의 한 명인 라홀라의 이름(따쩬진, stra can
　　'zin)이 축약된 경우로 보고 해석하였다. 라홀라가 태어나던 날이 월식이라고 하여
　　월식(라홀라)이라는 이름이 지어졌다고.

26 '위세를 따르게 된다(왕두귤, dbang du 'gyur)'는 직역인데 The Tibetan Translation Tool
　　에는 '복종한다'는 관용어가 쓰여 있다.

27 '망뻬 꿀와(mang pos bkur ba)'는 '많은 사람들에 의해 추대된 자'란 뜻이며 실존 인물
　　이라 보기는 어렵다. 〔잠뻴역〕에서는 인도의 사미띠야(Samitīya) 왕으로 그 어원을
　　찾고 있다.

28 다른 경구들과 달리 4행에서는 자수를 맞추기 위해서 문장의 끝나는 것을 지시하는
　　'랄두(slar bsdu)'의 '로(ro)'가 쓰였다.

49. 大者仁慈諸怨敵, 則能制服怨敵衆,
    衆人敬王護他衆, 故彼推選爲國王。

50. [2-20]

དམ་པ་རྗེ་ལྟར་རྒུད་གྱུར་ཀྱང་། །
སྟེག་དང་འདྲེས་པའི་ཟས་མི་ཟ། །
སེང་གེ་བཀྲེས་ཀྱང་མི་བཙང་བའི། །
ངན་སྐྱུགས་ཟ་བར་མི་བྱེད་དོ། །

성자는 제아무리 (굶주려) 쇠약해졌어도
부정과 섞인 음식을 먹지 않는다.
사자는 굶주려도 깨끗하지 않은
토사물을 먹지 않는다.[29]

50. 正士無論再困苦, 不吃雜罪之食物,
    獅子無論再饑餓, 不會食用嘔吐物。

51. [2-21]

དམ་པ་སྲོག་ལ་བབས་ན་ཡང་། །
རང་བཞིན་བཟང་པོ་ག་ལ་འདོར། །
ས་ལེ་སྦྲམ་ནི་བསྲེགས་བཅད་ཀྱང་། །
དེ་ཡི་ཁ་དོག་རྣམས་མི་འགྱུར། །

성자가 목숨이 경각에 달렸어도
선량한 성품을[30] 어찌 버릴 수 있으랴?

---

29 앞 경구처럼 '랄두'의 '도(do)'가 쓰였다.
30 불교 철학에서 가장 중요한 용어 중의 하나인 자성(自性, Skt., svabhāva)을 뜻하는
   '랑씬(rang zhin)'이 쓰여 있다. '랑씬'은 보통 자성, 성품, 천성, 본성 등으로 쓰인다.

금덩이는 태우고 부셔도
그 색깔 손상되지 않는다.

51. 正士卽使遇命難, 亦不舍棄善本性,
    眞金無論再燒砍, 彼色總是不會變。

52. [2-22]

སྐྱེས་མཆོག་རྣམས་ལ་དམན་པ་རྣམས།།
ཁྲོ་ཡང་ལན་དུ་ག་ལ་ཁྲོ།།
ཅེ་སྤྱང་རྗེགས་པས་སྐད་འབྱིན་ཡང་།།
རི་དྭགས་རྒྱལ་པོ་སྙིང་རྗེས་སྐྱེ།།

고상한 사람들에게[31] 하찮은 자들이
성을 내도 그 대답이 어찌 성냄이랴?
재칼이[32] 제멋에 취해 짖어도
백수의 왕에게는 측은함만[33] 생겨난다.

52. 卑者雖嗔高尚士, 正士不會複發怒,
    胡狐發出大嚎聲, 獸王於彼起可憐。

53. [2-23]

བདག་ཉིད་ཆེ་ལ་སྐྱེ་བོ་རྣམས།།
སྐྱོན་ཆོལ་འགྱུར་གྱི་དམན་ལ་མིན།།
འཕན་ཟླ་རིན་ཆེན་ལ་བླ་ཡི།།
མགལ་དུམ་ལ་ནི་སུ་ཞིག་དཔྱོད།།

---

31 원문은 '께촉(skyes mchog)'으로 성자의 이명이다. 다른 두 영역본들에서는 성자로
   번역하고 있다.
32 개과의 짐승인 재칼(jackal)인데 '들개'로도 옮긴다.
33 〔주석서〕에는 '닝제(snying rje)'만 적혀 있으나 이것은 '닝제(snying rjes)'의 도구격
   's'를 생략한 것인지, 오자인지 알 수 없어 〔잠뻴역〕처럼 넣어주었다.

위대한 성자에게 사람들은

과실(過失)을 찾으려 하지 하찮은 자에게는 (그렇지 하지) 않는다.

보석의 결함을 눈여겨보지

타다 남은 장작더미를 누가 살펴보랴!

53. 衆人尋察智者過, 常人不會有如是,
　　 如於珠寶尋瑕疵, 誰管爐薪有裂痕。

54. [2-24]

བསྟོད་པས་དགའ་བར་མི་འགྱུར་ལ། །
སྨད་པས་མི་དགར་མི་འགྱུར་ཞིང་། །
རང་གི་ཡོན་ཏན་ལེགས་གནས་པ། །
སྐྱེ་བོ་དམ་པའི་མཚན་ཉིད་ཡིན། །

칭찬에 유쾌해하지 않고

비난에 불쾌해하지 않으며

자신의 (지혜) 공덕에 잘 머무는 것이

성자의 실제 모습이다.[34]

54. 不因讚稱而高興, 不因辱罵而憂傷,
　　 善持自之功德者, 此乃正士之法相

55. [2-25]

སྐྱིག་པ་དང་ནི་མཐུ་རྩལ་ལས། །
བྱུང་བའི་ལོངས་སྤྱོད་ལོངས་སྤྱོད་མིན། །
ཁྱི་དང་བྱི་ལ་འགྱངས་ན་ཡང་། །
རོ་ཚོར་བའི་རྣམ་ཐར་ཡིན། །

---

34 '실제 모습'이라고 풀어 쓴 '첸니(mtshan nyid)'는 불교 논리학인 인명(因明)에서 어떤
　 한 개념자의 정의를 뜻하는데 주로 쓰인다. 〔한역본〕에는 '법상(法相)'이라고 적혀
　 있다.

악한 짓이나 권력으로[35]

생긴 재산은 재산이 아니다.[36]

개와 고양이에게 배를 채우기 위해서라면

수치심을 내팽개치는 것이 (그들의) 완벽한 삶이다.[37]

55. 依罪武力所得財, 怎能算爲眞財富,
　　猶如貓狗雖充腹, 皆是無恥之經歷。

56. [2-26]

འཁོར་ལ་ཕུན་སུམ་ཚོགས་གྱུར་ན།།
རྗེ་དཔོན་ཉིད་ཀྱི་ཆེ་བ་ཡིན།།
ཏུ་ལ་རྒྱན་དུ་བྲས་པ་དེ།།
བདག་པོ་ཉིད་ལ་མི་མཛེས་སམ།།

권속(眷屬)을 삼원만(三圓滿)하게[38] 했으면

(그것은) 주인 자신의 위대함이다.

35　원어는 '투쩰(mthu rtsal)'로 역량, 능력 등을 나타내기도 하고 딴뜨릭 주술을 뜻하기도
　　한다. 앞의 '악한 짓(딕빠, sdig pa)'과 같은 부정형으로 취급하여 권력으로 옮겼다.
36　〔잠뺄역〕에서는 재물〔또는 재산(롱쬐, long spyed)〕을 '기쁨(enjoyment)'으로 옮겼다.
37　이 경구에서도 다양한 의미로 해석할 수 있는 한 어휘를 사용하는 사꺄 빤디따의
　　작법의 특징이 잘 드러나 있다. 4행에서 하는 짓으로 옮긴 '남탈(rnam thar)'은 전기(傳
　　記)라는 뜻도 있다. 〔한역본〕은 이에 따랐고 〔잠뺄역〕은 아예 의역했다. 삶의 완벽,
　　해탈을 하고자 하는 행위, 즉 최고로 갈구하는 행위가 부정적인 의미로 쓰여 있다.
　　우리말로 하는 짓이나 천성으로 의역해도 보기 좋다.
38　여기에 사용된 삼원만(三圓滿, 퓐숨촉, phun sum tshogs)은 티벳 불교 용어에서 빼놓을
　　수 없는 어휘다. 원어는 '퓐촉숨(phun tshogs gsum)' 혹은 '퓐촉 숨덴(phun tshogs gsum
　　ldan)'으로, 3가지가 원만(圓滿)한 것, 즉 두루 갖추어진 것을 가리키는데, 불법승 삼보
　　를 두루 갖추는 것부터, 인·과·경제적인 이익 등을 갖추는 것 혹은 자·타 그리고
　　이 자타가 모두 성취된 것에 사용된다. 원만(퓐촉)은 티벳 경전에 널리 사용되고 있을
　　뿐만 아니라 일상생활에도 두루 쓰이는데, 우리의 신년 인사인 '복 많이 받으십시오!'
　　를 티벳어로는 "따쉬 데렉 퓐숨촉!"이라고 한다.

말을 장식하는 것이
주인 자신을 치장하는 것이 아니겠는가?

56. 眷屬若得諸圓滿, 此乃長官之光彩,
　　爲馬嚴飾纓絡者, 豈非主人之莊嚴?

57. [2-27]

རྗེ་ལྟ་རྗེ་ལྟར་རྗེ་དཔོན་གྱིས།།
འཁོར་ལ་དྲིན་གྱིས་བསྐྱངས་གྱུར་པ།།
དེ་ལྟ་དེ་ལྟར་འཁོར་གཡོག་རྣམས།།
རྗེ་དཔོན་ཉིད་ཀྱི་བྱ་བ་སྒྲུབ།།

이와 같이 주인이
권속(眷屬)(들)을 은정(恩情)으로 보살피면
그와 같이 권속들도
주인 자신의 일을 성취할 것이다.[39]

57. 長官如何以大恩, 愛護一切諸眷屬,
　　如是所有眷民衆, 亦對長官敬服待。

58. [2-28]

བདག་ཉིད་ཆེན་པོ་གནས་པའི་སར།།
མཁས་པ་གཞན་དག་སུ་ཡིས་བརྗེ།།
མཁའ་ལ་ཉི་མ་འཆར་བ་ན།།
རྒྱུ་སྐར་མང་ཡང་མཐོང་མི་འགྱུར།།

위대한 성자가[40] 머무는 곳에

다른 지자(智者)들을[41] 누가 신경이나 쓰랴?

하늘에 해가 떠오르면

뭇 별들이 많아도 보이지 않는다.

58. 聖者居住之住所, 誰有尊敬餘學者,
    太陽照射天空時, 星星雖多亦不見。

『선설보장론』「제2 관성자품(觀聖者品)」 마침.

---

40 〔쾨뢰스역〕은 성자를 붓다로 번역하였다.

41 여기서는 '현자(켄빠, mkhas pa)'를 지식을 갖춘 일반 학자라는 뜻에서 '지자'로 옮겼
  다. 이 경구에서 보이듯 (현자의) 지식과 (성자의) 품성을 비교해 볼 때, 사꺄 빤디따가
  후자에 더 후한 점수를 주고 있는 것을 알 수 있다.

제3장 어리석은 자에 대한 검토[1]

59. [3-1]

སྐྱེ་བོ་ངན་པ་འབྱོར་ཐོབ་ཀྱང་།།
ལྷག་པར་སྤྱོར་པ་ངན་པར་འགྱུར།།
འབབ་ཆུ་རྡེ་ལྷར་ལྡོག་གྱུར་ཀྱང་།།
ཕྱིར་དུ་འབབ་པ་ཁོ་ནར་འདོད།།

악한 자가 재산을 얻으면
더욱더 행실이 나빠진다.
폭포수는 어찌 돌렸던
떨어지는 것만 오직 바란다.

59. 惡人盡管得財富, 行爲變得更惡劣,
    瀑布無論再阻擋, 然彼一直往下流。

60. [3-2]

དམན་ལ་སྤྱོད་པ་བཟང་བྱུང་ཡང་།།
དེ་ནི་བཅོས་མའི་རྣམ་ཐར་ཡིན།།
ཤེལ་ལ་ནོར་བུས་ཁ་བསྒྱུར་ཡང་།།
ཆུ་དང་འཕྲད་ན་རང་མདོག་སྟོན།།

하찮은 자에게 선행이 생겨났어도

---

1 གསུམ་པ་བླུན་པོ་བརྟག་པའི་རབ་ཏུ་བྱེད་པ།།
  한문식으로 하자면 「관우자품(觀遇者品)」. 이 3장에는 악한 자와 어리석은 자, 지혜
  없이 단순한 자 등이 다루어지고 있다. 가능하면 원어에 따라 옮겼다.

그것은 다만 꾸민 짓이다.[2]

유리를 보석처럼 채색했어도[3]

물과 닿으면 본색이 드러난다.

60. 劣者有時變善良, 此爲卽是僞裝相,
    玻璃塗上珠寶色, 遇見水卽露本相

61. [3-3]

གྲུན་པོས་བྱ་བ་ལེགས་གྲུབ་ཀྱང་༎
སེམས་དབང་ཡིན་གྱིས་བསྒྲུབས་པས་མིན་༎
སྲིན་བུའི་ཁ་ཆུར་སྐུད་དུ་༎
འགྲོ་བ་མཁས་ནས་བྱུང་བ་མིན་༎

어리석은 자가 일을 잘 이루었어도

우연이지 (원래) 이루려 했던 것이 아니다.[4]

누에가[5] 침으로 실을 뽑지만

그 동작을 숙지해서 생겼던 것이 아니다.

61. 愚者雖然完成事, 亦是運氣非本事,
    如蠶會吐絲抽線, 並非彼之巧本事。

---

2 '남탈(rnam thar)'에 대해서는 앞의 55번 게송 각주 참조.

3 '채색하다'로 옮긴 '카귤(kha bsgyur)'은 원래 도금이나 카펫을 만드는 것을 뜻한다.

4 1행에서 '이루려 했던'이라고 옮긴 동사 '둡빠(grub pa)'는 '둡빠('grub pa)'의 과거형인
데 2행의 '둡빠(bsgrub pa)'와 거의 같은 의미다. 우리말에서는 차이가 없지만 티벳어에
서는 1행의 '둡빠'는 의지가 결여된 우연히 이루어진 것을 뜻하며 2행에서는 의도적으
로 행한 것을 뜻한다. 27번 경구 각주 참조.

5 원래 벌레(신부, srin bu)로 되어 있다. [잠뺄역]에서는 거미로 번역했다.

62. [3-4]

ཆེན་པོས་འབད་ནས་བསྒྲུབས་པའི་གྲོས།།
ངན་པས་སྐད་ཅིག་གཅིག་ལ་འཇོམས།།
ཞིང་པས་ལོ་ཟླར་འབད་པའི་ཞིང་།།
སེར་བས་སྐད་ཅིག་ཉུལ་དུ་རྫོག།

위인이 애써 이루었던 협의도
악한 자에 의해 한순간에 파기된다.
농부가 밤낮으로[6] 애쓴 땅을
우박이 한순간에 망치듯이.

62. 大者精勤成協議, 惡人一瞬便摧之,
　　農夫累時種莊稼, 冰雹一瞬即毁盡。

63. [3-5]

ངན་པ་ཕལ་ཆེར་རང་གི་སྐྱོན།།
གང་ཡིན་གཞན་ལ་བགོད་པར་བྱེད།།
ཁྲ་ཏས་མི་གཙང་ཟོས་པའི་མཆུ།།
ས་གཙང་གཞན་ལ་འབད་ནས་འཕྱིད།།

악한 자는 대부분 자신의 잘못이
무엇이 되었든 남을 탓한다.
까마귀가 깨끗하지 못한 것을 먹은 부리를
다른 깨끗한 곳에서 애써 문지르듯이.[7]

63. 劣者自己之過失, 總是染推於他人,
　　烏鴉自食不淨嘴, 使勁擦於幹淨處。

---

6 원문은 년(年) 월(月)로 되어 있다.
7 '문지르다'로 옮긴 '치('phyid)'는 원래 자해하다, 상해하다는 뜻이다.

64. [3-6]

བླུན་པོ་བྱ་བ་ལ་སྦྱར་ན།།
དོན་ཉམས་དེ་ཡང་ཉམས་པར་འགྱུར།།
ཝ་སྐྱེས་རྒྱལ་པོར་བསྐོས་པ་ཡིས།།
འཁོར་སྡུག་རང་ཡང་བསད་ཅེས་གྲགས།།

어리석은 자가 (어떤) 일을 했으면

일도 훼손되고 그도 역시 훼손된다.

'여우가 왕으로 뽑혔기 때문에

권속(眷屬)(들)도 고통받고 (여우) 자신도 죽었다'는 이야기처럼.[8]

64. 若讓愚者辨事情, 旣是毁事又毁己,
    如獸狐狸立爲王, 衆獸受苦自亦亡。

65. [3-7]

རྨོངས་པ་བདེ་བ་འདོད་བཞིན་དུ།།
བྱ་བ་སྡུག་བསྔལ་འབའ་ཞིག་སྒྲུབ།།
གདོན་གྱིས་བཏབ་པའི་སྐྱེ་པོ་འགའ།།
སྡུག་བསྔལ་སྤང་ཕྱིར་སྲོག་པ་མཆོང་།།

우매한 자는 행복을 원하고 있어도[9]

고통스러운 일만 이룰 뿐이다.

악귀에 쓰인 어떤 사람이

고통에서 벗어나고자 자살하는 것에서 보여지듯이.[10]

---

8 이 이야기는 염료 통에 빠져 털 색깔이 바뀐 여우가 뭇 짐승들이 왕으로 선출된 후
  사자를 타고 다니며 뽐내다가 보름달이 뜨는 날, 다른 여우들처럼 달을 보고 울다가
  사자에게 잡혀 죽었다는 이야기에서 비롯되었다. 『빤짜딴뜨라』에 나오는 이야기다.
9 1행에 쓰인 '씬두(bzhin du)'는 현재 진행형을 가리키는데 사꺄 빤디따는 매우 드물게
  이 시제를 쓰고 있다.
10 이 경구는 산티데바(寂天)의 '입보리행론(入菩提行論)'의 1장 27번 게송과 닮았다.

65. 愚者欲求爲安樂, 所作皆成爲痛苦,
    如同有些遭魔者, 爲除痛苦而自殺。

66. [3-8]

བློ་དན་དྲང་པོ་ལ་ལས་རང་།།
བཅག་འགྱུར་ལ་ལས་གཞན་ལ་གནོད།།
གནས་ཀྱི་ཤིང་དྲང་རྩད་ནས་གཅོད།།
མདའ་ཡི་དྲང་པོས་ཕ་རོལ་གསོད།།

총명하지 않고[11] (너무) 직선적인[12] 자는 자신을
망치고 다른 몇몇 (사람에게도) 해를 입힌다.
숲 속의 곧은 나무는 (그 근본으로 말미암아) 베어지고
곧은 화살이[13] (되어) 다른 쪽을 죽인다.

66. 愚蠢又是憨直人, 有者毀己有傷他,
    林中直樹被人砍, 筆直利箭會傷他。

67. [3-9]

ཅག་ཏུ་གཞན་དོན་མི་སེམས་པ།།
དེ་ཡི་སྤྱོད་པ་ཕྱུགས་དང་མཚུངས།།
བཟའ་བཅུང་འབའ་ཞིག་དུད་འགྲོས་ཀྱང་།།
བསྐྱབ་པར་ནུས་པ་མ་ཡིན་ནམ།།

'고뇌에서 벗어나고자 한들 / 고뇌로 인해 그 고통 더욱 강해지고 / 행복을 추구한다
한들 무명으로 인해 / 제 자신의 행복마저도 원수처럼 파괴한다.'

11 '로녠(blo ngan)'은 '악한〔혹은 나쁜(녠, ngan)〕 마음을 (blo) 가진 자'로 직역할 수 있지
   만 여기서는 뒤따라 나오는 비유에 따라 '총명하지 않은 자'로 옮겼다.

12 원문의 '당뽀(drang po)'는 긍정적인 의미로 성실, 정직을 뜻한다.

13 '곧은 화살'의 원문을 직역하면 '화살의 곧음'인데 의역했다. 직역을 기본으로 하였으
   면 티벳어의 이와 같은 특징을 따를 수 있는 어휘들이 두루 보이는데, 여기서는 경우
   에 따라 옮겼다.

항상 타인의 이익을[14] 생각하지 않으면

그의 행실은 가축과 같다.

다만 먹고 마시는 것은 짐승도 역시

행할 수 있으니 그렇지 않으냐?

67. 平日不爲利他想, 此人行爲如牲畜,
　　唯尋自己之吃喝, 豈非牲畜亦能行?

68. [3-10]

ཕན་དང་མི་ཕན་མི་དཔྱོད་ཅིང་།།
བློ་དང་ཐོས་པ་མི་སྒྲུབ་པ།།
ཕོས་འགྲངས་འབའ་ཞིག་དོན་གཉེར་བ།།
སྤུ་མེད་པ་ཡི་ཕག་པ་ཡིན།།

이익과[15] 불이익을 구분하지 못하고

지혜나 (들어서) 배움을[16] 쌓지 못하면

다만 배나 채우는 일만 신경 쓰는

털 없는 돼지다.

68. 不察有益和無益, 不求智慧不聞法,
　　惟有尋求充腹者, 眞實一頭無毛豬。

---

14 '이익'으로 옮긴 '돈(don)'은 일, 의미 등으로도 주로 쓰인다.

15 원문의 '펜(phan)'은 은혜로도 해석된다.

16 '들어서 배움'이라고 옮긴 '퇴빠(thos pa)'는 문사수(聞思修) 삼혜(三慧)의 문(聞)을 뜻
　한다.

69. [3-11]

སྤྱོན་པོའི་དབུས་ན་དགའ་ཞིང་རྩེ།།
མཁས་པའི་མདུན་སར་ཞུམ་ཞིང་འཛེར།།
རྣོག་དང་སྐྱོག་ཁལ་མེད་ན་ཡང་།།
ཡ་སོ་ཅན་གྱི་བ་ལང་ཡིན།།

어리석은 자(들)의 가운데라면 좋아하고 까불다가
현자의 면전에서 위축되고 피하면
혹과 군턱이 없어도
윗니 있는 황소다.[17]

69. 愚者之中歡欣遊, 學者之前怯而躱,
　　頸無垂肉頂無峰, 具有上牙黃牯牛。

70. [3-12]

གང་ན་བཟའ་བཏུང་ཡོད་དེར་རྒྱུགས།།
དགོས་པའི་བྱ་བ་བཅོལ་ཡང་འབྲོས།།
གཏམ་དང་བཞན་གད་ཤེས་ན་ཡང་།།
མཇུག་མ་མེད་པའི་ཁྱི་རྣན་ཡིན།།

어디든지 먹고 마실 것이 있으면 거기로 달려가지만
필요한 일이라도 부탁할라치면 도망치는 자는
말하고 웃을 줄은 알아도
꼬리 없는 개다.

---

17 이 비유를 이해하기 위해서는 여기에 표현된 소의 생김새를 조금이나마 알 필요가
　있는데, 우리나라의 소와 달리 인도의 소나 티벳의 고산 들소는 낙타처럼 등이 튀어
　나왔고 목 아래 커다란 군턱이 출렁거린다. 4행의 '윗니가 있는' 표현은 소에는 윗니
　가 없지만, 사람에게는 있다는 것에 대한 비유다.

70. 若有飮食至彼處, 委托辨事時逃避,
    雖能説話亦能笑, 仍是無尾之老狗。

71. [3-13]

མྱིག་རྗེས་ཆུ་ཡིས་དགང་སླ་སྟེ།།
མཛོད་ཆུང་ནོར་གྱིས་དགང་བ་སླ།།
ཞིང་ཆུང་ས་བོན་གདབ་སླ་སྟེ།།
བློ་ཆུང་རིག་པས་མགུ་བ་སླ།།

발굽 자국은 물로 채우기 쉽고

작은 창고는 재물로 채우기 쉽고

작은 땅은 씨 뿌리기 쉽듯이

우매한 자는 (작은) 지식으로 만족하기 쉬워라.

71. 蹄窩易被水灌滿, 小庫易被財裝滿,
    小田容易播種子, 淺學之人易自滿。

72. [3-14]

རྡེགས་བཅས་བླུན་པོ་ཁས་ལེན་ཅན།།
ཆེན་པོ་ཡིན་ཡང་ཉམས་པར་འགྱུར།།
གོམ་པ་གང་གི་ས་བྱིན་པས།།
སྤོབས་ལྡན་གྱིས་ནི་ས་གསུམ་ཕོར།།

교만함을 갖춘 어리석은 자의 승낙은[18]

비록 크다 할지라도 실패하게 된다.

한 걸음의 땅을 주겠다던

---

18 1행의 말미에 '쩬(can)', 즉 '~하는 자(또는 것)'라는 어휘가 붙어 있는데 의역했다.
   직역하면 '승낙하는 것'이라는 뜻이다.

(아수라의 왕) 바리(Balī)가 삼계(三界)를 잃었듯이.[19]

72. 愚者傲慢輕諾者, 力再大亦失敗,
　　 非天施給一步地, 遍入天得三界也。

73. [3-15]

བློ་ཆུང་སེམས་ལ་འཁོན་འཛིན་ཅན།།
གནོད་པ་བས་ཀྱང་རྣམ་འགྱུར་སྔ།།
ཁྱི་ངན་དགྲ་བོ་མཐོང་ན་ཡང་།།
རྨུགས་པའི་ཕྱོག་པར་ཀུ་ཅོ་འདོན།།

우매한 자가 마음속에 화를 품고 있으면
해를 끼치기도 전에 표정에 먼저 (보인다).
못된 개는 적이 보이면
물기도 전에 짖는 것처럼.

73. 小人心藏懷恨時, 害他之前露表情,
　　 惡狗已見怨敵時, 咬人之前狂亂吠。

74. [3-16]

བྲུན་པོས་གསོག་པའི་སྡུག་བསྔལ་ཉིད།།
སྨྱོང་གི་སྡུད་པའི་བདེ་མི་སྨྱོང་།།
ཡང་ཡང་སྒྱལ་ཞིང་སྐྱ་བ་ཡི།།
འཇིངས་པའི་ནོར་ནི་བྱི་བ་འདྲ།།

어리석은 자가 쌓은 (것이라고는) 고통 자체를

경험한 행위뿐 행복한 경험이 아니다.
여기저기 돌아다니며 살펴보는
구두쇠의 보물을 (탐내는) 쥐처럼.[20]

74. 愚者唯受積財苦, 始終不得積財樂,
    又複尋求看守財, 慳吝積財如老鼠。

75. [3-17]

བྱུན་པོའི་དུང་དུ་མཁས་པ་བས། །
སྤྲེའུ་འཛིན་པ་ཁྱད་པར་འཕགས། །
སྤྲེལ་འཛིན་ཟས་དང་ནོར་གྱིས་མཆོད། །
མཁས་པ་ལག་པ་སྟོང་པར་འགྲོ། །

어리석은 자의 주변에서는 현자보다
광대가[21] 특히 우월하다.[22]
광대는 음식과 재물로 공경 받지만
현자는 빈손으로 (돌아) 간다.

75. 學者處於愚者前, 不如耍猴之高貴,
    耍猴之人得食財, 學者空手而行也。

---

20 이 문장의 해석은 어딘지 매끄럽지 않고 그 예가 실려 있지 않다.
21 '떼우 진빠(spre'u 'dzin pa)'를 〔쾨뢰스역〕이나 〔잠뺄역〕은 '원숭이를 잡는 자
   (monkey-catcher)'라고 직역했다. 작은 원숭이 혹은 원숭이 새끼를 뜻하는 '떼우'
   가 쓰였으나 이는 원숭이를 뜻한다. 80번 경구에서는 '늙은 원숭이(뗄겐)'로 쓰였
   으나 같은 뜻이다. 이것은 사꺄 지역을 포함한 위짱(중앙 티벳) 지역에서 주로
   쓰는 표현이다. 원숭이를 잡아서 묘기를 부리게 하는 자라는 뜻이므로 광대로
   의역했다.
22 2행의 마지막 '케빨팍(khyad par 'phags)'을 뒤따라오는 실례에 따라 의역하면 '더욱더
   대접받는다' 정도 된다.

76. [3-18]

ཡོན་ཏན་མེད་པའི་སྐྱེ་བོ་རྣམས།།
ཡོད་ཏན་ཅན་ལ་ལྷག་པར་སྡང་།།
གངས་ཀྱི་ཡུལ་དུ་དགུན་སྐྱེས་པའི།།
ལོ་ཏོག་སྐྱེས་ངན་ཡིན་ཞེས་སྒྲོགས།།

(지혜) 공덕이 없는 자들은

(지혜) 공덕을 갖춘 자를 더욱더 미워한다.

눈의 나라에서는 '겨울철에 나는

수확은 흉한 징조다'라고 널리 알려졌듯이.[23]

76. 無有學問之士衆, 特別嫉恨有學者,
　　冬天雪域長莊稼, 諸人視爲不祥兆。

77. [3-19]

ཡོན་ཏན་ལོག་པར་སྦྱངས་པ་འགས།།
ལེགས་པར་སྦྱངས་པ་ཁྱད་དུ་གསོད།།
ལྦ་བ་མེད་ན་སྐྱིང་ཕྲན་འགར།།
ཡན་ལག་རྣམས་པའི་སྐྱོན་དུ་བྱེད།།

(지혜) 공덕을 그릇되게 배웠던 자 몇몇은

제대로 배웠던 자를 특히 해치려 한다.

(목이 부어 생긴) 혹이 없으면 어떤 작은 섬에서는

수족이 손상된 결함이 있는 자라 (해치려) 하듯이.[24]

---

23 앞의 경구와 함께 의미가 명확하지 않은 비유인데 티벳에서는 겨울에 싹이 돋으면
　　나쁜 징조라는 미신이 있는 듯하다.

24 2행의 '해치려 한다'로 옮긴 '세(gsad)'는 원래 죽이다는 뜻이다. 4행에서는 '∼를 한
　　다'는 '제(byad)'만 쓰여 있어 같은 형태로 통일하여 의역했다.

77. 有些學習邪道者, 經常輕毀好學士,
    如同某些島嶼上, 無慶當爲殘肢者。

78. [3-20]

ཚིག་རྣམས་པར་བྱེད་པ་རྣམས།།
ཚིག་ཚང་བར་བྱེད་ལ་བརྙས།།
ཙུ་ཊའི་ཡུལ་དུ་ཕྱིན་པ་ན།།
རྐང་གཉིས་པ་ལ་མིར་མི་བརྩི།།

작법(作法)을[25] 손상되게 행하는 자들은

작법을 완벽하게 행하는 자들을 업신여긴다.

쭈따(Cuta)라는[26] 나라에 가면[27]

두 다리를 가진 자를 사람으로 여기지 않듯이.

78. 有些儀軌不全者, 欺淩圓滿儀軌士,
    猶如至於仔達地, 凡長雙足不算人。

79. [3-21]

ཚིག་ལོག་པར་སྒྲུབ་པ་འགས།།
ཡང་དག་ཚིག་བྱེད་ལ་གཤེ།།
སྐྱེས་བུ་ཁྱི་ཡི་མགོ་ཅན་རྣམས།།
བཞིན་བཟང་བྱད་མེད་ཡིན་ཞེས་བརྩས།།

---

25 '작법'으로 옮긴 딴뜨릭 혹은 티벳 불교 전통 예식을 뜻하는 중요한 개념인 '초가(cho
 ga)'는 매우 복잡하게 정형화되어 있다. 인도 원류의 불교에 대해서 강조점을 찍었던
 사꺄 빤디따는 당시의 그릇된 작법의 풍조에 대해서 이처럼 신랄하게 비난하고 있다.
 자세한 내용은 「해제」 참조.
26 〔쾨뢰스역〕에는 '차라(Chara)'라고 번역했다. 'Chala(delusion, 무지)'가 올바른 것 같기
 도 하지만 정확한 기원은 알 수 없다. 인도에 있다고 알려진 다리를 하나만 가진
 자들이 사는 나라라고 한다.
27 원문에는 '가다(도와, 'gro ba)'의 과거형인 '친빠(phyin pa)'가 사용되어 있다.

작법을 그릇되게 이룬 자 몇몇은
완벽하게 작법을 행하는 자를 비난한다.
개의 머리를 가진 (못생긴) 자들이
'잘 생긴 얼굴을 (보고) 여자네'라고 멸시하듯이.

79. 有些邪行儀軌者, 辱罵正行儀軌士,
    如同自長狗頭者, 美男譏毀爲女人。

80. [3-22]

ལོག་འཚོའི་ཟས་ནོར་སྐྱེད་པ་འགའ།།
མཁས་པ་དབུལ་པོ་ཁྱད་དུ་གསོད།།
སྤྲེལ་རྒན་རྣམས་ཀྱིས་མི་བཟུང་ནས།།
མཇུག་མ་མེད་ཅེས་བཞད་གད་བྱེད།།

사명(邪命)으로[28] 음식과 재물을 모은 자 몇몇은
가난한 현자를 특히 해치려 한다.
원숭이들이 사람을 붙잡고
'이 꼬리 없는 것아'라고 놀리며 (해치려) 하듯이.[29]

80. 有些邪命養活者, 特別蔑視窮學者,
    猶如老猴抓住人, 嘲笑說他無尾巴。

---

28. '사명(邪命, 록초, log 'tsho)'은 '비구가 구걸하여 법같이 생활하지 않고 법같이 않은
   일을 하여 생활하는 것'이라고 하는데, 여기서는 '바르지 않은 방법으로'의 뜻으로
   쓰이고 있다.
29. 〔잠뺄역〕에서는 '모욕한다(contempt)'라고 되어 있으나 동사의 사용법이 77번 경구와
   동일한 형태로 되어 있다.

81. [3-23]

དེས་ན་ལས་ཀྱིས་མནར་བ་ན།།
མཁས་པ་བླུན་པོའི་ནང་དུ་འཁྱམས།།
རླུང་གིས་བདས་པའི་མ་ལ་ཀེ།།
དྲི་ཞིམ་ཕྱག་དར་ཕྲོད་ན་རྫི།།

업(業)에 의해서 핍박받은 경우라면[30]

현자(라도) 어리석은 자(들) 가운데 유랑한다.

(이런 경우는) 바람이 몰고 다니던 말리까(Mallikā)[31]

(꽃) 향기가 쓰레기 더미 중에서 바람에 (날리는 것과 같다).

81. 若遭業力之逼迫, 智者亦入愚人中,
　　猶如芬香茉莉花, 被風刮進糞中踏。

82. [3-24]

སྐྱོན་རྣམས་འབད་པས་འཛིན་བྱེད་ཅིང་།།
ཡོན་ཏན་རྒྱ་ནས་མི་ཆགས་པ།།
སྐྱེ་བོ་ངན་པ་ཆུ་ཚགས་བཞིན།།
དྲན་པ་འཛིན་གྱི་བཟང་པོ་འཚོར།།

과실(過失)들을 애써 저지르려는 자는 그러나[32]

(지혜) 공덕을 근본적으로 좋아하지 않는다.

악한 자는 여과포(濾過布)와[33] 같아서

---

30 1행은 사용된 '데나(de na) ∼나(na)'에 따라 직역하였다.

31 향기가 아름다운 꽃으로 자스민의 일종이라고 한다. 〔주석서〕에 따른 음차를 적었다.

32 1행의 행위자가 축약된 것으로 보고 옮겼다. 1행의 말미의 '찡(cing)'은 보통 긍정으로 '그리고, ∼와'로 받는데, 여기서는 2행과 대구를 이루고 있으므로 '그러나'로 옮겼다. 2행의 '좋아하다'로 옮긴 '착빠(chags pa)'는 보통 애착, 탐착, 탐욕 등의 부정적인 명사로 주로 쓰인다.

33 '추착(chu tshags)'은 물이나 차를 거르는 천을 뜻한다.

악한 것은 잡지만 선한 것은 버린다.

82. 精勤持執諸過患, 不存毫許之功德,
　　 劣者卽同濾水器, 唯留渣滓漏精華。

83. [3-25]

ལེགས་ཉེས་དཔྱོད་པའི་བློ་གྲོས་མེད། །
མཁས་པའི་མདུན་སར་ཕྱིར་ཕྱོགས་འགྲོ། །
ཟས་ནོར་ཁོ་ནའི་གཏམ་གྱིས་འདའ། །
རྐང་གཉིས་པ་ཡི་ཕྱུགས་སུ་བཤད། །

선악을 분별하는 지혜가 없고
현자의 면전에서는 (얼굴을) 다른 쪽으로 (돌려서) 가고
음식과 재물에 대한 잡담만으로 (세월을) 보냈다(면)
다리가 두 개인 가축이라 불린다.

83. 無有辨別善惡者, 學者之前受驅逐,
　　 整天談論錢財食, 此卽雙足之畜牲。

84. [3-26]

བློ་ཆུང་མང་དུ་འདུས་ན་ཡང་། །
བྱ་བ་ཆེན་པོ་སྒྲུབ་མི་ནུས། །
རྩ་ཀྱུ་མང་དུ་བསྡོམས་ན་ཡང་། །
ཁང་པའི་གདུང་མ་བཟོད་པར་དཀའ། །

우매한 자들이 많이 모였어도
위대한 일을 이룰 수 없다.
갈대를 많이 묶었어도
집의 대들보가 (되어 집을) 지탱하기 어렵다.

84. 小人卽使再多聚, 不能成辦大事件,
    猶如芨草捆再多, 不能作爲大廈柱。

85. [3-27]

མ་དཔྱད་པ་ལས་དོན་གྲུབ་པ།།
གྲུང་ཡང་མཆོངས་པར་སུ་ཞིག་བརྩི།།
སྲིན་བུ་དག་གིས་བཟོས་པའི་རིས།།
ཡི་གེར་གྲུང་ཡང་ཡིག་མཁན་མིན།།

분별없는 것으로부터 일의 완성이

생겨났어도 빼어나다고 누가 여기겠는가?

벌레들이 만든 자국이

글자처럼 생겨났어도 서예가가 (쓴 것이) 아니듯이.[34]

85. 未經觀察雖成事, 誰會當彼爲智者,
    如蟲咬出花紋時, 雖成文字非書家。

86. [3-28]

བློ་གྲོས་ཞན་པའི་འདོད་གཏམ་དང་།།
ཅང་ཤེས་མིན་པའི་རྟ་མཆོག་དང་།།
གཡུལ་དོར་གྱུང་བའི་རལ་གྲི་རྣམས།།
སུ་ཡི་གྲོགས་འགྱུར་ངེས་པ་མེད།།

지혜가 하찮은 자의 제멋대로 (지껄이는) 말이나[35]

길들지 않은 준마(駿馬)나

전쟁터에 떨어진 칼 등은

---

34 2행과 4행에 '생겨났어도'로 옮긴 '즁양(byung yang)'이 쓰여 운율을 맞추고 있다.

35 '제멋대로 지껄인 말'로 옮긴 '되땀('dod gtam)'은 한 어휘로, 음란한 말이란 뜻이 있
   다. 여기서는 자기가 하고 싶은 바대로 지껄이는 말로 옮겼다.

누구의 친구가 될지 확실하지 않다.

86. 愚者所說之誑語, 未經馴服之良馬,
掉落戰場寶劍等, 對誰有利尚不定。

87. [3-29]

ཤེས་རབ་མེད་པའི་བླུན་པོ་རྣམས།།
མང་ཡང་དགྲ་པོའི་དབང་དུ་འགྱུར།།
གླང་ཆེན་སྟོབས་ལྡན་ཁྱུར་འོངས་པ།།
རི་བོང་བློ་ལྡན་གཅིག་གིས་བཏུལ།།

지혜가 없는 어리석은 자들은
많이 (모여 있어)도 적의 영향을 받는다.
한 무리의 힘센 코끼리 떼가
지혜를 갖춘 한 마리 토끼에게 얌전해졌듯이.[36]

87. 無智愚者再衆多, 亦會被敵所制服,
成群具勢大象衆, 亦被一兎皆驅逐。

88. [3-30]

ཤེས་རབ་མེད་པའི་ལོངས་སྤྱོད་ཀྱང་།།
ཕལ་ཆེར་རང་ལ་ཕན་པ་ཉུང་།།
འདོད་འཇོ་བ་ཡི་འོ་མ་ཡང་།།
བེའུས་འཐུང་བ་བརྒྱ་ལམ་ཡིན།།

36 '얌전해졌다'고 옮긴 '뚤(btul)'은 원래 율(律)을 뜻하는 '둘('dul)'의 과거형으로 '교화하다'라는 긍정적인 뜻이 있다. 이 비유는 꾀 많은 토끼가 숲 속으로 몰려들어 자신들의 보금자리를 부순 코끼리 떼에게 자신은 달이 보낸 사자라고 꾀를 내어 내쫓은 것에서 왔다.

지혜가 없는 자의 재산이란

보통 자신에게 (맞는) 조그만 이익일 뿐이다.

원하는 만큼 젖을 짤 수 있는 암소라지만

송아지가 (모두) 마시는 (경우는) 드물다.[37]

88. 無智光有財富者, 多半對自無益處,
    猶如奶牛之乳汁, 牛犢能喝極罕見。

89. [3-31]

གྱུན་པོ་རྣམས་ཀྱིས་མཁས་པ་ཡང་།།

མཆོད་པར་འགྱུར་བའི་རེས་པ་མེད།།

ཉི་མ་ཤིན་ཏུ་འོད་གསལ་ཡང་།།

འབྱུང་པོའི་གདོན་རྣམས་མི་འབྲོས་སམ།།

어리석은 자들이 현자라도

공경할 것인지는 확실하지 않다.

해가 매우 밝게 떠올라도

(어둠을 좋아하는) 마귀들은 도망치지 않겠는가?

89. 學者處於愚者前, 亦不一定會尊敬,
    猶如陽光雖明燦, 豈非魔鬼皆逃避?

---

[37] 이 경구는 운율을 강조해서 의역하였다. '원하는 만큼 짤 수 있는 소(도조와, 'dod 'jo ba)'가 사용되었는데, 뒤따라오는 소유격 이('i) 때문에 '도죄와('dod 'jo'i ba)가 축약된 것으로 보았다. 한문에서는 '여의우(如意牛)'라고 한다. 〔잠뺄역〕에는 'Wish Granting cow'로 영역되어 있다. 수미산의 서쪽인 서우화주(西牛貨州, aparagodānidvīpa)에 있다고 한다. 4행에서 '드물다'로 옮긴 '갸람(brya ram)'은 백 가지 길이란 뜻으로 보통 대로(大路)로 쓰인다. 여기서는 용례에 따라 드물다(rare)로 보고 옮겼다.

90. [3-32]

བླུན་པོ་ལོངས་སྤྱོད་གསོག་རྣམས་ལ།།
གཉེན་གྱི་བསམ་པ་ག་ལ་ཡོད།།
སྡུག་སྔུག་གཏམ་ངན་འོན་ཡིས།།
བྱི་བ་བཞིན་དུ་བསགས་ནས་འཆི།།

어리석은 자가 모은 재물들에
친척을 위한[38] 생각이 어찌 있으랴?
고통과 악명만으로
쥐처럼 모았다가 죽으리.

90. 愚者唯顧積財富, 此人怎有親友念?
　　苦罪積財如老鼠, 終於人死財留世。

91. [3-33]

སྐྱེ་བོ་ངན་པའི་ཚོགས་ནང་དུ།།
ཡོན་ཏན་ལྡན་ཡང་ག་ལ་འཁུར།།
སྦྲུལ་གདུག་གནས་པའི་ས་ཕྱོགས་སུ།།
སྒྲོན་མེ་གསལ་ཡང་འོད་མི་འབྱིན།།

악한 자(들)이 모인 곳에서
(지혜) 공덕을 갖춘 자가 어찌 존경받을까?
독사(들)이 사는 땅 쪽에는
밝은 등불이라도 빛을 줄 수 없다.

91. 惡劣愚者聚會中, 有學之士怎受敬?
　　猶如居住毒蛇處, 燈火再亮不發光。

---

38 소유격 '기(gyi)'가 사용되었는데 여기서는 'for'로 보았다.

92. [3-34]

ལོངས་སྤྱོད་ཡོད་ཀྱང་ལས་ངན་གྱིས།།
འཇུངས་པས་སྤྱོད་པའི་རང་དབང་མེད།།
རྒུན་འབྲུམ་སྨིན་པ་ཟ་བའི་ཚེ།།
ཁ་ལ་མཆུ་ནད་རྒུན་དུ་འབྱུང་།།

재산이 있어도 악업에 의해서
구두쇠는 행동의 자유가 없다.
잘 익은 포도를 먹을 때
부리에 부르트는 병이 항상 생기는 (새처럼).[39]

92. 惡業深重慳吝者, 有財亦無享受時,
　　猶如葡萄成熟時, 烏鴉經常生嘴瘡。

93. [3-35]

རྒུན་དུ་གཞན་གྱིས་བསྐྱང་དགོས་པའི།།
སྐྱེ་བོ་རྣམས་ཞིག་ཅི་ནས་ཉམས།།
བྱ་རོག་གིས་ནི་བཟུང་བ་ཡི།།
རུས་སྦལ་ས་ལ་ལྷུང་ཞེས་གྲགས།།

언제나 타인에게 보호받을 필요가 있는
자는 언제 어떻게든 잘못된다.
'거위가[40] (물고 있는 막대기에) 매달린
거북이가 땅에 추락했다'는 이야기처럼.[41]

---

39 원문에는 새가 나오지 않는데, 〔주석서〕에는 '디디(ldi ldi)'라는 새라고 설명되어 있
다. 〔잠뻴역〕에서는 '부리'라고 옮긴 '카'를 까마귀(콰, khwa)로 적고 있다.

40 〔잠뻴역〕에서 이른 것처럼 원문은 까마귀(쟈록, bya log)로 되어 있으나 거위(쟈각,
bya gag)의 오자다.

41 마른 호수에서 자신을 구해 주기 위해 막대기를 입으로 물고 가던 거위를 보고 질투

93. 常依他人扶持者, 一旦此人會遭殃,
　　猶如天鵝攜烏龜, 終於摔死於地上。

94. [3-36]

བཟང་ངན་མི་ཤེས་དྲིན་གྱུས་བརྗེད།།
ངོ་མཚར་གཏམ་ལ་མཚར་མི་འཛིན།།
མངོན་སུམ་མཐོང་བ་སྐྱར་ཡང་འདྲི།།
ཞུམ་ཞིང་རྗེས་འབྲང་བླུན་པོའི་རྟགས།།

선악을 알지 못하고 베풀었던 은혜를 잊고
경이로운 말씀을 경이롭게[42] 받아들이지 않고
직접 본 것을[43] 다시 묻고
두려워하고 (남의) 뒤를 따르는 것은 어리석은 자의 징표다.

94. 不辨善惡忘恩惠, 稀有談論不生奇,
　　現量所見亦詢問, 膽怯盲從愚者相。

심을 느끼다 죽은 거북이에 대한 이야기다. 지나가던 농부가 '저 기막힌 생각을 해낸 거위들'이라고 칭찬을 하자, '이건 내 생각이다!'라고 제 처지를 생각도 하지 않고 물고 있던 막대기를 잊고 말하던 거북이가 땅에 떨어져 죽었다는 이야기로 『빤짜딴뜨라』에서 왔다.

42 '경이롭다'의 '노찰(no mtshal)'과 '찰(mtshal)'이 쓰여 있는데, 후자는 생략된 것으로 보고 풀었다.

43 원어를 해자하면 '현량(논숨, mngon sum, Skt. pratyakṣa)으로 드러난 것'이란 뜻인데 현량은 불교 논리학(因明)에서 가장 중요한 개념 가운데 하나로, '분별을 떠나 오류가 없는 심식(離分別 無錯亂之心識)'을 가리킨다. 여기서는 그냥 봐서 알 만한 것, 직접 자기 눈으로 보고 확인한 것을 뜻한다. 〔한역본〕에서는 현량이라고 직접 썼으나 이후 수식어로 쓰인 현령에 대해서는 이와 같은 식으로 옮겼다.

95. [3-37]

དོད་ཆུང་ཁ་ཡིས་དགྲ་བོ་འདུལ།།
རྒྱང་ནས་མཐོང་ན་ཅ་ཚོ་འབྱིན།།
འཐབ་སར་འཕྲད་ན་ཐལ་མོ་སྦྱོར།།
རང་ཁྱིམ་སླེབས་ནས་ང་རྒྱལ་སྒྲ།།

비겁한 놈은[44] 입으로(만) 적을 물리치고
먼 거리에서 보이면 고함치고
싸움터에서 마주치면 합장(合掌)하다가
자기 집에 도착하면 거만하게 말한다.

95. 懦夫僅嘴説滅敵, 遠見怨敵恐叫號,
　　戰場遇敵敬合掌, 返回家中説大話。

96. [3-38]

སྤྱར་མ་གྲོས་བྱེད་ཚེ་ན་དཔའ།།
ཁྲལ་བསྐོས་པ་ན་ནོར་རྩིས་འདེབས།།
འགྲོ་དགོས་བྱུང་ན་ནད་ཀྱི་ལྡང་།།
འཐབ་སར་རྒྱང་ནས་འབོད་ཅིང་བསྐོ།།

비겁한 놈은 의논할 때는 용감하고
과세(課稅)하였으면 재산을 (빼돌릴) 계산만 하고
반드시 가야되는 (일이) 생기면 잔병에 걸리고
싸움터에서는 멀리서부터 소리치고 시킨다.

96. 懦夫商議時勇敢, 一旦派差卽算財,
　　出征之時複生病, 遠見戰場亦懼喊。

---

44 〔잠뺄역〕에서는 '겁쟁이(coward)'라고 다음 경구의 '달마(sdar ma)'와 동의어로 보
　고 있다. 여기서도 '침착하지 못한 자(되충, drod chung)' 대신에 '비겁한 놈'으로
　옮겼다.

97. [3-39]

བློ་ཆུང་ཆུང་ཟད་རྒྱལ་བས་ཚིམས།།
གལ་ཏེ་ཕམ་ན་གཉེན་ལ་འཁོན།།
གྲོས་ལ་འཚོགས་ན་འཐབ་རྩོད་སློང་།།
གསང་གྲོས་བྱས་ན་ཕྱོག་ཏུ་སྨྲ།།

우매한 자는 작은 승리에 만족하고
만약 졌으면 동료에게 원한을 품고
의논하러 모였으면 다투려고 일어나고
비밀리에 의논한 일이라면 뒤에서 말한다.

97. 懦夫稍勝便自詡, 一旦失敗恨親友,
    集會討論引爭論, 秘密商議亦泄漏。

98. [3-40]

གཡུལ་ངོར་རྒྱན་ལ་བྱི་དོར་བྱེད།།
དགྲ་དང་འཕྲད་ན་རང་ཕྱོགས་སྐྱེད།།
འགྲོན་དགྲ་བས་གཉེན་ཕྱོགས་འཇིགས།།
མཚོན་ཆ་དགྲ་ཡི་ལག་ཆར་འཕེན།།

전쟁터에서는 (무기를) 장식품처럼 깨끗하게 닦다가
적과 마주치면 자기 쪽 (뒤)에 숨고
(마지못해 싸우러) 가면 적보다 아군 쪽을 더 두렵게 만들고
(제) 무기를 적의 무기가 되게 내던진다.

98. 沙場之上擦拭衣, 遇見恨敵卽躲避,
    親近彼較敵生懼, 武器送於怨敵前。

99. [3-41]

དཔུང་ཚོགས་འགྲོན་པ་མཇུག་སྡུད་ལ།།
ལྡོག་ན་དེ་ཡི་སྣ་འཛིན་བྱེད།།
བཟའ་བཏུང་མཐོང་ན་ནན་གྱིས་འཇུག།
དཀའ་བ་མཐོང་ན་ཐབས་ཀྱིས་འབྲོལ།།

(자기) 군대가 진격할 때는 후미에 모였다가
(이긴 뒤) 회군할 때는 그것의 선두가 되고
먹고 마실 것이 보이면 은근슬쩍 끼어들고
어려움이 보이면 (모든) 방법으로 도망친다.

99. 列隊上陣在排尾, 凱旋歸回在排頭,
    若見吃喝拼命擠, 遇見難事設法躲。

100. [3-42]

སྐྱེ་བོ་ངན་པའི་མཚན་ཉིད་ལ།།
བརྗོད་རྒྱུ་དུ་མ་ཡོད་མོད་ཀྱང་།།
ངན་སྐྱུགས་ཁྲོན་པ་སུ་ཞིག་སློང་།།
སྐྱུགས་པ་མཁས་པ་སུ་ཞིག་མྱོང་།།

(이런) 악한 자의 성상(性相)에 대하여
설명할 내용이 많아도
나쁜 구토물의 우물에서 누가 끌어내리오!
이 구토물을 현자가 어찌 경험하리!

100. 如此凡是惡人相, 雖有不可思議數,
    然誰願掏髒水坑, 智者誰嘗嘔吐味。

101. [3-43]

མ་ཆུ་བསྐྱོད་པ་ཡིས་བརྡ་སྟོན་ཅིང་།།
སྨྲས་པའི་ཚེ་ན་མིག་འཛུམ་བྱེད།།
རྣམ་ཐར་ཐོས་ན་འཁྱུན་འཆོར་བ།།
གང་ལ་བྱུང་ཡང་ཐ་ཤལ་རྟགས།།

(다만) 입술을 움직였다는 것으로 신호를 주고

(타인이) 이야기할 때면 눈을 감는 것

(성자의) 전기(傳記)를 들으면 끙끙거리며 (숨쉬기를) 잃어버리는 것

(이 가운데) 무엇을 나타냈어도 (제일) 하등의 징표다.[45]

101. 爲人指示撅嘴唇, 説話之時僅眨眼,
　　　聽聞傳記出呻吟, 此人亦具庸俗相。

『선설보장론』「제3 관우자품(觀遇者品)」 마침.

---

45 〔주석서〕에 따르면, 다른 나쁜 행실은 다 재처 두더라도 가장 질이 나쁜 것은 이간질
　　하는 것 등인데, 1행, 2행은 제가 직접적으로 말하지 않고, 다만 언질을 준 뒤에 제3자
　　가 그 말에 따라 타인을 해코지하면 잘했다고 신호를 보내는 짓을 뜻한다.

제4장 뒤섞인 행실에 대한 검토[1]

102. [4-1]

དམན་པ་ལོངས་སྤྱོད་ཆེན་ཡང་།།
རིགས་བླུན་རྒྱུད་པས་ཟིལ་གྱིས་གནོན།།
བཀྲེས་པ་སྟག་གི་ངར་སྐད་ཡིས།།
སྤྲེའུ་ཤིང་གི་རྩེ་ལས་ལྷུང་།།

하찮은 자는 재산이 커도

가난한 명문가에 압도된다.

굶주린 호랑이의 포효 소리에

원숭이가 나무 꼭대기에서 떨어지듯이.

102. 劣者盡管具受用, 被貧智者亦勝伏,
　　　如饑老虎一聲吼, 樹頂猢猻皆落地。

103. [4-2]

སྐྱེན་པོའི་ཡོན་ཏན་ཁར་འབྱིན་ཏེ།།
མཁས་པའི་ཡོན་ཏན་ཁོང་དུ་སྦེད།།
སོག་མ་ཆུ་ཡི་སྟེང་དུ་འཕྱོ།།
ནོར་བུ་སྦྱིང་དུ་བཞག་ཀྱང་འབྱིང་།།

1　བཞི་པ་སྤྱལ་མ་བརྟག་པའི་རབ་ཏུ་བྱེད་པ།།
한문식으로 하자면 「관혼잡품(觀混雜品)」. 이 4장에는 긍정적이고 부정적인 다른 행실을 예를 들어 비교하였는데 쾨뢰스가 대부분 영역하였다. 적절한 비유 등이 많은 장이다. 원래 이번 장의 제목을 가리키는 '뺄마(spel ma)'는 산문과 시가 형태가 섞여 있는 문학 장르를 가리키는데, 여기서는 7자 1행의 규칙을 따르고 있으므로 작법 양식이 아닌, 앞 장들에서 다루었던 우자(愚者)에 대한 언급이 섞여 있어 이와 같은 제목을 붙인 듯하다.

어리석은 자의 (지혜) 공덕은 겉에 드러나 있고[2]

현자의 (지혜) 공덕은 마음속에 숨겨져 있다.

지푸라기는 물 위에 뜨지만

보석은 (물) 위에 놓아두었어도 가라앉듯이.

103. 愚者學問掛嘴上, 智者學問藏心底,
　　　麥秸漂於水面上, 寶石沉沒於水底。

104. [4-3]

ཡོན་ཏན་ཆུང་ངུ་རྣམས་ང་རྒྱལ་ཆེ།།
མཁས་པར་གྱུར་ན་དུལ་བར་གནས།།
ཆུ་ཕྲན་རྟག་ཏུ་ཀུ་ཅོ་ཆེ།།
རྒྱ་མཚོ་ཅི་ཚེ་དག་ལ་སྒྲོག།

작은 (지혜) 공덕을 가진 자들은 아만(我慢)이 크지만

현자가 되었으면 겸손하게 처신한다.

계곡물은 항상 크게 떠들썩하지만

바다가 떠든다고[3] 어찌 이르랴![4]

104. 淺學之人極驕傲, 學者謙遜又溫和,
　　　溪水經常嘩嘩響, 大海從來不喧囂。

---

2 원문은 겉에 '주어져 있다(진바, 'byin ba)'인데 의역했다.

3 본문 3행, 4행의 '꾸쪼(ku co)'와 '짜쪼(ca co)'는 원래 우르릉거리거나 쾅쾅거리는 소리
　의 의성어다.

4 널리 알리다, 선포하다, 큰 소리로 외치다 등을 뜻하는 동사 '독빠(sgrog pa)'가 쓰였다.

105. [4-4]

སྐྱེ་བོ་དམན་རྣམས་དམ་པ་ལ།།
ཁྱད་གསོད་བྱེད་ཀྱི་དམ་པས་མིན།།
སེང་གེས་ཝ་ཚོགས་ལེགས་སྐྱོང་གི།
ཝ་ཉིད་ཝ་ཡི་རིགས་ལ་འགྲན།།

하찮은 자들이 성자에게

멸시하는 짓을 하지만 성자는 (그렇지) 않다.

사자가 여우 무리를 잘 보호해도

여우 자신은 여우의 동류(同類)끼리 다툰다.[5]

105. 劣者輕蔑高尚士, 高士不會如是行,
    　獅子善護諸狐狸, 狐狸之間互爭鬪。

106. [4-5]

དམ་པ་ཁྲོས་ཀྱང་བཏུད་ན་ཞི།།
དམན་ལ་བཏུད་ན་ལྭག་པར་རེངས།།
གསེར་དངུལ་སྲ་ཡང་བཞུ་ནུས་ཀྱི།།
ཁྱི་ལྱུད་བཞུ་ན་དྲི་ངན་འབྱུང་།།

성자가 화를 냈어도 공손하게 대하면 부드러워지지만

(화를 냈던) 하찮은 자를 공손하게 대하면 더욱더 뻣뻣해진다.

금은은 딱딱해도 녹일 수 있지만

개똥을 녹이려면 악취만 난다.

---

5 정확한 비유는 아니지만, 성자의 자질에 비난을 감내하는 인내를 표현한 것으로 〔주석
서〕에는 여우 무리가 사자와 싸우는 게 아니라 자기 자신들끼리 싸우는 것처럼 성자가
아니더라도 비난하는 게 몸에 밴 자들은 같은 부류끼리 헐뜯는 법이라고 나와 있다.

106. 正士發怒敬而息, 劣者發怒敬更嗔,
　　　金銀雖硬可熔化, 狗糞熔化生臭氣。

107. [4-6]

པ་ཁས་ལ་ཡོན་ཏན་ཀུན་ལྡན་ཏེ།།
བླུན་ལ་སྐྱོན་རྣམས་འབའ་ཞིག་ཡིན།།
རིན་པོ་ཆེ་ལས་དགོས་དགུ་འབྱུང་།།
སྦྲུལ་གདུག་ལས་ནི་ཉེས་ཀུན་སྐྱེད།།

현자에게는 모든 (지혜) 공덕이 갖추어져 있으나
어리석은 자에게는 오로지 과실(過失)들만 있다.
여의보로부터는 모든 필요한 것이 생겨나지만[6]
독사로부터는 모든 죄악만 발생한다.

107. 智者具足諸功德, 愚者具有諸過失,
　　　寶貝能賜如意財, 毒蛇唯能生過患。

108. [4-7]

སྡིག་སྤྱོད་དགས་ན་གནས་ཀྱང་ཉམས།།
དམ་པ་གྲོང་ན་གནས་ཀྱང་དུལ།།
དགས་ཀྱི་གཙན་གཟན་ཁྲོ་བ་དང་།།
རྟ་མཆོག་གྲོང་གནས་དུལ་བར་མཐོང་།།

그릇된 것을 수행하는 자는[7] (고요한) 숲 속에 머물면서도 잘못되지만

---

6 ‘여의보’로 옮긴 ‘린포체(rin po che)’는 원래 보석, 보물, 보옥이라는 뜻이지만 문장에
　맞게 ‘여의보(놀부 린포체, nor bu rin po che)’의 약자로 보고 옮겼다. ‘고구(dgos dgu)’
　는 ‘모든 필요한 것’이라는 뜻이다.

7 ‘외도(外道)’라고 옮길 수도 있는데 직역으로 ‘그릇된 수행을 하는 자’를 뜻하는 ‘딕쬐
　(sdig spyod)’는 ‘딕빠 쬐빠(sdig pa spyod pa)’의 축약이다. 경전에서 외도는 주로 ‘무떽
　뙨빠(mu stegs ston pa)’라고 한다.

성자는 인가에 머물면서도 수행한다.

숲의 맹수는 폭력적이지만

말은[8] 인가에 머물면서 유순한 것에서 보이듯이.[9]

108. 惡人住林亦粗暴, 正士住城亦溫柔,
　　　林中猛獸常發怒, 市裏良馬亦馴順。

109. [4-8]

 སྐྱེས་མཆོག་རང་གི་སྐྱོན་ལ་བལྟ།།
སྐྱེ་བོ་ངན་པ་གཞན་སྐྱོན་འཚོལ།།
རྨ་བྱ་རང་གི་ལུས་ལ་རྟོག།
སྲིན་བྱ་གཞན་ལ་ལྟས་ངན་གཏོང་།།

지고한 사람은[10] 자기 과실을 보지만

악한 자는 남의 과실을 찾는다.

공작은 자기 몸을 살펴보지만

올빼미는[11] 남에게 흉조(凶兆)만 보낸다.

109. 聖士觀察自過失, 劣者觀察他過失,
　　　孔雀觀察自身體, 鴟鶚給人起惡兆。

---

8 원문은 '명마(따촉, rta mchog)'가 쓰였지만, 사꺄 빤디따 스타일로 일반적인 말을 가리
　킨다고 보고 옮겼다.

9 3행, 4행을 1행, 2행과 대구를 이루기 위해 이렇게 옮겼는데, '폭력적'으로 옮긴 '코와
　(khro ba)'는 보통 성냄을 뜻하고, 4행의 '유순한 것'으로 옮긴 '둘와(dul ba)'에 대해서
　는 앞의 44번 경구 각주 참조.

10 제4장에는 성자나 현자에 대한 여러 가지 이명들이 등장하는데, '고상한 사람(계촉,
　skyes mchog)'은 성자의 이명이다. 여기서는 가능하면 각각 사용된 원래의 어휘에
　따라 옮겼다.

11 [쾨뢰스역]에는 '신자(srin bya)'를 박쥐라고 번역했으나 부엉이 중에서도 특별한 종
　류를 가리킬 때 이 단어를 쓴다. 여기서는 '올빼미'로 옮겼다.

110. [4-9]

དམ་པ་དུལ་བས་རང་གཞན་སྐྱོང་།།
ངན་པ་རེངས་པས་རང་གཞན་སྡུག།
འབྲས་བུན་ཤིང་གིས་རང་གཞན་བསྲུང་།།
ཤིང་སྐམ་རེངས་པས་རང་གཞན་སྲེག།

성자는 부드러움으로[12] 자신과 남을 돌보지만

악한 자는 (성정이) 딱딱하여 자신과 남을 고통스럽게 한다.

과일나무는 자신과 남을 보호하지만[13]

마른 나무는 딱딱하여 자신과 남을 태우듯이.[14]

110. 溫柔正士護自他, 固執愚者害自他,
　　　猶如果樹利自他, 枯樹燒人又焚自。

111. [4-10]

འབྱོར་བའི་དུས་ན་ཐམས་ཅད་གཉེན།།
གལ་ཏེ་རྒུད་ན་ཀུན་ཀྱང་དགྲ།།
རིན་ཆེན་སྐྱིང་དུ་རིང་ནས་འདུ།།
མཚོ་སྐམ་པ་ན་སུ་ཡང་སྐྱོང་།།

재물이 있을 때면 모두가 친구(지만)

---

12 수행, 수련, 훈련을 뜻하는 '둘와(dul ba)'가 쓰였다. '둘와'에 대해서는 44, 108번 경구
　　주 참조.

13 동사 '보호하다(bsrung)'를 3행에서는 미래 시제를 썼고 나머지는 현재 시제를 썼는데
　　그 이유를 명확히 모르겠다.

14 2행, 4행에 '딱딱함'으로 옮긴 '렝빠(rengs pa)'가 쓰여 있다. 2행의 성정이 딱딱하다는
　　뜻은 완고한 성격을 가리킨다. '굳어지다', '딱딱하다'를 뜻하는 원문의 '렝빠(rengs
　　pa)'는 '렝와(reng ba)'의 과거형으로 106번 경구에서는 '뻣뻣해진다'로 옮겼다. 이
　　경구에서는 2행, 4행이 대구가 되게 이 단어를 사용하여 전체적인 운율을 맞추고
　　있다.

만약 (재물이) 쇠퇴하면 모두가 원수다.

보주(寶州)로는 멀리서부터 (사람들이) 모이(지만)

마른 호수라면 누구라도 방치하듯이.[15]

111. 有財之時皆爲友, 一旦窮困皆成敵,
　　 寶島雖遠皆來聚, 海水幹涸誰肯遊?

112. [4-11]

བླུན་པོ་འབྱོར་བ་ཐོབ་ན་བདེ།།
སྐྱེས་མཆོག་ཐམས་ཅད་བྱིན་ན་བདེ།།
མཛེ་ཅན་འཕྲུགས་ན་བདེ་བར་འཛིན།།
མཁས་པ་མཛེ་ལ་འཇིགས་པར་ལྟ།།

어리석은 자는 재산을 얻었으면 행복(하지만)

고상한 사람은 모든 것을 주었으면 행복하다.

문둥이는 (상처를) 긁으면 행복해지지만

현자는 문둥병을 두렵게 쳐다보는 것처럼.[16]

112. 愚者得財心安樂, 正士施財心安樂,
　　 癩者搔癢覺痛快, 智者見癩心生懼。

---

15 〔한역본〕에서는 마지막 '수양 뽕(su yang spong)'을 감탄문으로 보고 번역했는데, 이럴
　 경우는 '누구나 방치하지 (않겠는가)!'가 된다.

16 〔주석서〕에 따르면 3행, 4행의 비유는 나병 환자는 어리석은 자에 대한 비유로, 상처
　 를 긁으면 더욱 악화하는 줄 알지만서도 멈출 수 없는 데 반하여 성자는 긁으면 더욱
　 악화하는 나병의 특징을 알기 때문에, 긁는 것을 두려움을 가지고 바라본다고 되어
　 있다. 이처럼 탐심에 의하여 재물을 더욱 모으는 어리석은 자의 행실에 물들지 않는
　 다는 뜻이다.
　 '쳐다보다'로 옮긴 '따와(lta ba)'는 앞에서 반복된 동사 '통와(mthong ba)'와 같은 뜻인
　 '~을 보다'는 뜻으로 '통와'와 달리 의지를 가지고 볼 때 쓴다. 티벳어의 난점 중의
　 하나는 산스끄리뜨어의 영향으로 이와 같은 의지가 담긴 동사를 명확하게 구분하면
　 서도 능동, 수동의 구분이 명확하지 않다는 점에 있다.

113. [4-12]

ཚེ་ལ་གནོད་བྱེད་གྲོགས་སུ་འགྱུར།།
དམན་ལ་གནོད་བྱེད་གནོད་པར་འགྱུར།།
གནས་མེ་རླུང་གིས་སྐྱོར་མོད་ཀྱི།།
དེ་ཡིས་སྐྱོན་མེ་ཆུང་དུ་གསོད།།

위대한 (인물)에게는[17] 해를 입혀도 친구가 되지만
하찮은 자에게는 해를 입히면 해가 된다.
불난 숲에 바람은 불길을 더욱 키우지만[18]
그것은 작은 불을 끈다.[19]

113. 智者遇難成助緣, 愚者遇難成損害,
　　　如風助燃森林火, 然彼吹滅小燈火。

114. [4-13]

འདི་བཤེས་འདི་ནི་དགྲ་བོ་ཞེས།།
བློ་གྲོས་ཆུང་རྣམས་སོ་སོར་འབྱེད།།
བློ་ཆེན་ཀུན་ལ་བྱམས་པ་ལས།།
ཕན་བྱེད་གང་ཡིན་རེས་པ་མེད།།

'이 사람은 친우(親友)이고 이 사람은 적이다'라고 말하며
우매한 자들은 각자를 나누지만

---

17 '체(che, 위대한)'만 사용되어 있다.
18 '불길이 더욱 키우다'로 의역한 '뫼(mod)'는 앞에 '뽈(spor, 불길을 키우다)'이 나와
　　있어서 '메뽈(me spor, 많이 혹은 더욱 불길을 키운다)'을 축약한 것으로 보고 옮겼다.
19 이 경구는 보살의 수행에 대한 이해가 있어야 하는데, 보살은 타인이 해를 입혀도
　　이를 자신을 시험하는 수행이라고 긍정적으로 생각한다. 그러므로 친구가 된다고
　　표현한 것이다. 비유에 나오는 것처럼 불난 숲(보살의 수행)은 바람이라는 시련을
　　통해서 더욱 그 자비심을 키우지만(즉 친구가 되지만), 하찮은 자는 이 시련으로 부정
　　적인 감정, 해를 입힐 생각만 함으로써 조그만 자비심의 불길마저도 끈다는 뜻이다.

총명한 자는 모두에게 자비롭다 왜냐하면[20]

이익을 줄 이가 누구인지 확실하지 않기 때문이다.[21]

114. 狹慧之人常辨別, 此是朋友彼是敵,
　　　智者仁慈一切衆, 因誰有利不定故。

115. [4-14]

ཡོན་ཏན་ལྡན་པ་ཡོན་ཏན་ལ།།
དགའ་ཡི་ཡོན་ཏན་མེད་རྣམས་མིན།།
སྦྲང་རྩི་འཛིན་པ་མེ་ཏོག་ལ།།
དགའ་ཡི་ཤ་སྦྲང་དེ་ལྟ་མིན།།

(지혜) 공덕을 갖춘 이는 (지혜) 공덕을

좋아하지만 (지혜) 공덕을 갖추지 않는 이들은 (그렇지) 않다.

꿀벌은[22] 꽃을

좋아하지만 쇠파리는 그렇지 않듯이.

---

20 3행의 마지막 어휘인 '레(las, 탈격, 혹은 비교격)'는 판본에 따라 다르게 사용되었다.
〔주석서〕에서는 '레'가 사용되었으나 〔강톡본〕과 〔잠뺄역〕에서는 '라(la, 목적격, 대
격, 처격)'로 적혀 있다. '레'는 전통적인 형태의 문법에서 약간 벗어나 있는데, 이는
원인이나 이유를 나타내는 매우 특수한 경우에 사용되는 접속사로, 경구 작법에서
좀처럼 보기 드문 경우다. 예를 들어 기타 등등을 뜻하는 티벳어 '라 속빠(la sogs
pa)'나 '레 쪽빠(las stsogs pa)'에 사용된 '라'나 '레'는 특수한 경우로, 앞서 나오는
동사가 격변화 하지 않는다. 쾨뢰스는 문법적 구분없이 의역하였고 〔잠뺄역〕에서는
'라'만 적고 있는데, 이럴 경우 앞서 나오는 '자비롭다'가 격변화를 해야 한다. 여기서
는 '로첸(blo chen, 위대한 자는) 뀐(kun, 모두에게) 쟘빠(byams pa, 자비롭다) 레(las
왜냐하면)'라고 해석했다.
21 이 경구는 보살의 사무량(四無量) 가운데 맨 처음인 타인에게 한없는 복을 베푸는
복무량(福無量)을 가리킨다. 참고로 사무량심은 복(福)무량, 자(慈)무량, 비(悲)무량,
희(喜)무량 등이다.
22 꿀벌은 티벳어로 '붕와(bung ba)'인데 자수를 맞추기 위해 '당(sbrang, 벌레), 찌(tsi,
꿀, 감로), 진빠('dzin pa, 가진 자, 모으는 자)' 등 네 자로, '꿀을 모으는 벌레'로 풀어
쓰고 있다.

115. 有學之士愛學問, 無學之士非如是,
　　　猶如蜜蜂喜鮮花, 蒼蠅從不喜愛花。

116. [4-15]

མཁས་པ་མཁས་པའི་ནང་ན་མཛེས།།
བླུན་པོས་མཁས་པ་ཇི་ལྟར་གོ།
ཙནྡན་གསེར་བས་རིན་ཆེ་བ།།
བླུན་པོས་སོལ་བར་བྱས་ལ་ལྟོས།།

현자는 현자들 가운데에서라면 (더욱) 아름답다.
어리석은 자가 현자를 어찌 이해하랴?
향나무는 금보다 값지지만
어리석은 자가 숯덩이로 만든 것을 보라.[23]

116. 智者總知學者貴, 愚者誰知學者高,
　　　栴檀雖比黃金貴,愚者使彼燒成炭。

117. [4-16]

མཁས་པ་རང་གིས་དཔྱོད་ཤེས་ཀྱི།།
བླུན་པོ་གྲགས་པའི་རྗེས་སུ་འབྲང་།།
ཁྱི་རྣམ་ཀུ་ཚོ་འདོན་པ་ན།།
རྒྱ་མཚན་མེད་པར་གཞན་དག་རྒྱུག།

현자는 스스로 분별하여 이해하지만
어리석은 자는 명망(名望)을 따른다.

---

23 이 이야기에 대해서는 〔잠뻴역〕에 잘 설명되어 있다. 숯을 파는 장사꾼과 향나무를 파는 장사꾼인 두 친구가 있었는데, 숯이 잘 팔리는 것을 보고 향나무를 파는 장사꾼이 이를 질투하여 향나무를 숯으로 만든 짓을 예로 들고 있다.

개 (한 마리)가[24] 짖기 시작하면
이유없이 다른 놈들이 달리듯이.

117. 智者自己能觀察, 愚者總是隨聲行,
　　　如同老狗狂亂吠, 群狗亦是隨聲奔。

118. [4-17]

མཁས་པ་ཤིན་ཏུ་རྒུད་ན་ཡང་།།
ལེགས་བཤད་གཏམ་གྱིས་གཞན་དགའ་བྱེད།།
བླུན་པོ་འབྱོར་བར་གྱུར་ཚེ་ཡང་།།
རྩོད་པ་ཁོ་ནས་རང་གཞན་བསླུག།

현자는 매우 쇠약해지더라도
선설(善說)을 설명하여 타인을 기쁘게 한다.
어리석은 자는 재산을 많이 모아도
다만 말싸움〔爭論〕으로 자신과 타인을 괴롭힌다.

118. 智者極爲艱難時, 亦以格言令人喜,
　　　愚者已成富裕時, 唯以爭吵毀自他。

119. [4-18]

ཁ་ཅིག་སྨྲས་པས་གྲུབ་པར་རྗེ།།
ལ་ལ་མི་སྨྲ་དོན་ལ་འབད།།
བྱི་རིན་དགྲ་ལ་ཁས་འདེབས་ཏེ།།
ཉུ་སྨྱུར་བྱི་ལ་སྨྲ་མེད་འཇིགས།།

어떤 이는 말로써 이룬 것을 헤아리지만

---

24 '치겐(khyi rgan, 늙은 개)'으로 쓰여 있으나 '겐'을 붙인 것은 보통의 개를 뜻하는
　사꺄 빤디따의 작법 때문이다.〔잠뺄역〕은 늙은 개로 영역하였다.

몇몇은 말 없이 일을 (이루려고) 애쓴다.
나쁜 개는 적을 (보고) 짖지만
왜가리와 고양이는[25] 소리없이 잠복하듯이.

119. 有些説後複辨事, 有些不説而幹事,
　　　惡犬見敵卽狂吠, 魚鷹貓兒潛伏擊。

120. [4-19]

དམ་པར་རྩོལ་ཡང་ཕན་པ་སྐྱེད།།
སྐྱེ་བོ་ངན་པ་མཇལ་ཡང་གནོད།།
ལྷ་རྣམས་ཁྲོས་ཀྱང་སེམས་ཅན་བསྲུང་།།
གཤིན་རྗེ་འཛུམ་ཡང་པ་རོལ་གསོད།།

성인과는 (거친) 논쟁을 해도 이득을 보지만
악한 자와는 친밀하게 지내도 해를 입는다.
신들은 화를 내도 유정을 보호하지만[26]
사신(死神)은 미소를 띠지만 피안으로 (데려가기 위해)[27] 죽이듯이.

120. 高士責難亦有利, 劣者親近亦有害,
　　　聖神發怒亦護衆, 閻王發笑害他命。

---

25 〔쾨뢰스역〕에는 '고양이는 소리없이 오리를 잡는다(a cat catches tacitly a duck)'라고
　　번역했으나 〔잠뻴역〕에는 '왜가리와 고양이는 조심스럽게 앞으로 기어간다(the heron
　　and the cat creep qiuetly forward)'로 되어 있다. 〔쾨뢰스역〕은 '추짤(chu skyar)'을 '추까
　　(오리)'＋목적격인 '라둔' 접미어 'r'로 해석했으나 왜가리는 '추짤'이지 '추짜'가 아
　　니므로, 왜가리와 고양이 둘 다 주격으로 격변화 하지 않는 양식을 취했다고 본 〔잠뻴
　　역〕이 옳다고 본다.
26 110번 경구 각주 참조.
27 '웃지만 다른 쪽을 죽인다'로 적어도 되는데 피안을 강조하기 위해 이렇게 풀었다.

121. [4-20]

སྐྱེ་བོ་དམ་པ་རིན་ཆེན་བཞིན། །
ནམ་པ་ཀུན་ཏུ་འགྱུར་ལྡོག་མེད། །
སྐྱེ་བོ་ངན་པ་སྲང་མདའ་བཞིན། །
ཅུང་ཟད་ཚམ་གྱིས་མཐོ་དམན་བྱེད། །

성인은 보물과 같아서

항상 변함이 없지만

악한 자는 저울과 같아서

조금만으로도 오르내린다.

121. 高尙之士如珍寶, 何時亦無稍變質,
     卑劣之人如小秤, 稍有不平成高低。

122. [4-21]

བློ་མཐུན་རིང་ན་གནས་ཀྱང་ཕན། །
མི་མཐུན་ཉེ་ན་ལྷག་པར་འབྲལ། །
འདམ་སྐྱེས་འདམ་གྱིས་མི་གོས་ལ། །
དེ་ཉིད་ཉི་མས་རྟག་ཏུ་སྐྱོང་། །

동지는[28] 멀리 있어도 혜택을 주지만

동지가 아닌 자는 가까이 (있어도) 더욱더 멀어진다.[29]

진흙에서 태어난 (연꽃은 가까운) 진흙에 의해 물들지 않았고

그 자신 (멀리 있는) 태양에 의해 언제나 보호받는다.[30]

---

28 '동지'라고 옮긴 '로툰(blo mthun)'을 현재 티벳에서 한족들이 티벳인을 부를 때 자주
  쓰인다고 한다.

29 '멀어진다'로 옮긴 '델('bral)'은 헤어지다, 갈라지다, 이별하다는 뜻이 있으나 원래는
  '분리하다'는 뜻이 강하다. 3행, 4행의 비유에서는 진흙 속에서 태어났지만 진흙과
  분리되어 있다는 의미다.

30 3행의 '진흙에서 태어난'이란 '담께('dam skyes)'는 원래 연꽃의 이명이다. 4행의 '태

122. 同心雖遠亦得益, 異心雖近將遠離,
　　　如同蓮花泥不染, 太陽時常撫育彼。

123. [4-22]

རི་སྨྲེད་རོ་ཚ་ཡོད་བྱུར་པ།།
དེ་སྨྲེད་ཡོན་ཏན་རྒྱན་གྱི་མཆོག།
རོ་ཚ་བཀྲལ་ན་ཡོན་ཏན་ཉིད།།
ཕྱོགས་སུ་བྱས་ཏེ་གཏམ་ངན་འཕེལ།།

스스로 부끄러워하는 마음〔慚心〕을 가지는 동안

그때 (지혜) 공덕은 최고의 장식품이다.[31]

(그러나) 참심에 시비가 붙었으면 (지혜) 공덕 그 자체가

사방에[32] 했던 일이라는 것은 악명의 증가뿐이다.

123. 乃至具有羞恥時, 爾時彼有勝德飾,
　　　設若不顧羞恥時, 則離功德增惡言。

양의 보호받는다'는 뜻도 연꽃과 관계가 있는데 연꽃은 '해의 친구'라는 뜻으로 '니매 녠(nyi ma'i gnyan)'이라고 불린다. 3행, 4행 비유의 내용은 비록 진흙 속에서 태어난 연꽃은 진흙에 물들지 않고 먼 곳의 태양에게서 보호받는다는 뜻이다.

이 '니매 녠'은 일족(日族)이라고 『장한사전』에 나와 있는데, 옛 인도의 석가족의 별명이라고 적혀 있다. 원래의 산스끄리뜨어는 '알까반두(arkabandhu)'로, 이것은 석가족의 탄생 설화에서 비롯되었다.

31 문장에 '〜하는 동안(지쉬, ji srid) 그때는 〜이다(데쉬, de srid)'가 1행, 2행의 어두에 사용되어 운율을 맞추고 있다. 이와 같은 문장 구조는 산스끄리뜨어의 영향이다. 자세한 내용은 「해제」 참조.

32 '쵹수(phyogs su)'를 사방의 축약으로 보고 직역하였다.

124. [4-23]

དམ་པར་མ་བཅོལ་ལེགས་པར་སྟོན།།
དམན་ལ་དྲིས་ཀྱང་ལོག་པར་འོད།།
རྒྱལ་བའི་སྲས་ལ་བརྙས་ཀྱང་བརྩེ།།
འཆི་བདག་མཆོད་ཀྱང་གསོད་པ་ཡིན།།

성자에게는 부탁하지 않아도 잘 가르쳐주지만
하찮은 자에게는 물어도 잘못되게 설명해 준다.
보살을[33] 업신여겼어도 (그는) 어여삐 여기지만
죽음의 신은 경배해도 죽이는 자이다.

124. 未托聖者亦善示, 詢問賤者反邪説,
　　　蔑視佛子亦仁慈, 敬奉閻王反遭害。

125. [4-24]

གཅིག་ལ་ཕན་པར་འགྱུར་བ་ཡི།།
བྱ་བ་གཞན་ལ་གནོད་པ་སྲིད།།
ཟླ་བ་ཤར་ན་ཀུ་མུ་ད།།
ཁ་འབྱེད་འགྲུབ་ཀྱི་པདྨ་ཟུམ།།

어떤 이에게 이득이 되지만
그 일이 다른 이에게 해가 될 수도 있다.
달이 뜨면 수선화[34]
꽃봉오리 열리지만 연꽃 (봉오리) 닫히듯이.

---

33 티벳어를 그대로 풀어보면 '승자의 아들(곌왜 세, rgyal ba'i sras)'인데 승자는 욕망을
　정복한 자, 즉 깨달은 자인 붓다를 가리키고 그의 아들은 보살을 가리킨다. 산스끄리
　뜨어로 '지나뿌뜨라(jinaputra)'라고 하며 한문으로는 왕자나 태자라고 직역하지만 대
　개 보살의 이명이다. 〔한역본〕에는 불자(佛子)로 되어 있다.
34 앞서 122번 경구에서 연꽃이 '해의 친구'라면 '수선화(꾸무다, ku mu da, 산스끄리프
　어의 음역)'는 '달의 친구'라는 비유에서 왔다.

125. 一方有利之事情, 餘方或許會有害,
　　　猶如升出月亮時, 盛開睡蓮閉荷花。

126. [4-25]

ཉེས་པ་ལས་ཀྱང་དོན་གྲུབ་པ།།
བྱུང་ཡང་མཁས་རྣམས་ག་ལ་སྙོན།།
ལེགས་པར་བསྒྲུབས་ཀྱང་སྐྱོན་སྲིད་མོད།།
དེ་ལ་མཁས་རྣམས་ཁྲེལ་བ་མེད།།

잘못된 것으로부터도[35] 일은 성공한다.
(이런 일이) 일어났어도 현자들이 어찌 (좋다고) 말하랴?
좋게 이루려 했어도 실수할 수 있기 마련이지만[36]
이에 대해서 현자들은 부끄러움이 없다.

126. 有些造罪雖成事, 智者對此怎羨慕,
　　　若造善事成錯過, 智者對此不恥笑。

127. [4-26]

རྙེད་པ་ལ་ལ་རྙེད་པ་སྟེ།།
རྙེད་པ་ལ་ལ་དགྲ་བོ་ཡིན།།
ནོར་མ་མང་ལ་སྲུན་ནོར་འཐིལ་བྱེད།།
དྲེའུ་མོ་སྒྲམ་ན་འཆི་བ་རྙེད།།

어떤 것을 얻는다는 것은 (진실로) 얻는 것이지만

---

35 〔잠뺄역〕에서는 '레(las)'를 탈격으로 해석하여 '나쁜 일로부터도(네빠 레, nyes pa
　 las)'로 해석했으나 〔주석서〕와 〔쾨뢰스역〕은 '업(業, karma)'으로 해석하여 죄업을
　 한 단어로 보고 있다. 여기서는 전자를 따랐다.
36 말미에 사용된 '뫼(mod)'는 앞 문장과 뒤따라오는 부정의 뜻인 '〜한다. 하지만, 그렇
　 다 할지라도'의 뜻을 가진 접속사로 매우 보기 드문 경우지만, 티벳어 문법에서 매우
　 중요한 것 중의 하나다. 본문에 두루 등장하고 있다.

(때로) 어떤 것을 얻는다는 것은 (그것이 곧) 적(敵)이다.

(암말이) 새끼를 배면 재물이 늘지만

암 노새가 새끼를 배면 죽음을 얻는다.[37]

127. 有些收益正收益, 有些收益成仇怨,
　　　騾馬懷駒增財富, 騾騾懷胎則死亡。

128. [4-27]

དམ་པ་དབྱེ་དཀའ་འདུམ་པ་སྟེ།།
དམན་པ་དབྱེ་སྟེ་འདུམ་པ་དཀའ།།
ལྗོན་ཤིང་དང་ནི་སོལ་བ་ཡི།།
བཅད་དང་སྦྱོར་བའི་ཁྱད་པར་ལྟོས།།

성자는 헤어지기 어렵고 친구 되기 쉬우나

하찮은 자는 헤어지기 쉽고 친구 되기 어렵다.

(푸른) 나무와 숯덩이의

자르고 붙이는 것의 차이를 보라.

128. 正士難分而易合, 劣者易分而難合,
　　　樹木難砍易生長, 木炭易解難相合。

129. [4-28]

ནམ་ཆུང་གྱུར་ཀྱང་ཆོན་བྱེད་ན།།
ཆེན་པོ་ཡིས་ཀྱང་གཞོམ་པར་དཀའ།།
ཆེན་པོ་ཡིན་ཡང་བག་ཡིབས་ན།།
ནམ་ཆུང་རྣམས་ཀྱིས་བརྫག་པ་མང་།།

<hr>

37 이 경구는 반복의 운율을 살렸는데 1행, 2행에 '어떤 것을 얻는다(네빠 라라, rnyed
　　pala la)'와 3행, 4행에 '짐승이 새끼를 밴다'는 '넬덴(mnal ldan)', '둠(sbrum)'이 반복적
　　으로 사용되어 있다. 말과 당나귀가 교합하여 생긴 노새 암컷은 새끼를 밸 수 없는데
　　도 그런 일이 일어난 것은 자신을 죽이는 적이라는 뜻이다.

약한 자라도 신중하면
위대한 인물이라도 꺾기 어렵다.
위대한 인물이라도 유유자적하다가는
약한 자들에게 지는 (경우가) 많다.[38]

129. 雖是弱者若謹愼, 强者亦難以消滅,
　　　雖是大者若放逸, 亦被弱者所摧毁。

130. [4-29]

ནོར་གྱིས་འབྱོར་ན་སྟོབས་ཀྱང་འཕེལ།།
ནོར་མེད་པ་ལ་སྟོབས་ཀྱང་འབྲི།།
བྱི་བ་དབྱིག་ལྡན་ནོར་ཕྲོགས་པས།།
བརྐུ་བའི་ནུས་པ་ཉམས་ཞེས་ཐོས།།

재산으로 부유해지면 위세 또한 증가한다.
(그러나) 재산이 없어지면 위세 또한 줄어든다.
'부자 쥐가[39] (몸을 감추는) 보물을 도둑맞자
훔치는 능력을 잃어버렸다'고 들었다.[40]

130. 多財勢力亦增大, 耗財勢力亦減弱,
　　　西瓦意單寶被盜, 偸盜之力亦失掉。

---

38 문장이 운율을 맞추기 위해, 1행, 3행에 '만약 ~한다면(나, na)'이 대구를 이루고 있다.
39 '지와 직덴'이란 말 자체가 '부자(직덴, dbyig sdan) 쥐(지와, byi ba)'라는 뜻이지만 쥐의 이름이기도 하다.
40 〔잠뻴역〕에서 이 우화에 대하여 간단한 설명을 붙여두었는데, 자신의 몸을 숨길 수 있는 힘을 주던 보물을 도둑맞은 부자 쥐가 그 위세도 잃었다는 이야기다.

131. [4-30]

མི་གང་བསོད་ནམས་ལ་སྤྱོད་པ།།
གཏང་ཡང་ལོངས་སྤྱོད་ཆར་བཞིན་འབབ།།
བསོད་ནམས་མེད་པའི་ལོངས་སྤྱོད་དེ།།
བསགས་ཀྱང་སུ་ཡིས་ཟ་བར་སོམས།།

어떤 사람이라도 복덕을 행하면

베풀었던 것 역시 재산인 것이 빗방울 쏟아지는 것과 같다.

복덕이 없는 재산이라는 것을

모았다 한들 누가 (이를) 쓸지 생각해 보라.[41]

131. 造有福德施舍者, 財富如雨而湧來,
　　　若無福澤唯積財, 當思誰人會享受。

132. [4-31]

དམ་པ་རེ་ཞིག་རྒུད་གྱུར་ཀྱང་།།
སྐྱེ་བ་བཞིན་དུ་ཡར་རོ་འཕེལ།།
དམན་པ་ལན་ཅིག་རྒུད་གྱུར་ན།།
མར་མེ་བཞིན་དུ་མནལ་བར་འགྱུར།།

성자는 한때 쇠약해지더라도

달처럼 (다시) 차오른다.

하찮은 자는 한때 쇠약해지면

등잔불처럼 꺼진다.

132. 高士暫時雖受衰, 複盛猶如上弦月,
　　　劣者若遇一次衰, 則滅猶如熄燈火。

---

41 전체적으로 의역했는데 2행의 말미를 직역하면, '빗방울처럼 내린다' 정도 된다. 그리
　고 4행의 '쓸지'는 '먹을지'이다.

133. [4-32]

ཤེས་ལྡན་དགྲ་ལ་མིག་བསྒྲིངས་པས།།
ཐ་མར་དགྲ་བོ་དབང་དུ་སྡུད།།
རྟོད་ཆུང་དགྲ་ལ་ལན་བྱས་པས།།
དཀའ་བ་རྒྱུན་མི་ཆད་པ་ཐོབ།།

지혜를 갖춘 자는 적을 (오랫동안) 주목하였기에
마지막에 적을 제압한다.
경망스러운 자는[42] 적에게 앙갚음하려 해도
어려움이 계속되어 그 끊을 (방법을) 얻지 못한다.

133. 智者寬待敵人故, 最後怨敵被制服,
　　 愚者報複敵人故, 遭受苦難無間斷。

134. [4-33]

མཁས་པས་ཤིན་ཏུ་ཉམ་ང་བའི།།
གནས་ལ་འཛུར་ན་དཔའ་རྟགས་ཡིན།།
སེང་གེས་ཁྱུ་མཆོག་གསོད་པའི་ཚེ།།
རྭ་ལ་འཛུར་བ་ག་ལ་སྐྲག།།

현자가 매우 약한
자리를[43] (찾아 강한 곳을) 피하는 것은 용맹의 징표다.
사자가 으뜸가는 수소를 죽이려 할 때
뿔을 피하는 것이 어찌 무서워서랴!

134. 學者避開險惡境, 此乃英勇之本志,
　　 獅子弑殺水牛時, 躲開牛角豈膽怯?

---

42 '경망스러운 자'라고 옮긴 '되충(drod chung)'은 '집중력이 작은 자'라는 뜻이다.
43 1행, 2행의 '매우 약한 자리'는 취약점으로 쓸 수 있으나 원문이 1행, 2행에 걸쳐 나누
　 어져 있어 이에 따라 풀어서 옮겼다.

135. [4-34]

རྣམ་པ་ཀུན་ཏུ་མི་དཔྱོད་པར།།
དགྲ་ལ་མཚོང་བ་བླུན་རྟགས་ཡིན།།
མར་མེའི་འོད་ལ་འཛིངས་པ་ཡིས།།
སྦྲང་བུ་དཔའ་བར་འགྲོ་འམ་ཅི།།

언제나 분별없이
적에게 달려드는 것은 어리석음의 징표다.
등불의 불빛을 향해 싸우러 (날아가는)
벌레를 '영웅처럼 가는구나?'라고 어찌 (말하랴)![44]

135. 畢竟一切不觀察, 盲沖敵衆卽愚蠢,
　　　飛蛾撲打油燈光, 彼者豈能成英雄?

136. [4-35]

ངན་པ་རང་བརྟེན་ཁྱད་པར་འཇོམས།།
དམ་པ་གང་ལ་བརྟེན་པ་སྲུང་།།
སྲིན་བུ་རང་བརྟེན་ཟད་ཟད་ཟ།།
སེང་གེས་རང་གི་ཡུལ་འཁོར་སྲུང་།།

악한 자는 자신이 의지했던 곳을 특히 (더) 없애고
성자는 어떤 곳이라도 의지했던 곳을 보호한다.
벌레는 자신이 의지했던 곳을 끝까지 먹어치우지만[45]
사자는 자신의 구역을 보호하듯이.

---

44 문장을 직역하면 '가는구나? 어찌!'가 된다.
45 이 경구에서는 '의지했던 곳(뗀, brtan)'이 3행까지 반복되어 있다. '끝까지 먹어치운
　　다'고 옮긴 원문 '제제자(zad zad za)'를 직역하면 '먹고 먹는다'인데 운율을 살리고
　　7자 1행을 맞추기 위해 이렇게 적고 있다.

136. 劣者摧毀自所依, 正士保護自所依,
　　　如蟲吃盡自所處, 獅子保護自居地。

137. [4-36]

དམན་རྣམས་དགོས་པ་ཆུང་དུ་གསང་།།
གསང་དགོས་དགོས་པ་མེད་པར་སྨྲ།།
དམ་པ་དགོས་མེད་གསང་མི་འགྱུར།།
གསང་དགོས་སྲོག་ལ་བབས་ཀྱང་བསྲུང་།།

하찮은 자들은 (지킬) 필요가 작은 (일을) 비밀로 지키고
비밀로 지킬 필요가 (있는 일을) 필요 없이 말한다.
성자는 (지킬) 필요 없는 (일을) 비밀로 하지 않고
비밀로 지킬 필요가 (있는 일이라면) 목숨이 떨어지더라도 지킨다.[46]

137. 劣者隱瞞不密事, 該密之事處處説,
　　　高士不隱非密事, 寧死亦隱應密事。

138. [4-37]

དམན་པ་འབྱོར་ན་རྗེགས་པའི་རྒྱུ།།
དམ་པ་འབྱོར་ན་དུལ་བའི་རྒྱུ།།
ཕྱུ་སྨྱེས་འགྱངས་ན་རྗེགས་པས་བཀྱལ།།
མེད་གི་འགྱངས་ན་བདེ་བར་རྒྱལ།།

하찮은 자가 재산을 모으면 자만의 원인이 되고
성자가 재산을 모으면 겸손함의[47] 원인이 된다.

---

46 '필요(괴빠, dgos pa)'를 총 5번, '비밀로 지키다'는 '상(gsang)'을 총 4회 반복하여 운율
　을 맞추고 있다. 사꺄 빤디따의 작법이 잘 드러나 있는 경구 중의 하나다.
47 '수행하다'는 뜻이 강한 '둘와(dul ba)'를 1행의 대구에 맞게 '겸손'으로 옮겼다. 〔잠뻴
　역〕은 'displine(수련, 수행)'으로 풀었는데 대구와 좀 맞지 않다.

여우는 배가 부르면 자만하여 (정신이) 어지럽지만
사자는 배가 부르면 행복하게 잠들듯이.

138. 劣者有財起慢因, 高士有財和好因,
　　　狐狸充腹便嚎叫, 獅子充腹安靜睡。

139. [4-38]

དམ་པ་དང་ནི་དམན་པ་ཡི།།
སྤྱོད་པ་གཉིས་ཀ་གོམས་པའི་ཤུགས།།
བུང་བ་མེ་ཏོག་ཚོལ་བ་དང་།།
ངང་པ་ཆུར་འཇུག་བསླབ་ཅི་དགོས།།

성인과 하찮은 자의
둘의 행위(의 차이)는 습(習)의 힘 (때문)이다.
벌이 꽃을 찾는 것과
오리가 물로 들어가는 것을 배우는 것이 무엇 때문에 필요하랴!

139. 高士劣者之行爲, 此二皆依串習力,
　　　如蜂尋花鴨喜水, 此等不學亦自知。

140. [4-39]

རྒྱལ་ངན་དགྲ་དང་འཕྲད་པ་ན།།
རང་གི་འཁོར་ལ་ཆད་པས་གཅོད།།
དོན་མ་གྲུབ་པའི་བླུན་པོ་འགའ།།
རང་ཉིད་འགགས་ཏེ་འཚེ་བ་ཡོད།།

폭군은 적과 마주치면
자기 권속(眷屬)에게 징벌을 가한다.
일에 성공하지 못한 어리석은 자 몇몇이

자기 스스로 (숨이) 막혀 죽듯이.

140. 惡王若遇怨敵時, 反而懲治自眷屬,
　　　有些愚者未成事, 亦以自殺而送命。

141. [4-40]

ཚོས་རྒྱལ་དགྲ་དང་འཕྲད་པ་ན།།
ལྷག་པར་འཁོར་ལ་བྱམས་པ་སྐྱེས།།
ན་བའི་བུ་ལ་ཁྱད་པར་དུ།།
མ་ནི་གདུང་བ་སྐྱེ་བར་འགྱུར།།

성군은 적과 마주치면

더욱더 권속(眷屬)에 대한 자비심이 생겨난다.

병든 아이에 대한 특별한

연민이 바로 그 어미에게 생겨나듯이.[48]

141. 法王若遇怨敵時, 對自眷屬更慈愛,
　　　如於生病之孩子, 母親更會起憐惜。

142. [4-41]

སྐྱེ་བོ་དམ་པ་ངན་པ་དང་།།
འགྲོགས་ན་ངན་པའི་ཁན་དུ་འགྱུར།།
གཙུང་བའི་ཆུ་ནི་རབ་ཞིམ་པ།།
རྒྱ་མཚོར་སྦྱབས་ན་བ་ཙོར་འགྱུར།།

성자가 악한 자와

어울리면 악해진다.[49]

---

48 앞의 게송과 대구를 이루고 있는데 3행의 '특별한(케빨 두, khyad par du)'을 연민,
　번민, 마음의 고통을 뜻하는 '둥와(gdung ba)'를 수식하는 것으로 보고 옮겼다.

갠지스 강의 물이 매우 감미롭지만
바다에 도달하면 짜게 되듯이.

142. 高士相合與劣者, 則受惡習之熏染,
　　　 恒河水味特甘美, 若進大海成鹵水。

143. [4-42]

དམན་པས་སྐྱེ་བོ་མཆོག་བསྟེན་ན།།
སྐྱེ་བོ་དམ་པའི་སྤྱོད་པ་འབྱུང་།།
གླ་རྩི་བྱུགས་པའི་གང་ཟག་ལ།།
གླ་རྩིའི་དྲི་ཞིམ་འབྱུང་ལ་ལྟོས།།

하찮은 자가 고상한 사람과 친근했으면
성자의 행위가 생긴다.
사향을 (몸에) 바른 유정에
사향의 향내가 생기는 것을 보라.

143. 劣者若依高尚士, 則生高尚之行爲,
　　　 猶如塗抹麝香者, 散發麝香之芬香

144. [4-43]

ལྷུན་པོ་ཆེས་ཀྱང་མི་འགུལ་བ།།
དེ་བཞིན་བདག་ཉིད་ཆེན་པོ་བརྟན།།
ཤིང་བལ་ཆུང་དུས་གཡོ་བ་ལྟར།།
དམན་པའི་སྤྱོད་པ་འགྱུར་ལྟོག་ཆེ།།

수미산은 어떤 경우에도 움직이지 않는다.
이처럼 위대한 성자는 (그 거동이) 견고하다.

---

49 2행은 의역했다.

버드나무 가지가[50] 작은 (바람에) 흔들리는 것처럼
하찮은 자의 거동은 변동이 크다.

144. 聖者巍然極穩固, 猶如山王不動搖,
     劣者行爲變化多, 如同柳絮隨風飄。

『선설보장론』「제4 관혼잡품(觀混雜品)」 마침.

---

50 '버드나무 가지'로 옮긴 '싱벨(sing bal)'은 원래 '나무 솜'을 뜻하는데, 우리말과 어
   울리지 않아 이렇게 옮겼다. 우리나라에는 없지만 인도에서는 솜이 열리는 나무가
   있다.

제5장 나쁜 행실에 대한 검토[1]

145. [5-1]

གཡོ་ཅན་སྙན་པར་སྨྲ་བ་ནི།།
རང་དོན་ཡིན་གྱི་གུས་ཕྱིར་མིན།།
སྲིན་བྱ་སྙན་ནས་དགོད་པ་ནི།།
ལྟས་ངན་གཏོང་གི་དགའ་ནས་མིན།།

교활한 자가[2] 듣기 좋게 말하는 것은

자기 일을 위해서지 (남을) 공경해서가 아니다.[3]

올빼미가 (제) 명망(名望)으로부터 우는 것은

흉조(凶兆)를 보내는 것이지 (타인을) 기쁘게 하기 위해서가 아니다.[4]

145. 奸詐者雖説愛語, 是爲私利非眞敬,
　　　親近鴟鴞雖發笑, 此乃凶兆非眞喜。

---

[1] ལྟ་བ་ངན་སྤྱོད་བརྟག་པའི་རབ་ཏུ་བྱེད་པ།།
한문식으로 하자면 「관악행품(觀惡行品)」. 이 5장에는 교활하고 거짓말하고, 사기치
고 속이는 등등의 이야기가 많이 나온다.

[2] '요쩬(gyo can)'은 '간사한 자'라는 뜻도 있다.

[3] 사용된 문장은 '~인(win) ~민(min)'으로, 우리말로 '~이지 ~이 아니다'이다. 4행도
유사한 구조다.

[4] 〔주석서〕에 따르자면, 이 이야기는 제석천 인드라의 궁전 꼭대기에 날아와 앉은 올빼
미가 소리 높여 울자 다른 신들이 이를 흉조(凶兆)라고 죽이려 들었다. 그러자 세상의
다섯 가지 진귀한 명망 중에는 자신의 목소리도 들어 있다고 변명하고 도망쳤다는
것에서 비롯되었다고 한다. 인도와 티벳에서 부엉이, 올빼미 등의 야조(夜鳥)는 흉조
(凶鳥)다.
1행과 3행에 사용된 '듣기 좋게(녠빠, snyan pa)'와 '녠네(snyan nas)'는 같은 '녠(snyan)'
을 사용하고 있는데, 3행의 '~으로부터'라는 뜻을 지닌 탈격의 '네(las)'는 종종 시간의
전후와 이유 등을 나타낼 때 쓰인다.

146. [5-2]

དན་པས་ཐོག་མར་ཚིག་གིས་འབྲིད།།
བག་ཡེབས་གྱུར་ན་ཕྱི་ནས་བསྣུ།།
ཉ་པས་ཟས་ཀྱིས་ཁ་བྲིད་ནས།།
ཉ་རྣམས་གསོད་པར་བྱེད་ལ་ལྟོས།།

악한 자는 처음에 말로 (경계를) 줄이고
마음을 놓으면 나중에 속인다.
어부가 미끼로 입을 간질거리다가
물고기들을 죽이는 것을 보라.

146. 劣者先用言所哄, 安心之後再欺騙,
　　　漁翁先放香餌後, 誘殺極多魚類也。

147. [5-3]

དམན་པ་ཇི་སྲིད་ནུས་ཆུང་བ།།
དེ་ཡི་བར་ལ་རང་བཞིན་བཟང་།།
དུག་གི་ཚེར་མ་མ་སྐྱེས་པའི།།
བར་དུ་གཞན་ལ་འབིགས་མི་ནུས།།

하찮은 자는 약소(弱小)한 동안
바로 그때까지는 성품이 좋다.[5]
독가시가 다 자라지 않으면
그때까지 다른 것에 구멍을 뚫은 수 없듯이.

---

5 1행, 2행에 '지시(ji srid)'와 '데이 발라(de yi bar la)'가 사용되어 '~하는 동안, 바로
　그때까지는'라는 문장 구조를 이루고 있다. 2행의 '성품'으로 옮긴 '랑씬(rang bzhin)'은
　원래 자성(自性)이란 뜻으로 티벳 불교에서 자주 사용된다.

147. 劣者乃至弱小時, 本性尙是善良者,
　　　有毒荊棘未成時, 爾時不能刺傷人。

148. [5-4]

ཡིད་ལ་བསམ་པ་གཞན་བྱས་ནས།།
ཚིག་ཏུ་སྨྲ་བ་གཞན་བྱེད་པ།།
གཡོན་ཅན་ཞེས་སུ་གྲགས་པ་སྟེ།།
བླུན་པོ་མཁས་པར་འཚོས་པ་ཡིན།།

'마음속에 다른 생각을 하면서
말하는 것이 다르면[6]
교활한 자'라고 이야기하는데
어리석은 자는 (이렇게 하여) 현자처럼 꾸민다.

148. 心裏思維一件事, 口上言說另一事,
　　　此乃名爲狡猾者, 亦是愚人裝學者。

149. [5-5]

ཧ་ཅང་གཡོ་སྒྱུ་མང་དྲགས་ན།།
རེ་ཞིག་གྲུབ་ཀྱང་ཐ་མར་བརྩག།
གཟིག་སྤགས་བཀབ་པའི་བོང་བུ་ཡིས།།
ལོ་ཏོག་ཟོས་མཐར་གཞན་གྱིས་བསད།།

너무 지나치게 교활하면
잠시 성공했어도 그 끝에는 (목숨마저) 잃게 된다.
표범 가죽을 덮어썼던 당나귀가
곡식을 (훔쳐) 먹다가 최후에 다른 자에게 죽었듯이.

---

6 7자 1행이 맞추어진 것을 의역했다.

149. 若是極爲狡猾者, 暫時雖成終摧毀,
　　　驢蒙豹皮偸食禾, 最後被人殺掉已。

150. [5-6]

ཤེས་རབ་ལྡན་ན་མངོན་སུམ་གྱི།།
བརྫུན་གྱིས་ཕ་རོལ་བསླུ་བར་རུང་།།
རྐུན་པོ་རྣམས་ཀྱིས་ཁྱེར་བཏགས་པས།།
ར་སྐྱེས་ཁྱེར་བ་བྲམ་ཟེས་བོར།།

지혜를 갖추었으면 곧바로

거짓말로 다른 쪽을 속일 수 있다.[7]

도둑들이 개라고 (계속) 하자

염소를 들고 가던 브라흐만이 (염소를) 포기했듯이.[8]

150. 若是奸猾詐巧者, 公開謊言能騙人,
　　　盜者山羊說爲狗, 婆羅門便舍山羊。

---

7 이 문장 중에는 중요한 불교 용어가 2개 등장하는데, ‘내놓고’로 옮긴 ‘논숨(mngon sum)’은 앞에서도 설명한(94번 경구) 불교 인식론인 인명(因明)의 현량(現量, 직접적인 인식)이다. 여기서는 수식어로 쓰였다. 2행의 ‘다른 쪽’이라고 옮긴 ‘파롤(pha rol)’은 반야심경에 등장하는 피안(彼岸), 즉 ‘저쪽 언덕’이다. 사꺄 빤디따는 이처럼 친밀한 단어들이 가진 원래의 의미를 약간 틀면서 사용하고 있다.

8 바로 앞의 경구처럼 『빤짜딴뜨라』에서 왔다. 3명의 악한들이 제사를 지낸 후 염소 한 마리를 공물로 받아 어깨에 짊어지고 가던 브라흐만을 보고, 그를 속이면 염소도 얻고 명성도 얻을 것이라고 작당하고, ‘당신은 왜 더러운 개를 걸머지고 가냐?’고 세 번이나 연달아 묻자, 그 브라흐만이 염소인지 개인지 헷갈리다가 결국에는 세 사람이 연달아 말했으므로 사실이라고 여기고, 염소를 내팽개치고 집으로 돌아갔다는 이야기다. 요즘 인도 교과서에도 실려 있는 유명한 이야기다.

151. [5-7]

ཉེས་པ་མངོན་སུམ་བྱེད་བཞིན་དུ།།
གཡོ་ཅན་ཚིག་གིས་ཕ་རོལ་བསླུ།།
ལྷ་ཆེན་སྐྱེ་སྲེག་གས་ཕྱིར་བ་ལ།།
སྡུག་བསྔལ་བདེན་པ་བསྒྲགས་སོ་ལོ།།

잘못을 내놓고 계속 짓다 보면

교활한 말로 다른 쪽을 속인다.

대천(大天)이 비명을 내지르다가

'고성제(苦聖諦)를 선언했다'고 전해지듯.[9]

151. 狡者親自行罪惡, 反以誑言欺哄人,
　　　大天口出傷歎聲, 騙人而説苦諦聲。

---

9 문장의 구조도 흥미로운데, 4행 마지막의 전해지다로 옮긴 '로(lo)'는 앞의 '소〔so, 문장을 완전히 마칠 경우에 사용되는 랄두(slar bsdu)〕'에 이어지는 '로닥 셀(lo grags zel)'의 약자로 '~라고 일컬어지듯이' 혹은 '~라고 말해지듯' 등의 약자다. 앞 경구처럼 1행에 '논숨'이 쓰였다.

이 경구에 대해서는 약간의 역사적인 설명이 필요한데, 이것은 붓다 사후 2차 결집에 배경이 된 대중부와 상좌부가 분리된 근본 분열에서 어떤 계율을 지킬 것인가라는 율장에 대한 논쟁에 나오는 대천(大天, Mahadeva)의 이야기로, 우리가 알고 있는 전통과는 정반대의 경우다. 대천의 오사(五事)로 널리 알려진, 5가지에 대한 질문인데, 그것은 소승불교에서 깨달음을 얻었다는 아라한에 대한 의문이었다. 즉, 아라한은 아직 1) 유혹도 있고, 2) 모르는 게 있고, 3) 의심이 있고, 4) 다른 이의 도움으로 깨달음을 얻고, 5) 소리를 지르며 깨닫는다 등인데, 어찌 되었든 이 아라한에 대한 의심은 이후 대승사상이 흥기한 이후에 첨가된 이야기로 역사적인 배경과는 거리가 멀다.

전통적으로 한문 경전권에서는 이 오사를 내세운 대천이 긍정적인 인물인데 반해서, 티벳 불교에서는 정반대다. 티벳 불교의 관점에서 보면, 대중부는 전통의 파괴자로 나오고 상좌부가 더욱 높은 평가를 받는데 거의 모두 이 전통을 따른다. 즉 대천이란 인물은 사기를 치는 인물로, 이 경구의 배경은 자기가 거짓을 행하고 있음에 자책하여 고통스러운 신음을 내질렀던 대천이, '왜 그렇게 비탄에 잠겨 있느냐?'고 제자들이 묻자, 고집멸도의 사성제 중에 고제, 즉 고통의 진리는 이와 같다고 둘러댔다는 이야기에서 왔다. 이 경구는 티벳 승가에서 유명한 이야기다.

〔잠뺄역〕에는 대천이란 이름으로 다른 이야기가 실려 있다.

152. [5-8]

གཡོ་ཅན་ཆུལ་གཟོབ་དགའ་འཛམ་ལ།།
མ་བརྟགས་པར་དུ་ཡིད་མི་བརྟན།།
རྨ་བྱ་གཟུགས་མཛེས་སྐྲ་སྙན་ཡང་།།
དེ་ཡི་ཁ་ཟས་དུག་ཆེན་ཡིན།།

교활한 자가 꾸미는 달콤한 말을
시험해 보지 않고서는 진심으로 믿을 수 없다.
공작의 몸매가 아름답고 목소리가 듣기 좋아도
그의 음식은 맹독이다.[10]

152. 狡者僞裝語恬蜜, 未經觀察勿輕信,
　　 孔雀身美聲悅耳, 然彼所食皆爲毒。

153. [5-9]

གཡོ་ཅན་བཟང་པོའི་ཆུལ་བཟུང་ནས།།
ཕྱི་ནས་དོན་ལ་བསླུ་བ་ཡོད།།
རི་དྭགས་ང་མ་བསྟན་ནས་ནི།།
ཁྱིལ་འདས་བོང་བུའི་ཁ་དུག་འཚོང་།།

교활한 자가 좋은 척 가장(假裝)했어도
나중에 (하는) 일이란 속이는 짓이다.[11]
사슴 꼬리를[12] 보였으면서도

---

10 독을 먹고 사는 공작에 대한 비유가 44번 경구에 이어 반복되어 있다. 공작의 목소리
　가 아름답다고 하는 것은 사실 이해하기 어렵다. 공작이 우는 소리는 고양이나 어린
　아기가 우는 소리와 비슷하다.

11 본문 1행에서 '가장하다'로 옮긴 '출(tshul)'은 계행, 일 등의 긍정적인 의미로 쓰이지
　만, 여기서는 '~하는 척하는' '가장하다' 등의 '쿨(khul)'과 동의어로 보고 옮겼다.
　2행의 '돈(don)'을 〔잠뻴역〕에서는 '진짜로(acutually)'라고 번역했으나, 여기서는 원
　래의 어휘대로 옮겼다.

부끄러운 줄 모르고[13] 당나귀 고기를 팔듯이.

153. 狡者僞裝老實人, 一旦他會引誘人,
　　　無恥之人賣驢肉, 先用獸尾讓人看。

154. [5-10]

ངོ་ཚ་ཆུང་རྣམས་གཞན་ནོར་ལ།།
བདག་གི་ཆེ་བ་སྒྲུབ་པ་ཡོད།།
མགྲོན་ལ་གྲོགས་ཀྱི་གོས་བཏིངས་ནས།།
བདག་གི་གུས་ཏགས་སྟོན་པར་བྱས།།

수치심이 적은 자들은 남의 재물로

자신의 위대함을 성취하는 것처럼 (행동)한다.

(그런 자들은) 손님에게 (방석으로) 친구의 옷을 펼쳐 놓고서

자신의 존경하는 표시로 생색낸다.[14]

154. 有些寡廉鮮恥者, 以他財物裝門面,
　　　如同友衣當座墊, 以表對客之尊敬。

155. [5-11]

གཏིང་ནས་རྣམས་པས་ཁྱལ་འདས་རྣམས།།
རང་གི་གཏམ་དང་ངོ་སོར་འགྱུར།།
གཙུག་འི་ཡུལ་གྱི་རྒྱལ་རིགས་འགའ།།
ཕ་བསད་པ་ལ་རྒྱལ་ཇ་བརྫུང་།།

<hr>

12 '사슴'이라 옮겼으나 원문은 초식 짐승을 뜻하는 '리닥(ri dwags)'이 쓰여 있다.

13 원문 '텔데(threl 'das)'를 직역하면 '수치심을 뛰어넘어' 정도 된다.

14 3행, 4행의 비유는 야외에 나가서 손님에게 자기 옷을 깔아서 앉게 하는 것이 아니라
　　친구의 옷을 깔아주면서 생색내는 것을 가리킨다. '생색낸다'로 옮긴 '뙨빨제(ston
　　par byas)'는 원래 보이다, 전시한다는 뜻이다.

밑바닥부터 썩어 부끄러운 줄을 모르는 자들은[15]
자신의 악명을 체면으로 삼는다.
깐찌(Kañcī)라는 나라의 어떤 왕가에서는
아버지를 죽인 것을 (자랑하며) 승리의 북을 쳤듯이.[16]

155. 本來稍無羞恥者, 醜事亦是當光榮,
　　　甘存地方諸王族, 擂鼓慶賀殺父者。

156. [5-12]

 བློ་ཆུང་རྣམས་ཀྱིས་ཕན་བཏགས་པ།།
འགའ་ཞིག་གནོད་པ་ཆེན་པོར་འགྱུར།།
སྐྱ་གའི་ཕྲུ་གུས་མ་ཡི་སྒྲོ།།
འཐོག་པར་དྲིན་ལན་ཡིན་པར་སྙམ།།

우매한 자들이 (하는) 은혜를 갚는다는 (행동은)
어떤 때에는 커다란 해가 된다.
새끼 까치가 어미의 깃털을
뽑는 것을 보은이라고 여기듯이.[17]

156. 愚者雖作有利事, 有些亦成大禍根,
　　　如同雛鵲拔母羽, 尚自以爲報母恩。

---

15 133번 게송처럼 '텔데(khrel 'das)'를 이렇게 옮겼다.
16 〔주석서〕에는 왕위를 차지할 수 없어 좋은 옷을 입을 수 없는 남인도 깐찌라는 나라의
　8살 된 왕자가 '어떻게 하면 왕국을 물려받을 수 있느냐?'고 자신의 어머니인 왕비에
　게 묻자, 아버지인 왕을 죽이고 북을 울리면 된다고 가르쳐주자 그 말을 듣고 부왕을
　살해한 후, 좋아서 북을 쳤다는 이야기에서 유래하였다고 적혀 있다. 〔잠뻴역〕은 약간
　다르다. 이 부왕을 살해하는 왕세자의 이야기는 용수의 죽음과도 깊은 관련이 있다.
17 이 경구에서 알 수 있듯이 까마귀와 까치에 대한 티벳인들의 생각은 우리와 정반대
　다. 우리는 까마귀가 울면 불길한 징조이고 까치가 울면 반가운 손님이 올 징조지만,
　티벳에서는 까치가 울면 불길한 징조라고 한다. 어리석은 날짐승의 상징은 까마귀가
　아니라 까치다.

157. [5-13]

གཞུང་དང་གཞན་གྱི་བཀའ་དྲིན་ལས།།
བྱུང་བ་རང་གི་ཆེ་བར་སྒོམ།།
ཀླུ་ཡིས་འབད་ནས་ཕབ་པའི་ཆར།།
ཞིང་པས་རང་གི་དཔལ་དུ་བརྩི།།

성정이 나쁜 자는 남의 깊은 은혜로

생긴 (일을) 자신의 위대함이라고 생각한다.[18]

용이 노력하여 내린 비를

농부가 자신의 좋은 운수[吉運]로 여기듯이.

157. 有些薄情寡義者, 他恩所得裝門面,
　　　龍王勤降之雨水, 農夫以爲自福德。

158. [5-14]

བློ་དན་ལས་ལ་སྦྱོད་པ་ལ།།
རང་གིས་འབད་པས་ཐོབ་པར་སེམས།།
ཁྱི་ནན་ཡ་ཀན་ཕུག་པའི་ཁྲག།
རུས་པའི་བཅུད་དུ་བསྒོམས་ནས་འཆའ།།

총명하지 못한 자는 업이 행한 일을

자신의 노력으로 얻은 것으로 생각한다.

개가 입천장(에 난) 구멍의 피를

골수(骨髓)라고 여기고 탐식하듯이.[19]

---

18 '생각한다'로 옮긴 '곰빠(sgrom pa)'는 명상하다, 참선하다 등으로 주로 쓰이는 동
　사다.

19 개가 딱딱한 뼈를 씹다가 입천장(야꾼, ya rkun)에 상처가 나서 피가 흐르는 것을
　골수라 여기는 것처럼, 사실은 부정적인 일이지만 그것을 깨닫지 못하는 어리석은
　자에 대한 비유다.

158. 愚者以業享福時, 以爲自己精勤果,
　　　啃骨刺破上顎血, 老狗當作骨髓精。

159. [5-15]

མི་མཁས་པ་དག་གཉེན་བཅོམ་ནས།།
འབྲེལ་མེད་གཞན་དག་གསོ་བར་མཐོང་།།
མགོ་བོ་བཅད་ནས་མཇུག་པའི་རྒྱན།།
སྨྱོན་པས་མིན་པ་སུ་ཞིག་བྱེད།།

현명하지 못한 자들이 친족을 멸하고
상관없는 다른 자들을 부양하는 것을 (종종) 보았다.
머리를 잘라서 꼬리의 장식으로 (삼는)
미친놈이 아니고서 누가 (이런 짓을) 하랴!

159. 有些愚者奪親人, 僅爲養活無關人,
　　　如於砍首嚴飾尾, 除非瘋人誰肯爲?

160. [5-16]

བྱུན་པོས་དགོས་པའི་སར་མི་སྦྱིན།།
མི་དགོས་པ་ལ་ལྷུག་པར་འཚོར།།
ཆུ་མིག་ངན་པ་དབྱར་འབབ་ཀྱི།།
དཔྱིད་དུས་དགོས་པའི་ཚེ་ན་བསྐམས།།

어리석은 자(들)은 필요한 곳에는 주지 않고
필요 없는 곳에 아낌없이 던져 준다.
나쁜 샘이 (필요 없는) 여름에는 흐르다가
봄에 필요할 때면 마르듯이.

160. 愚者不至所需處, 反而常詣無用處,
　　　無用泉水夏天流, 春天需水時幹涸。

161. [5-17]

སྐྱེ་བོ་དམ་པ་ཞི་བ་ལ།།
ངན་པས་ལྷག་པར་འཚེ་བར་བྱེད།།
སྣུམ་དང་ལྡན་པའི་སྡོང་པོ་ལ།།
མེ་ལྕེ་ཆགས་ཀྱི་གཞན་ལ་མིན།།

성자의 평온한 상태에 대해서

악한 자는 더욱더 해를 가한다.

기름기를 가진 나무에는

불길이 달라붙지만[20] 다른 (나무에는 그렇지) 않다.

161. 對於善良之正士, 劣者特別會欺凌,
　　　如同火舌會焚燒, 含油燈芯非餘爾。

162. [5-18]

རྩུབ་པས་རྩུབ་པ་འདུལ་འགྱུར་གྱི།།
ཞི་བས་འདུལ་བ་ག་ལ་རུས།།
པོལ་མིག་བསྲེགས་དང་བཅད་པས་གདོན།།
ཞི་འཚོས་དེ་ཡི་དུག་ཏུ་འགྱུར།།

거친 자는 거친 (방법으로) 길들여야지

점잖게 교화하는 것이 어찌 가능하랴?[21]

종기는 태우고 잘라서 빼야지

점잖은 치료는 그것의 독이 된다.[22]

---

20 여기서도 소유격 '끼(kyi)'가 부정 접속사로 쓰였다.

21 1행의 '길들이다'로 '툴와('thul ba)'는 연기 등이 밖으로 품어져 나오는 것을 뜻한다.
2행의 '둘와('dul ba)'와 대구를 이루면서 3행, 4행의 비유에 맞게 이 동사를 썼는지,
오자인지 확실하지 않은데 판본은 동일하게 '툴와'로 되어 있다.

22 앞 경구에서 '평온한 상태'라고 옮긴 '씨와(zhi ba)'를 여기서는 '점잖은'으로 옮겼다.
'시와'는 보통 평온, 평화 또는 안온한 상태[寂]를 가리킨다.

162. 粗者方能調粗暴, 溫者對此怎調伏?
　　　拔除癰疽須炙割, 和緩治療將毒化。

163. [5-19]

རྒྱལ་པོས་ཆོས་བཞིན་ས་སྐྱོང་སྟེ།།
མིན་ན་རྒྱལ་པོ་ཉམས་པའི་རྟགས།།
ཉི་མས་མུན་པ་མི་སེལ་ན།།
དེ་ནི་གཟའ་ཡིས་ཟིན་པའི་རྟགས།།

왕은 법(法)에 따라 (자기) 땅을 돌봐야지
그렇지 않으면 (그) 왕이 타락했다는 징표다.
태양이 어둠을 없앨 수 없으면
그것은 별에 의해 잡혔다는 징표다.[23]

163. 國王依法當護國, 否則彼將會衰敗,
　　　太陽若不除黑暗, 則定彼受羅睺食。

164. [5-20]

སྡིག་སྤྱོད་རྗེ་བོར་བསྐོས་པ་དང་།།
ཁང་པའི་ཡང་ཐོག་གྲུམས་པ་དང་།།
རི་ཙེ་ཉེན་ཏུ་ཞིག་པ་ཡི།།
འོག་ཏུ་གནས་རྣམས་རྒྱུན་ཏུ་སྐྲག།

부덕한 행위를 (하는 자를) 왕으로 세웠던 것과
집의 지붕이 부서진 곳과
산꼭대기가 곧 무너질 곳의
(바로) 그 아래 자리들은 언제나 두렵다.

---

23 '일식'이란 뜻이다. 앞의 48번 경구 참조.

164. 若在惡人當管下, 或速坍塌樓房下,
     或將崩潰山峰下, 則會時時心生懼。

165. [5-21]

གལ་ཏེ་རིག་པ་ཡོད་ན་ཡང་།།
སྐྱེ་བོ་རང་བཞིན་ངན་པ་སྤང་།།
དུག་སྦྲུལ་ནོར་བུས་མགོ་བརྒྱན་ཡང་།།
མཁས་པ་སུ་ཞིག་པང་དུ་ལེན།།

비록 지식이 있지만

천성이 악한 자는 피해라.

독사가 보석으로 머리를 장식했어도

어떤 현자가 무릎에 앉히랴.

165. 卽使具有高智慧, 性情惡劣亦被舍,
     毒蛇頂上雖飾寶, 智者誰肯抱懷裏?

166. [5-22]

སྙན་གྲགས་རྒྱལ་པོའི་བཞེད་བཞིན་དཀའ།།
བསྐྱེད་ན་ཕྲུགས་ཀྱིས་འཛིན་པ་དཀོན།།
བར་མར་གནས་པ་གཡང་ཟ་བས།།
རྒྱལ་པོ་ལ་ལ་མི་ཆེན་འདྲ།།

명성을 (쫓는) 왕의 견해에 따라 (처신하기) 어렵고

(그런 마음이) 생겼어도[24] 진심으로 행하는[25] (경우는) 드물다.

---

24 2행에 쓰인 '나(na)'는 '만약 ~했어도'의 가정법이 아니라 '그런 경우에도(even in that case)'로 옮길 수 있다. '~ 안에'를 표현할 경우 티벳 본토에서는 '라둔'으로 대신하지만 시킴 지역에서는 이에 대해서 명확하게 구분하여 '나(na)'로 쓴다고 한다. 본문 중에서도 이와 같은 예가 몇 번 나온다.

25 동사를 만드는데 쓰이는 '진빠(’dzin pa)'가 쓰였다.

중간에 (어정쩡하게) 머물기도 두려우니
몇몇 왕은 큰 불과 같다.

166. 有些國王如烈火, 親近彼難滿其願,
　　　疏遠亦懼不攝收, 不親不疏亦畏懼。

167. [5-23]

ཅུང་མ་ངན་དང་མཛའ་པོ་ངན།།
རྒྱལ་པོ་ངན་པ་སུ་ཞིག་བསྟེན།།
བཙན་གཟན་གདུག་པའི་ནགས་ཁྲོད་དུ།།
 སེམས་ཤེས་རྟག་ཏུ་སྡོད་དམ་ཅི།།

악한 아내와 악한 친구
악한 왕에게 누가 의지하랴?
맹수가 (사는) 위험한 숲 가까이에
현자가[26] 항상 머물더냐? 그렇더냐!

167. 劣妻惡友及暴君, 此三誰人肯親近,
　　　猛獸橫行之林中, 智者誰人常安住?

168. [5-24]

རྫོགས་པས་ཡོན་ཏན་ཉམས་འགྱུར་ཞིང་།།
འདོད་པས་ངོ་ཚ་ཉམས་པར་བྱེད།།
གཡོག་འཁོར་རྟག་ཏུ་སུན་བྱུང་ན།།
རྗེ་དཔོན་ཉམས་པར་འགྱུར་བ་ཡིན།།

자만으로 (지혜) 공덕은 악화하고

---

26 여기서는 '현자(케빠, mkhas pa)' 대신에 이명으로 '지혜를 가진 유정'이란 뜻으로
　 '셈셰(sams shes)'가 사용되어 있다.

욕망으로 부끄러움은 악화한다.
권속(眷屬)(들)을 항상 편견을 (가지고 대하면)
(그) 주인된 자(도) 악화한다.

168. 傲慢令人變無知, 貪欲令人變無恥,
　　　若常輕視自眷仆, 則此長官定衰敗。

169. [5-25]

ཕན་པར་སྨྲ་བ་དཀོན་པ་སྟེ།།
དེ་དག་བས་ཀྱང་ཉན་པ་དཀོན།།
སྨན་པ་མཁས་པ་རྙེད་དཀའ་སྟེ།།
དེ་ཡི་ཚིག་བཞིན་བྱེད་པ་ཉུང་།།

도움되는 말을 하는 자는 드물고
그들보다 듣는 자는 (더욱) 드물다.
현명한 의사는 얻기 어렵고
그의 말에 따라 행하는 자는 (더욱) 적다.

169. 有利之語說者少, 聽受彼言更爲少,
　　　高明醫師極難得, 遵醫囑行者更少

170. [5-26]

དུ་ཆང་རྣོམས་པ་ཆེ་དྲགས་ན།།
སྡུག་བསྔལ་རྒྱུན་མར་ཐོག་ཏུ་འབབ།།
སེ་རྡ་ང་རྒྱལ་ཆེ་བའི་རྒྱུས།།
ལྷ་ཡིས་ཁྱུར་པོ་བསྐྱུར་ཞེས་ཐོས།།

너무 지나치게 오만이 크면
고통에 계속해서 빠진다.

'사자가 큰 자만 때문에[27]
여우의 (무거운) 짐을 들어주었다'고 들었다.[28]

170. 過越狂妄自大者, 不斷遭受諸痛苦,
　　　獅子極爲傲慢故, 狐狸讓它背象體。

171. [5-27]

བྱ་རོག་དག་གིས་བསྲུངས་པ་དང་།།
གཤིན་རྣ་པ་ལ་ཕན་བཏགས་དང་།།
ཞིང་རྣ་ས་བོན་བཏབས་པ་རྣམས།།
རེ་བ་མང་སྟེ་སྒྲུབ་པ་ཉུང་།།

까마귀들이 숨겨놓았던 것과

성정이 나쁜 자를 도와주었던 것과

나쁜 땅에 씨를 뿌렸던 것들은

기대는 많지만 되는 일은 적다.

171. 烏鴉埋藏之食物, 或爲惡人謀福利,
　　　或於瘠田撒種子, 此等望多受益少。

172. [5-28]

མ་བརྟགས་པར་ནི་སུ་ལ་ཡང་།།
ཡིད་ཆེས་པ་དང་བསྒོ་མི་བྱ།།
བག་ཡིབས་པ་ལས་སྒྲོན་བྱུང་དང་།།
གྲོས་བཏབ་པ་ལས་དགར་གྱུར་མང་།།

(사전에) 조사해 보지 않았던 (일은) 누구에게라도

---

27 3행을 직역하면 '사자가 자만이 큰 이유 때문에'다. 대구를 이루게 축약했다.
28 『빤짜딴뜨라』에 나오는 우화다.

확신을 (가지고) 충고하지 마라.

수월하게 여겼다간 실수가 생기고

의논을 하다가 적이 되는 (경우가) 많다.

172. 若無詳細觀察前, 對誰亦不應信任,
　　　放逸之中出過錯, 親友往往成怨仇。

173. [5-29]

འཇིགས་རྟེན་འཇིགས་པ་མང་ཡོད་ཀྱང་།།
སྐྱེ་པོ་ངན་འདྲའི་འཇིགས་པ་མེད།།
ངན་པ་གཞན་དག་བཅོས་རུང་གི །།
སྐྱེ་པོ་ངན་པ་བཅོས་ན་འཇིག །

세상에는 두려운 것이 많아도

천성이 악한 자처럼 두려운 것은 없다.[29]

다른 악한 자들을 고칠 수 있지만

천성이 악한 자를 고치려 했다간 실패한다.

173. 世上劣物雖衆多, 然無劣人更可惡,
　　　其餘劣物可改造, 改造劣人除非滅。

174. [5-30]

སྐྱེ་པོ་ངན་པ་ཡོན་ཏན་བཅུས།།
ཕན་པར་བྱས་ཀྱང་མགུ་མི་ནུས།།
གང་ཞིག་བསྟེན་པ་དགར་འགྱུར་འདི།།
སྐྱེ་པོ་ངན་པའི་ཁྱད་ཆོས་ཡིན།།

---

29 1행의 '많아도'로 옮긴 '망묘꺙(mang mod kyang)'의 '묘꺙'을 직역하면 '〜하다. 그러
　나'라는 뜻을 지니고 있다. 이 책에서도 종종 등장하는데 게송집에 주로 나온다. '천
　성이 악한 자'로 옮긴 '꼐뽀 넨빠(skye po ngan pa)'는 보통 '악한 자'라는 뜻인데, 3행
　에 '악한 자(넨빠, ngan pa)'가 나와 있어서 이렇게 옮겼다.

천성이 악한 자는 백 가지 (지혜) 공덕으로

도와주었어도 만족시킬 수 없다.

어떤 자는 (자신이) 의지했던 자를 적으로 삼으니 이는[30]

천성이 악한 자의 특징이다.

174. 雖用百種知識來, 助利劣者亦不喜,
　　　凡諸親近人成敵, 此乃劣者之特征。

175. [5-31]

ངན་པ་རྗེ་བླར་བཅོས་གྱུར་ཀྱང་།།
རང་བཞིན་བཟང་པོ་འབྱུང་མི་སྲིད།།
སོལ་བ་འབད་དེ་བཀྲུས་ན་ཡང་།།
ཁ་དོག་དཀར་པོ་མི་སྲིད་དོ།།

악한 자를 이처럼 고치려 했어도

선량한 성품이[31] 생기는 것은 불가능하다.

숯은 애써 씻어봐야

하얀색이[32] (되는 것은) 불가능하다.

175. 劣者無論再改造, 性情不會變賢善,
　　　煤炭無論再改造, 其色無法變雪白。

---

30 이 3행은 달리 해석되기도 하는데, '어떤 자는 (자신을) 믿는 자를 적으로 삼으니, 이는' 정도가 된다.

31 '랑씬(rang bzhin)'을 여기서는 자성, 천성, 본성 대신에 성품으로 옮겼다.

32 '카독 깔뽀(mkha dog dkar po)'는 '색이 하얀 것'을 가리킨다. 티벳어와 우리말의 차이 가운데 하나는 우리말과 달리 티벳어는 명사＋수식어로 되어 있다는 점인데 뒤따라 오는 조사 앞에 이와 같은 식으로 구성되어 있으면 수식어＋명사로 옮기면 된다. 문제는 이 가운데 소유격이 포함된 경우인데 이럴 경우는 각 구문에 따라 옮길 수밖에 없다.

176. [5-32]

སྐྱེ་བོ་ངན་པས་སྤུན་ཕྱུང་བའི།།
ས་དེར་དམ་པ་མཐོང་ཡང་སྤོང་།།
སྦྲུལ་གྱིས་གཙེས་པའི་ས་ཕྱོགས་སུ།།
གསེར་གྱི་ཉག་ཕག་མཐོང་ཡང་འབྲོས།།

악한 자에 의해 버려진

그곳을 현자는 보는 것도[33] 포기한다.

뱀에게 해를 입었던 곳 쪽에

금 목걸이가 보이더라도 도망치듯이.

176. 遭受惡人所欺處, 遇見賢人亦會舍,
　　　如被毒蛇所害處, 雖見金鏈亦逃避。

177. [5-33]

མཆོད་པ་དམ་པ་ལ་བྱ་ཡི།།
དམན་པ་མཆོད་ན་ཉེས་པའི་གཞི།།
འོ་མ་སྐྱེས་བུའི་བདུད་རྩི་སྟེ།།
སྦྲུལ་ལ་བྱིན་ན་དུག་འཕེལ་ལོ།།

섬기려면 성자에게 해라! 그렇지 않고[34]

하찮은 자를 섬기면 과실(過失)의 근본이 (된다).

우유는 사람의 감로이나

뱀에게 주면 독이 늘어난다.

177. 恭敬之境卽聖者, 恭敬劣者卽禍根,
　　　乳汁對人是甘露,若喂毒蛇則增毒。

---

33 의도하지 않아도 보이는 혹은 나타난다는 뜻을 지닌 동사 '통와(mthong ba)'가 쓰였다.

34 명령형에 뒤이어 소유격 '이(yi)'가 문장의 말미에 와서 '그렇지 않고'로 풀어썼다. 이 용법은 '라(la)'의 불규칙적인 용법과 유사하다.

178. [5-34]

འབད་དེ་ཀུན་ནས་བསྟེན་བྱས་ཀྱང་།།
ངན་པ་བློ་དང་ག་ལ་འཛིས།།
འཆི་བ་རྗེ་ལྱར་གསོས་གྱུར་ཀྱང་།།
བདག་ཕེབས་འགྱུར་བ་མི་སྲིད་དོ།།

전력을 다해 의지하려 했어도
악한 자의 마음과 어찌 섞일 수 있으랴?[35]
죽은 (자)를 어떻게든 돌보려고 했어도
편하게 하는 것은 불가능하다.[36]

178. 縱使設法依劣者, 然而不會成齊心,
　　　如同麻雀再喂養, 彼亦不會安心住。

179. [5-35]

ཐག་ཏུ་འབྱེད་ལ་བརྩོན་པའི་མིས།།
མཛའ་བ་བརྟན་པའང་ཕྱེད་འགྱུར་ཏེ།།
ཆུ་ཡིས་ཐག་ཏུ་གཙོས་གྱུར་ན།།
བྲག་ལ་སེར་ཁ་མི་འབྱུང་ངམ།།

언제나 분란을 바라는 사람에 의해서는
친구처럼 의지하던 사람도 헤어지게 된다.
물에 의해 항상 해를 입었으면
바위에 금가는 것이 어찌 일어나지 않겠느냐?

---

35 '악한 자의 마음과'로 옮긴 '넨빠 로당(ngan pa blo dang)'을 '넨빠 당 로빠(ngan pa dang blo pa)'로 보면 '악한 자'와 '현자'가 된다. 〔주석서〕에서는 후자에 따라 성품 또는 천성이 선한 자(랑씬 장뽀, rang bzhin bzang po)로 '로빠'를 해석하고 있다.

36 〔잠뻴역〕은 '죽은 자(치와, 'chi ba)' 대신에 '칠빠(mchil pa)'를 썼는데 이는 참새라는 뜻이다. 〔한역본〕도 이와 같이 옮겼다. 여기서는 〔주석서〕에 따라 옮겼다.

179. 時常精勤分裂者, 甚至好友亦離開,
　　　如同河水常沖刷, 岩石亦會出裂縫。

180. [5-36]

བདག་གིས་བསླུས་དང་ངན་བྱས་དང་།།
མཁན་སློབ་གྲོགས་ཀྱི་སྐྱོན་བརྗོད་པ།།
བརྫུན་ན་བརྫུན་པས་ཡིད་བརྟན་མེད།།
བདེན་ན་ལྷག་པར་འཇིགས་པ་སྐྱེ།།

'내가 속였다'고, '잘못했다'고 (말하면서)

큰스님,[37] 스승, 친구를 비난하는

거짓말을 한다면 그 거짓말하는 자를 진심으로 믿을 수 없다.

진실로 (믿었다간) 더욱더 두려움만 생겨난다.

180. 自己騙人或害他, 或談上師友等過,
　　　彼等若假不必信, 或若眞實令人驚。

181. [5-37]

མི་གང་བརྫོད་བྱ་མ་ཡིན་པ།།
གཞན་གྱི་དྲུང་དུ་སྲས་བརྫོད་པ།།
བདེན་ནམ་འོན་ཏེ་བརྫུན་གྱུང་རུང་།།
མཁས་པས་དེ་ལ་བརྟག་བྱིན་བྱ།།

어떤 사람은 내용이 의심스러운 것을

다른 곳에서[38] 누가 되었든 설명한다.

---

37 '큰스님'으로 옮긴 '켄'은 '켄뽀(mkhan po)'의 줄임말로 보통 티벳 승가에서 주지 스님
　을 부를 때 쓴다.
38 '다른 곳에서'라고 옮긴 '쎈기 둥두(gzhan gyi drung du)'를 직역하면 '다른 곳의 근처'
　라고 풀어쓸 수 있는데 '근처에서'를 뜻하는 '둥두'는 '(어떤 장소)에서'라는 뜻이 있

진실이거나 그렇지 않은 거짓이던 간에[39]
현자는 이에 대해서 (항상) 주의한다.

181. 本來不應所說事, 他人之前誰講說?
　　　無論虛假或是眞, 智者對此當小心。

182. [5-38]

གཞན་དག་ནོར་ལ་གཅེས་འཛིན་པ།།
མཛའ་བཤེས་ཡིན་ཡང་ཡིད་མི་བརྟན།།
ཆེན་པོ་རྣམས་ལ་གསུག་ཟོས་ནས།།
གཉེན་གྱིས་བརླག་པར་བྱས་པ་མང་།།

성정이 나쁜 자는 재산을 중시하니
친한 친구라도 진심으로 믿지 말아야 한다.
위대한 인물들에게 뇌물을 먹기 위해서
(자신을 팔아먹은) 친구가 손해를 행했던 것이 많다.[40]

어 이에 따라 옮겼다.

39 3행을 의역하면 '진실이거나 거짓이거나' 정도 되는데 7자 1행을 맞추기 위해서 접속
부사 등등을 사용하여 자수를 늘려두었다.

40 3행, 4행의 비유는 금빛 털을 가진 사슴의 도움으로 살게 된 사냥꾼이 왕의 상금에
눈이 멀어 사슴의 비밀 거처를 알려주었다는 『본생담』 이야기에서 따왔다. 문법적
으로 이 비유는 아주 달리 해석되는데, 3행 첫 구절인 '첸뽀 남라(chen po rnams la)'를
'위대한 인물'로 할지, '위대한 것들로' 할지에서 비롯된다. 〔주석서〕를 비롯해 모두
전자를 따랐으나 후자로 보면 해석이 더욱 자연스럽다. 왜냐하면 '첸뽀'를 복수형으
로 받았기 때문인데 후자에 따라 해석하면 다음과 같다.

　위대한 것들을 뇌물로 먹으려는
　친구에게 손해 보았던 게 많았듯이.

즉 많은 상금에 눈이 먼 사냥꾼에 의해서 사슴이 곤경에 처했다는 이야기다. 여기서
'손해'로 해석한 과거형 '락빠(brlag pa)'의 현재형 '록빠(rlog pa)'는 파괴하다, 훼손하
다, 변혁하다 등의 뜻이 있다.

182. 貪欲財富之劣者, 雖是親友勿信賴,
　　　大人面前受賄賂, 多被親友毀滅之。

183. [5-39]

གནོད་པའི་མཚན་མ་ཁར་འབྱིན་པའི།།
དགྲ་བོ་དེ་དག་གཞོམ་པ་སྟེ།།
ཕན་པའི་བཟློག་ཉོགས་ཁར་འབྱིན་པའི།།
དགྲ་བོ་དེ་དག་ཇི་ལྟར་གཞོམ།།

해를 입힐 징표를 얼굴에 드러낸

적, 이들을 무너뜨리기란 쉽다.

은혜를 베풀 듯한 비슷한 표정을 얼굴에 드러낸

적, 이들을 어찌 무너뜨릴 수 있을까![41]

183. 口說害人之語者, 此等怨敵易制服,
　　　心恨口說利人者, 此等怨敵難制服。

184. [5-40]

སྨྲ་གཞན་མ་ཁས་པས་འཚོ་སྲིད་ཀྱི།།
ཉེས་པའི་ཚིག་སྨྲ་འགྱུབ་པ་མེད།།
ཁྱ་དུག་ཉུག་པ་དམན་ཐབ་པས།།
བསྐལ་པའི་བར་དུ་འགྲས་ལ་ལྟོས།།

---

41 1행, 3행의 '얼굴'로 옮긴 '카(kha)'는 입, 표정 또는 표면이라는 뜻도 있다. 다른 역본
들은 모두 입으로 번역하고 있다. 2행과 4행에서 '무너뜨리다'라는 동사는 '쑴빠
(gzhom pa)'인데, 이 동사는 원래 '태우다'는 뜻으로 쓰이고 서부 티벳에서만 나무가
넘어지는 경우에 주로 사용한다. 〔한역본〕에서는 제복(制服)을 사용하고 있다. 3행에
서 '비슷한'이라고 옮긴 '독(mdog)'은 〔잠뻴역〕에서 따왔는데 〔주석서〕나 다른 판본
의 '록(bzlog)'은 반대되다 혹은 가로막다라는 뜻이 있어 번역이 매끄럽지 않다. 다른
역본들은 이 경구를 모두 의역하고 있다.

다른 말은 현자가 고칠 수 있으나
나쁜 말을 내뱉는 것을 (고치는 것은) 불가능하다.[42]
까마귀가 부엉이를 깎아내렸기 때문에
억겁에 걸쳐 원한을 품은 것을 보라.[43]

184. 巧治餘痕能愈合, 惡語創傷難複愈,
　　　如同烏鴉謗鴟鴞, 累劫彼此成仇恨。

185. [5-41]

སྙིང་ལ་འཁོན་དུ་དམ་བཟུང་ནས།།
ཁ་ལ་ཚིག་བཟང་སྨྲ་བ་ཞེས།།
དྲང་སྲོང་གདུག་པའི་གདམས་ངག་སྟེ།།
དམ་པའི་ཆུལ་དང་འགལ་བ་ཡིན།།

'마음속에는 원한을 진실로 품고 있으면서도
입으로는 달콤한 말로 속삭여라'라는 것은
선인(仙人) 아또따의 구결이니[44]
성자의 도리와 위반된다.

185. 心裏總是掛仇恨, 嘴上盡說善妙語,
　　　此乃惡劣仙人教, 卽違聖者之法則。

---

42 〔주석서〕에는 '말(먀, smra)'로 적고 있는데, 〔잠뻴역〕과 〔한역본〕은 '먀(rmra)'라고
　 적혀 있다.

43 『빤짜딴뜨라』에서 따온 듯하다. 새들의 왕을 선출하는 자리에서 밤에도 볼 수 있는
　 부엉이를 추천했으나 까마귀가 부엉이의 모습과 행동을 비난한 것에서 빌어왔다.

44 〔주석서〕에는 나쁜 리쉬(惡劣仙人) 아또따의 가르침이 나와 있는데 다음과 같다.

　　　마몽 탐쩨 몽쟈씽(ma rmongs thams cad rmongs bya zhing)
　　　몽빠 딱뚜 고꼴쟈(rmongs pa rtag tu go bskor bya)

　 모든 미혹(迷惑)하지 않은 자는 미혹하게 하고
　 미혹한 자는 항상 기만해라.

186. [5-42]

དུག་གི་རྩ་བ་འདོན་པ་ལྟར།།
དགྲ་བོ་རྩད་ནས་གཅོད་དོ་ཞེས།།
རྒྱལ་པོའི་ལུགས་ལས་འབྱུང་མོད་ཀྱི།།
བུ་བཞིན་བསྐྱངས་ན་བུ་བཞིན་བྱེད།།

'독의 뿌리를 없애는 것처럼

적은 근본부터 잘라야 된다'라는 말이

『왕규론(王規論)』에[45] 나와 있지만[46]

(적도) 아들처럼 보살피면 아들처럼 행동한다.

186. 王規論中雖宣説, 一切怨敵全消滅,
　　　應如拔出毒樹根, 然愛如子待如父。

187. [5-43]

རང་དོན་འབའ་ཞིག་སྒྲུབ་པ་ཨེ།།
མི་དང་འགྲོགས་པ་སུ་ཡིས་ནུས།།
སོ་ནམ་བརྩོན་པའི་ཞིང་བསེབ་ཏུ།།
ལྱམ་གཞན་སྐྱེན་པའི་གོ་སྐབས་དཀའ།།

자기 일만 이루려는

사람과 어울리는 것을 누가 할 수 있으랴?

농부가 애써 가꾸는 땅에는

다른 작물(들)이 성장할 기회를[47] (가지기는) 어렵다.

---

45 도덕적인 규범을 언급하는 책으로 아마도 인도에서 전래된 경구집인 듯하다. 예전에
　는 망명 정부의 고등학교 과정에서 가르쳤다고 한다.
46 '~하고 있으나 그렇지만'의 뜻을 가진 '뫼끼(mod kyi)'가 쓰였다.
47 '기회'라고 옮긴 '고깝(go skabs)'은 공간적인 의미로 여지(余地)를 뜻하기도 한다.

187. 專爲屬求私利者, 誰肯與彼交爲友,
　　　農夫勤耕田地中, 難以成長餘雜草。

188. [5-44]

མི་གནད་བྱས་པ་མི་གཟོ་བ།།
དེ་ལ་གྲོགས་བྱེད་ག་ལ་སྲིད།།
འབད་ཀྱང་འབྲས་བུ་མི་སྐྱེན་པའི།།
ཞིང་ལ་སོ་ནམ་སུ་ཡིས་རྨོས།།

어떤 사람은 베풀었든 일에[48] 보답하지 않는다.
그런 자와 친구가 되는 것이 어찌 가능하랴?
애써 (가꾸었어)도 과실(果實)이 성장하지 않는
땅에 농사짓는 것을 누가 할 수 있으랴![49]

188. 何人不知報恩惠, 誰肯與彼交爲友,
　　　勤勞亦無熟果地, 農夫誰肯去耕耘?

189. [5-45]

གཟུ་ལུམ་དག་གི་སྟོད་པ་ཡིས།།
རྒྱ་བོ་སྨྲ་དུ་ཀུད་པར་འགྱུར།།
སྨྲི་བཙོལ་ཅན་གྱི་སྨྲང་ནོད་ཀྱིས།།
བཅད་བྱ་སྨྲར་དུ་མི་གཅོད་དམ།།

---

48 원문은 '(어떤 일을) 하다'는 뜻을 지닌 '제빠(byes pa)'의 과거형인 '제빠(byas pa)'가
　쓰였다. 여기서는 은혜를 베푼 것을 축약한 것으로 보고 풀었다.

49 바로 위의 187번 경구와 함께 거의 동일한 단어를 사용하였지만 조금씩 다른 의미로
　해석할 수 있는 여지를 주어 글맛을 살리고 있다. 187번 경구의 2행 '어울리는 것'이
　라고 옮긴 '독빠('grogs pa)'와 188번 경구의 2행 '친구가 되는 것'이라고 옮긴 '독제
　(grogs byed)'의 경우, 전자는 동사를 그대로 쓴 경우이고 후자는 명사를 동사형으로
　만든 경우다.

무모한 자들의 행위는

사람(들)을 빨리 쇠약하게 한다.

미친 코끼리는

(그 목숨을) 빨리 끊어야지 왜 끊지 않으랴?[50]

189. 蠻橫又是魯莽者, 此人速將遭失敗,
　　　厚顔野象極橫暴, 豈非急受被閹割?

190. [5-46]

དམན་པ་ཇི་ལྟར་ཕར་བྱིན་ཡང་།།
ཚུར་ལ་དགོས་ན་ག་ལ་སྟེར།།
སྐམ་པས་ཏྒ་ཏུ་བཟུང་ན་ཡང་།།
ལྕགས་གོང་ཚུར་ལ་འཛིན་ནམ་ཅི།།

하찮은 자에게 무엇을 그쪽에 베풀었든 간에

이쪽에서 필요할 때 어찌 되돌려받을 수 있겠는가![51]

부젓가락은 항상 (쇳덩이를) 쥘 수 있지만

쇳덩이 이쪽에서 잡는 건 어떻겠는가?[52]

---

50 '무모한 자'로 옮긴 '주룸(gzu lum)'은 '뻔뻔한 자'로도 자주 쓰인다. 경구의 수동형을 능동형으로 바꾸었는데, 코끼리를 뜻하는 '랑(glang)'은 들소라는 뜻도 있다. 〔잠뻴역〕은 이에 따랐다. 이 우화에 대해서는 〔한역본〕에만 자세한 설명이 되어 있는데, 옛날 인도에서 무모한 폭군의 행위에 대해서, 미친 코끼리에 의해서 피해가 심했던 것을 예로 들고 있다. 이런 자들을 가만히 내버려두면 모든 것이 망한다는 이야기이다. '찌똘쩬(spyi brtol can)'을 '쬬똘쩬(spyo brtol can)'으로 적은 것은 〔주석서〕의 오자다. 〔잠뻴역〕의 1행 소유격의 '경솔한 자들의'를 도구격으로 적은 것은 '무모한 자들에 의한'으로 옮길 수 있다.

51 원문에는 '은혜를 베풀다'는 동사인 '뗄와(ster ba)'가 쓰였다.

52 이 경구도 각 행에 운율을 강조하기 위한 표현들이 두루 사용되었는데 1행의 '지딸(ji ltar, 얼마나)'과 '칠(phir, 그쪽에 또는 저쪽에)'이, 2행에서는 '칠'과 대구를 이루는 '출라(tshur la, 이쪽에서)'가 사용되었는데 '출라'는 4행에서 다시 반복되고 있다. 4행 말미를 직역하면 '할 수 있겠는가? 어떻게!'가 된다.

190. 如何布施惡劣者, 自需之時不回報,
　　　鉗子雖常夾鐵球, 鐵球怎能夾鉗子。

191. [5-47]

ངན་པས་གཞན་དོན་སྒྲུབ་པོ་ཞེས།།
སྨྲ་བཅགས་ནས་ནི་སྡིག་ལ་སྤྱོར།།
གཞན་དོན་ལྟར་སྟངད་བསྒྲུབ་དོན་དུ།།
མཁས་པ་སུ་ཞིག་རང་ཉིད་འཇོམས།།

악한 자가 '(나는) 다른 (사람의) 일을 해주는 자'라고 말하는 것은
거짓된 핑계일 뿐이니 죄를 행하는 것이다.[53]
다른 (사람의) 일을 가식적으로 해주기[54] 위해서
어느 현자가 자기 스스로 훼손할까?

191. 劣者借口爲利他, 反而行持罪惡事,
　　　是爲假裝利衆生, 智者誰肯毀自己?

192. [5-48]

བུ་ལོན་ལྷག་མ་དག་པོའི་ཐེད།།
ཁྲིམས་དན་རྣམས་དང་གཏམ་དན་དད།།
རིགས་རྒྱུད་དན་དད་སྤྱོད་དན་རྣམས།།
མ་སྤྱེལ་བར་ཡང་རང་ཉིད་འཕེལ།།

많이 남아 있는 빚, 적의 남아 있는 흔적[55]

---

53 원문에 '행하다'의 '죄(spyod)'가 쓰인 것을 강조했다.
54 의역했는데, 의도적으로 '일(돈, don)을 성취할 수 있게(둡두, bsgrub du) 도와준다'는
　　뜻이다.
55 직역한 '적의 남아 있는 흔적(닥뾔 테, dgra po'i thed)'을 '적에 대한 남아 있는 원한(餘
　　恨敵)'으로 〔한역본〕이나 〔잠뺄역〕에서는 의역하고 있다.

악법들과 악명

나쁜 혈통과 악행들은

(일부러) 증가시키지 않아도 자기 스스로 늘어난다.

192. 債務尾數餘恨敵, 惡劣刑法惡語論,
　　　賤種以及劣行爲, 彼等自然會滋長。

『선설보장론』「제5「관악행품(觀惡行品)」」마침.

제6장 자성의 형식에 대한 검토[1]

193. [6-1]

བདག་ཉིད་དཔོན་དུ་བསྐོས་གྱུར་ན།།
དེ་ཡི་བྱ་བ་ཤེས་པ་དཀོན།།
གཞན་ལ་ལྟ་བའི་མིག་ཡོད་ཀྱང་།།
རང་ཉིད་ལྟ་ན་མེ་ལོང་དགོས།།

자기 자신이 지도자로 뽑혔어도
그것의 책무를 아는 자는 드물다.[2]
남을 보는 눈이 있어도
자기 스스로(를) 보려면 거울이 필요하듯이.

193. 設若何人當長官, 難以了知自過失,
　　　如眼能見諸餘法, 觀察自體需鏡子。

---

1 རབ་ཏུ་བྱེད་པ་དྲུག་པ་རང་བཞིན་གྱི་ཚུལ་བརྟག་པ།།
　한문식으로 하자면 「관자성품(觀自性品)」. 방법, 형식, 도리 등을 뜻하는 '출(tshul)'을
　생략했다. 이 품도 일찍이 쾨뢰스가 많은 부분을 영역하였다.
2 1행, 2행에 대한 번역은 분분한데, [쾨뢰스역]은 '어떤 사람이 지도자(one should happen
　to be chosen for a ruler)로 뽑힌' 경우로, 그리고 [잠뻴역]은 '네가 지도자로 (you yourself
　appointed)로 뽑혔'을 경우로 보고 있으며, [한역본]에서도 '어떤 사람(何人)'이라고 보
　고 있다. 그러나 본문에 등장하는 '닥니(bdag nyid)'는 4행에 등장하는 '랑니(rang nyid)'
　와 같은 뜻으로, 원래 불경에서 자주 등장하는 자성, 본성, 성품 등의 뜻이 있으나 나,
　자신, 자신 자기 등의 뜻도 있다. 1행의 '선출하다, 뽑히다(꼬와, sko ba)'의 과거형 '꾀
　빠(bskos pa)'를 수동형으로 해석하고 가정법(나, na)으로 받았다. 2행의 의무로 옮긴
　'쟈와(bya ba)'는 원래 하는 일, 행위를 뜻하지만 다양한 뜻이 있다. 여기서는 지도자로
　뽑힌 자의 일, 그 책임과 의무를 뜻한다는 점에서 '책무'로 옮겼다.

194. [6-2]

ཤེས་རབ་ཕྱོགས་གཅིག་ལྡན་པས་ཀྱང་།།
བྱ་བ་ཀུན་ལ་མཁས་པ་དཀའ།།
ཤིན་ཏུ་གསལ་བའི་མིག་གིས་ཀྱང་།།
སྒྲ་ལ་ཉན་པར་ནུས་མ་ཡིན།།

한쪽 (분야에) 지식을 갖추고 있어도
모든 일을 아는 것은 어렵다.[3]
아주 밝은 눈이라도
소리를 들을 수 없듯이.

194. 僅有一方智慧者, 亦難精通一切事,
　　　極爲敏銳之眼睛, 亦是不能見聲音。

195. [6-3]

དྲང་པོར་སྨྲ་བ་སྐྱོན་བཅས་དང་།།
འཁྱོག་སྨྲ་ཡོན་ཏན་ལྡན་པ་སྲིད།།
ལམ་དྲང་འགའན་ཞིག་ནོར་འཇིགས་ལ།།
དུང་དཀར་གཡས་འཁྱིལ་བཀྲ་ཤིས་བྱེད།།

솔직하게 말하는 것이 과실(過失)을 이루고
돌려서 말하는 것이 (지혜) 공덕을 갖출 수 있다.
어떤 지름길은 (도둑이) 재물을 (노려) 두렵지만
오른쪽으로 휜 하얀 소라가 좋은 것이듯이.[4]

---

3 위의 경구 194번과 거의 유사한 형태인데 앞에서 '의무'로 옮겼던 '자와(bya ba)'가
여기서는 '일'이란 뜻으로 쓰이고 있으며, '아는 것'으로 옮겼던 '셰빠(shes pa)'와 거의
같은 뜻을 지닌 '케빠(mkhas pa)'가 쓰였다.

4 4행은 우리에게 의미가 명확하지 않은 비유인데, 〔주석서〕에는 '좋다'라고 번역한 '띠
(bkri)'라는 어휘가 쓰여 있다. 이것은 티벳 인사말로 유명한 '따쉬델렉'의 따쉬(bkra
shis)의 줄임 형태다. 여기서는 〔잠뺄역〕에 따라 풀어서 썼다. 소라는 법라(法螺)인데

195. 有時實話成過失, 歪曲之語成功德,
　　　筆直道中亦遭難, 右旋海螺成吉祥。

196. [6-4]

བསོད་ནམས་མེད་ན་ཡོན་ཏན་འགའ།།
ཡོན་ཏན་ཉིད་ཀྱིས་རང་ཉིད་འཇོམས།།
སྲ་ཏིག་འཛིན་པའི་ཉ་ཕྱིས་རྣམས།།
སྲ་ཏིག་ཉིད་ཀྱིས་སྲོག་དང་འབྲལ།།

복덕이 없으면 어떤 (지혜) 공덕을 갖춘 자는
그 (지혜) 공덕 자체로 말미암아서 자기 스스로 해를 입는다.[5]
진주를 품은 조개들이
진주 자체로 말미암아 목숨과 분리되듯이.

196. 若無福分光有學, 學問卽將毀自己,
　　　猶如蚌殼有珍珠, 因此彼者送性命。

팔길상(八吉祥)에 대해 『람림(초펠 편역, 한국 티벳 센터)』에서는 '부처님의 치아에
소리가 멀리 퍼져나가는 '법라'를 공양 올림으로써 부처님의 가르침이 널리 전해지는
공덕을 쌓는다'라고 적혀 있다. 일반적으로 인도의 힌두교도들도 제례 의식에 법라를
사용한다.

5 1행에서는 '소남(bsod nams, 복)'과 '왼뗀(yon tan, (지혜) 공덕, 공덕)'이 사용되어 있다.
〔한역본〕에서는 '소남'을 복으로, '욘뗀'을 학문으로 번역했으며, 〔잠뻴역〕에서는 '장
점, 강점(merit)'과 '미덕, 효능(virtue)'으로 영역했다. 여기서는 산스끄리뜨어 '소남'의
어원인 '뿐야(puṇya)'의 원래 의미에 따라 옮겼다. 달리 풀어보자면, 업장에 의해 지어
진 복 또는 (학문, 지혜)뿐만 아니라 일상생활에서의 도덕성을 강조하고 있음을 알
수 있다.

197. [6-5]

ཡོན་ཏན་ལྡན་ཡང་བསྟེན་དྲགས་ན།།
ཕལ་ཆེར་སྐྱོ་བ་སྐྱེ་བ་སྲིད།།
བུར་ཤིང་ཤིན་ཏུ་ཞིམ་པ་ཡང་།།
རྒྱུན་དུ་བསྟེན་ན་ཕལ་ཆེར་འདོར།།

(지혜) 공덕을 갖춘 자에게라도 지나치게 의지했다가는
대부분 싫증 낼 가능성이 있다.
사탕수수가 아주 달아도
계속 먹다 보면 대부분 물리듯이.[6]

197. 過分親近有學者, 多半亦會生厭煩,
　　　如同甘蔗極恬美, 若常食用則厭棄。

198. [6-6]

རང་བཞིན་བཟང་པོ་རྣམས་ལའང་།།
རྒྱུན་དུ་གཙེས་ན་གནོད་སེམས་སྐྱེ།།
ཙནྡན་བསིལ་བ་ཡིན་མོད་ཀྱི།།
བཅུམས་པར་གྱུར་ན་འབར་བར་འགྱུར།།

천성이 착한 사람들이라도
항상 시달리다 보면 악의가 생겨난다.
향나무는 차갑지만[7]
(자꾸) 문지르면 불이 붙듯이.

---

6 4행은 의역했는데, 직역하면 '항상 의지했다간 대부분 포기한다'로 1행, 2행에서 사용
된 가까이 지내다, 의지하다의 뜻을 지닌 '뗀빠(bsten pa, sten pa의 과거형)'가 반복되어
있다. '뗀빠'에는 '약을 복용하다'는 뜻이 있어 '먹는다'로 옮겼다. 대부분을 뜻하는
'펠첼(phal cher)' 또한 반복되어 운율을 맞추고 있다.

7 앞에서 종종 사용된 '뫼끼(mod kyi, ～한다. 그러나)'가 여기서도 쓰이고 있다.

198. 性情盡管善良者, 若常折磨亦生嗔,
     猶如檀香本清涼, 若常磨擦亦燃燒。

199. [6-7]

རྒྱལ་པོ་ཤིན་ཏུ་མང་མོད་ཀྱི།།
ཆོས་བཞིན་སྐྱོང་བ་ཤིན་ཏུ་ཉུང་།།
མཁའ་ལ་སྐར་གནས་མང་ན་ཡང་།།
འོད་གསལ་ཉི་ཟླ་ལྟ་བུ་མེད།།

왕이 아주 많아도[8]
법에 따라 다스리는 (왕은) 아주 적다.
하늘에는 별들이 많아도
해와 달처럼 밝게 빛나는 것은 없다.[9]

199. 天下國王雖衆多, 依法護國極少數,
     天上神仙雖衆多, 無如光明日月輪。

200. [6-8]

གང་ཞིག་གཙོད་པ་བྱེད་ནུས་པ།།
དེ་ཡིས་ཕན་པ་བྱེད་པར་ནུས།།
མགོ་བོ་གཅོད་པར་ནུས་པ་ཡི།།
རྒྱལ་པོ་རྒྱལ་སྲིད་སྐྱིན་པར་ནུས།།

---

8 '뫼끼(mod ky)'가 여기서도 쓰였다.
9 3행, 4행은 의역하였는데 직역하면,

   하늘에는 신들의 처소가 많아도
   밝게 빛나는 해와 달처럼 (빛나는 자리는) 없다.

'신의 처소(하네, lha gnas)'는 천국, 천당이라 『장한사전』에 적혀 있으나, 여기서는
해와 달, 별들이 있는 자리로 보고 이렇게 옮겼다.

어떤 자는 해를 가할 수 있지만

그는 (또한) 이익을 줄 수도 있다.

머리를 자를 수 있는

왕이 왕국을 줄 수 있듯이.

200. 何人能作害人事, 彼者亦有利人力,
　　　如能折砍人頭王, 彼王亦能施國政。

201. [6-9]

ཁྱུན་པོ་བློ་ལྡན་དྲང་པོ་ཡིས།།

རྗེ་དང་འབངས་ཀྱི་དོན་ཀུན་འགྲུབ།།

མདའ་དྲང་མཁས་པས་འཕངས་གྱུར་ན།།

གང་ལ་གཏད་པར་འཕོག་པ་ཡིན།།

지혜와 공정함을[10] 갖춘 신하에 의해서

왕과 백성의 모든 일은 성취된다.

곧은 화살을 명사수가 쏘았으면

어떤 것이든 노렸던 목표물에 명중되듯이.[11]

201. 具慧正直之大臣, 能成君民諸事業,
　　　如同巧者射直箭, 瞄准何處皆中鵠。

---

10 '공정함'으로 옮긴 '당뽀(drang po)'는 정직, 성실의 뜻도 있는데, 〔한역본〕은 '정직'으로 옮겼다. 이 1행은 '지혜와 공정함을 갖춘 신하에 의해서'라고 옮겼지만 문장 구조를 달리 보면 '지혜를 갖춘 신하가 공정하게 (일을 하는 것)으로써'로도 옮길 수 있다. 즉, '지혜를 갖춘'이란 뜻을 지닌 '로덴(blo ldan)'을 신하의 수식어로 볼지, 아니면 하나의 형용사로 보고 공정함과 함께 신하를 수식하는 것으로 볼지에 따라 달라지는데 〔한역본〕과 영역들 모두 동급의 수식어로 보고 있어 이를 따랐다.

11 숙련된 자란 뜻을 지닌 '케빠(mkhas pa)'를 명사수로 보고 3행, 4행의 비유는 의역했다.

202. [6-10]

རྒྱལ་པོ་ཉིད་ཀྱིས་མ་བརྩིས་ན། །
ཐམས་ཅད་མཁྱེན་པའང་བཀུར་མི་འགྱུར། །
སྲོག་གི་དབང་པོས་མ་བཟུང་བའི། །
མི་རོ་བཟང་ཡང་སུ་ཞིག་ལེན། །

왕 스스로 (돌볼) 생각이 없으면
(백성은 물론이고) 전지자(全知者)라도 존경하지 않는다.
삶의 근기가 빠져나간
시체가 아름다워도 누가 가지랴![12]

202. 若王何人不理睬, 全知亦無人尊敬,
　　　如同離開命根時, 屍體再妙有誰取?

203. [6-11]

མང་པོ་གཅིག་ཏུ་བསྒྲི་མ་ཐུན་ན། །
ཉམ་ཆུང་གིས་ཀྱང་དོན་ཆེན་འགྲུབ། །
སྲོག་ཆགས་སྒྲོག་པའི་ཚོགས་འདུས་པས། །
སེང་གེའི་ཕྲུ་གུ་བསད་ཅེས་གྲགས། །

---

12 이 경구에서 '전지자'로 옮긴 '탐쩨 켄빠(thams cad mkhyen pa)'는 붓다의 이명이기도
하다. 〔잠뺄역〕의 경우, 해자(解字)에서는 '전지자'라고 적어두었으나 본문에서는 '하
인(servant)'이라고 적어두었는데 명백한 오역이다. '전지자라도'로 옮길 수 있게 한
'~라도(앙, 'ng)'가 쓰여 있어 일반 백성이 생략된 것으로 보았다. 3행의 '근기'라고
옮긴 '왕뽀(dbang po)'는 5온 18계의 6근(根), 즉 인식 작용을 일으키는 감각 기관을
뜻할 때 주로 사용된다. '빠져나간'이라고 의역한 '중빠(bzung pa)'는 '진빠('dzin pa)'
의 과거형으로, 이 '진빠'는 무언가를 '갖추고 있는', '가지고 있는'을 표현할 때 두루
쓰인다. 영어의 'having' 정도에 해당한다. 3행 '생의 근기가'는 능동형의 주격으로
해석할 수 있는 도구격으로 되어 있다. 다음에 오는 '중빠'의 소유격을 4행에 오는
'시체'를 받는 수식어로 보고 옮겼다.

많은 사람이 하나로 마음을 모으면
약소한 자라도 큰일을 이룬다.
'개미라는 곤충이 무리를 이루어
사자 새끼를 죽인다'는 이야기처럼.

203. 倘若眾人一齊心, 弱者亦能成大事,
　　　如螞蟻曾聚成群, 最後弒殺幼獅也。

204. [6-12]

ཞུམ་བཅས་རྩོལ་བ་དོར་བའི་མི།།
མཐུ་སྟོབས་ལྡན་ཡང་རྒུད་པར་འགྱུར།།
གླང་པོ་ཤིན་ཏུ་སྟོབས་ལྡན་ཡང་།།
གླང་རྫི་ཆུང་དུས་བྲན་བཞིན་འཁོལ།།

용기가 없어서[13] 노력하기를 포기한 사람은
능력을 갖추고 있어도 나약해진다.
코끼리는 매우 큰 힘을 가지고 있어도
작은 코끼리 몰이꾼에게 종복처럼 부림을 당하듯이.[14]

204. 膽怯不肯勤奮者, 雖有强力亦衰敗,
　　　猶如大象力雖大, 牧童役彼使作仆。

---

13 '담력이 약해서'로 옮겨도 되는데 '쑴쩨(zhum bcas)'의 '쑴'은 무기력 혹은 '혼침(昏浸,
　　징와, bying ba)'이라는 뜻도 있다.
14 3행, 4행의 비유에서 4행은 '작은 코끼리 몰이꾼이 종복처럼 부린다'라고 직역할 수
　　있으나 1행, 2행의 비유에 맞게 의역하였다.

205. [6-13]

ང་རྒྱལ་རྩོལ་བ་ཆེར་བསྐྱེད་ན།།
ཆེན་པོ་རྣམས་ཀྱང་ཟིལ་གྱིས་གནོན།།
དུང་དཀར་ཤིན་ཏུ་ལུས་ཆུང་ཡང་།།
ཆུ་སྲིན་ཆེན་པོའི་གཤེད་མ་ཡིན།།

자신감을[15] (가지고) 크게 노력하면
위대한 인물들이라도 극복할 수 있다.
하얀 소라는 몸통이 아주 작아도
큰 악어를 죽이는 자이다.

205. 充滿自信精進者，强者亦能被勝伏，
　　　海螺軀體雖渺小，而能啖食摩羯魚。

206. [6-14]

ཆེན་པོ་ང་རྒྱལ་བྱ་མི་དགོས།།
ངན་པས་ང་རྒྱལ་བྱས་ཅི་ཕན།།
རིན་ཆེན་ཚིག་གིས་བསྒྲག་མི་དགོས།།
མཆིང་བུ་བསྒྲགས་ཀྱང་སུ་ཞིག་གོ།།

위대한 인물은 거만하게[16] 일할 필요 없고
악한 자가 거만하게 일해서 무슨 이득이 있겠는가?
(값진) 보석은 말로 선전할 필요 없고
가짜 보석은[17] 선전해 봐야 누가 사겠는가!

---

15 자신감, 자부심, 자긍심, 긍지로 옮길 수 있는 '나곌(nga rgyal)'의 원어를 해자해보면 '나를 왕과 같이' 혹은 '나를 왕처럼'이란 뜻으로 해석할 수 있다. 그러나 일반적으로 오만, 자만 등 매우 부정적인 의미로 쓰인다.
16 바로 앞 경구에서 '자신감'으로 옮긴 '나곌'이 쓰이고 있다.
17 '가짜 보석'으로 옮긴 '칭부(mching bu)'는 보통 준보석을 가리킨다.

206. 大者無須自傲慢, 劣者傲慢有何用?
　　　眞實不用語誇贊, 假實再誇亦誰買?

207. [6-15]

བདག་ཉིད་ཆེན་པོའི་འབྱོར་བ་རྟག།
སྐྱེ་དངན་ཕུན་ཚོགས་རྒུད་ལ་ཉེ།།
ཉི་མ་རྒྱུན་དུ་འོད་འབྱིན་ཏེ།།
ཟླ་བ་ཉ་བར་གྱུར་ནས་འབྲི།།

위대한 성자의 재물은 항상하고

악한 자의 원만(圓滿)은[18] 악화된다.[19]

해는 항상 빛을 주지만

달은 차면 기운다.[20]

207. 聖者財富能長久, 劣者發財速衰失,
　　　太陽時常放光芒, 月過望日便薄蝕。

208. [6-16]

རྒྱལ་དངན་གོ་འཕང་བསྟོད་དྲགས་ན།།
དེ་ཡི་ཐ་མ་བཀྲག་པའི་རྒྱུ།།
སྟོང་ཁན་ལ་འཕངས་གྱུར་ན།།
ཆག་པ་ཉིད་ལས་གཞན་ཅི་འབྱུང་།།

폭군이 (자기) 지위를 지나치게 (높이) 찬양하면

---

18 원만에 대해서는 앞의 56번 경구의 각주 참조.

19 '악화된다'로 옮긴 '꾸라 네(rgud la nye)'는 아주 보기 힘든 표현이라 의역했는데, 직역하자면 '악화하는 것에(꾸라) 가까워진다(네)' 정도가 된다.

20 '달이 차면 기울다'는 원래의 티벳어 표현은 '다와 냐 강와(zla ba nya gang ba)'이다. 경구에서는 이를 '냐강 다와(nya gang zla ba)'로 표현하는데 원래 보름달, 즉 만월(滿月)이라는 뜻이다.

그것의 마지막은 (자기 지위를) 잃어버리는 원인이 (된다).

계란을 하늘로 던졌으면

(땅으로 떨어져) 그 자체가 부서지지 다른 무엇이 생기겠는가!

208. 國王過越贊地位, 則彼最後將毀滅。
　　　如同雞蛋扔高空, 最後必定摔粉碎。

209. [6-17]

སྐྱེ་བོ་ཕལ་ཆེར་རང་ཉིད་དང་། །
མཐུན་པའི་རིགས་ཀྱིས་གནོད་པ་བསྐྱེལ། །
ཉི་མའི་འོད་ཟེར་ཕར་བ་ན། །
འོད་ཟེར་གཞན་རྣམས་བཀྲག་པར་འགྱུར། །

대부분의 사람은 자기 자신과

비슷한 무리(同類)에게 해를 입는다.

햇살이 비치면

다른 빛들이 사라지듯이.[21]

209. 世上多半士夫衆, 常受同類所損害,
　　　如同陽光普照時, 星宿皆成無蹤影。

210. [6-18]

ཕན་བྱེད་དགྲ་བོ་ཡིན་ཡང་བསྟེན། །
གཉེན་ཡང་གནོད་ན་སྤང་བར་བྱ། །
རྒྱ་མཚོའི་ནོར་བུ་རིན་ཆེན་ཉོ། །
ཁོང་པའི་རུག་ཏུ་སྨྱེན་གྱིས་འབྱིན། །

---

21 바로 앞의 경구 208번에서 '잃어버리는'이라고 옮긴 '락빠(brlag pa)'가 동일하게 사용
　되어 있다.

이익을 준 자라면 적이라도 가깝게 지내고

친구라도 해를 입혔으면 멀어져라.[22]

(먼) 바다의 보석은 (비싼) 가격에도 사지만

(자기 배) 속의[23] 통증은 약으로 들어내듯이.

210. 若利敵人亦接近, 若害親人亦遠離,
　　　海寶雖遠亦購買, 腹疼雖近亦治療。

211. [6-19]

ནང་དུ་ཆུང་ཟད་འབྱོར་གྱུར་ན།།
ཕྱི་རུ་རྗེགས་པའི་རྣམ་འགྱུར་སྟོན།།
ཆུ་ཡིས་ཡོངས་སུ་གང་བའི་ཚེ།།
སྤྲིན་རྣམས་གཡོ་ཞིང་འབྲུག་སྒྲ་སྒྲོག།

(어떤 자는 집) 안에 조금이나마 재물이 쌓이면

밖으로 자만의[24] 면모를 보인다.

물이 완전히 가득 찼을 때

구름은 움직이며 천둥소리를 크게 내듯이.

211. 內有稍微財富時, 便外露出傲慢相,
　　　如同飽含雨水時, 濃雲飄動雷聲響。

---

22 '이익을 준 자'라고 옮긴 '펜제(phan byed)'는 '펜빨 제켄(phan par byed mkhan)'의 약자
　로 '펜제'만 보면 이익을 주는 것, 행하는 것으로 볼 수 있으나 2행에서 반복되는
　'친구라도(녠양, gnyen yang)'와 대구를 이루는 것이 생략되어 있다고 보았다.

23 〔주석서〕 원문에는 '빠(pa)'가 '바(ba)'로 되어 있는데 오자다.

24 앞의 205, 206번 경구에서 자신감과 자만으로 옮긴 '나겔(nga rgyal)'이 때로 긍정적으
　로 쓰이는데 반해서, 여기서 쓰는 '덱빠(gregs pa)'는 항상 부정적인 의미로 자만, 오만
　등을 나타낸다. 다른 역본들도 모두 이에 따라 번역했는데, 만약 '덱빠'가 '나겔'처럼
　긍정적으로 쓰일 수 있다면, 1행, 2행은 '(자신의 몸) 안에 (지혜로) 부자가 된다면
　/ 밖으로 자신감의 면모가 보여진다'라고도 해석할 수 있다. 그러나 '덱빠'의 부정적
　인 의미로 인해 이 해석은 옳지 않다.

212. [6-20]

ཡོན་ཏན་ཀུན་ལྡན་དཀོན་པ་ལྟར།།
ཡོན་ཏན་ཅི་ཡང་མེད་པའང་དཀོན།།
སྐྱོན་དང་ཡོན་ཏན་འདྲེས་པ་ལས།།
ཡོན་ཏན་གཙོ་ཆེ་མཁས་པས་བསྟེན།།

모든 (지혜) 공덕을 갖춘 자 드문 것처럼

아무런 (지혜) 공덕도 없는 자 또한 드물다.

과실(過失)과 (지혜) 공덕이 섞여 있는 것에서

(지혜) 공덕이 (더욱) 중요하니 현자는 (이를) 의지한다.[25]

212. 具足諸德者極少, 無有微德者亦少,
　　　德過混爲一起時, 智者依止多德者。

213. [6-21]

དང་པོ་ཉིད་ནས་དགྲ་བོ་དང་།།
མཛའ་བོ་ཉིད་དུ་ངེས་པ་མེད།།
ཁ་ཟས་མ་བཟན་དུག་ཏུ་འགྱུར།།
དུག་ཀྱང་ཤེས་ན་སྨན་དུ་འགྱུར།།

맨 처음부터 적이거나

친구인 경우는 확실하지 않다.

---

25 이 경구는 문장이 매우 간단한데도 의외로 역본마다 약간씩 해석의 차이가 있다. 〔한역본〕의 4행은 '智者依止多德者'로 〔쾨뢰스역〕도 〔한역본〕처럼 3행, 4행의 '과실과 (지혜) 공덕'을 '과실과 (지혜) 공덕을 가진 자'로 해석하고 있다. 〔주석서〕도 '왼뗀 쪼뽀(yon tan gtso po)'로 보고 해석하고 있는데, '쪼뽀'는 주인공, 수뇌 등 사람과 중요한 일, 중점적인 것 등의 행위를 뜻하지만 여기서는 '쪼와(gtso ba)', 즉 (상대적으로) 중요한 일로 보고 해석했다. 〔잠뺄역〕도 이에 따라 영역하고 있다. 만약 다른 역본에서 4행을 사람으로 보고 해석하려면 3행 또한 같이 바뀌어야 한다. 사꺄 빤디따는 이런 언어의 유희를 위해서 축약했는지도 모르겠다.

음식도 소화되지 않으면 독이 되고

독이라도 지혜롭게 쓰면 약이 된다.

213. 最初尚未了解時, 無法肯定敵或友,
　　　食不消化變爲毒, 認淸毒亦變良藥。

214. [6-22]

གང་ན་ལས་མཐུན་ཡོད་དེར་འབྱོར།།
ལས་ཀྱི་འདུ་འཕྲོ་མེད་དེར་རྒུད།།
ཁྱིམ་དུ་གཟུང་ཡང་མི་ཆགས་པའི།།
ངང་པ་མཚོ་ལས་བསྐྲད་ཀྱང་འཁོར།།

어디라도 업(業)에 부합하면 거기에는 재물이 모인다.

업의 화합이 없는 그것은 쇠약해진다.

집에 잡아두었어도 애착이 없는

백조가 호수에서 쫓겨 왔으나 되돌아가듯이.[26]

214. 何處有緣彼興盛, 若無業緣彼衰退,
　　　野鴨屋中不肯住, 從湖驅彼亦返回。

215. [6-23]

མཁས་རྣམས་རིག་པ་ཡོན་གྱིས་སྐྱོབ།།
བྱུན་པོ་རིག་པ་བསླབས་ཀྱང་སྐྱོང་།།
ཕལ་ཆེར་ན་བར་སྐྱུན་ཟ་ཡང་།།
ལ་ལ་གསོན་པོར་སྦྱིབས་པ་ཡོད།།

---

26 이 경구의 비유에 대한 설명은 〔한역본〕에서만 들어 있는데, 집안에서 편히 지내는
　　것에 애착을 느끼지 못하고 자유스럽게 살던 호수로 되돌아가는 야생 조류에 대한
　　이야기로, 전체적으로 업장에 맞고 맞지 않는 것에 대한 예이다. 그 비유가 명확하게
　　와 닿지 않는다. 비바람이 몰아치는 호수에서 쫓겨온 백조가 편한 집을 버리고 다시
　　돌아가는 경우라 보고 옮겼다.

현자들은 학문을 돈을 주고서라도 배운다.

어리석은 자는 (공짜로) 학문을 가르쳐주어도 피한다.

대부분의 사람은 병에 (걸리면) 약을 먹지만

몇몇은 목숨을 끊으려 한다.[27]

215. 智者花錢求學問, 愚者雖學亦舍棄,
     衆人生病卽服藥, 有人亦會自殺也。

216. [6-24]

རང་དབང་ཐམས་ཅད་བདེ་བ་སྟེ།།
གཞན་དབང་ཐམས་ཅད་སྡུག་བསྔལ་ཡིན།།
ཐུན་མོང་བ་ནི་རྩོད་གཞི་སྟེ།།
དམ་བཅས་པ་ནི་འཆིང་བའི་རྒྱུ།།

모든 자유는 행복이고

모든 부자유는[28] 고통이다.

공통(의 관심사)는 쟁론(爭論)의 근원이고

약속을 하는 것은 속박의 원인이다.

216. 諸有自由卽安樂, 諸無自由卽痛苦,
     共同卽是爭論根, 誓願卽是束縛因。

---

27 '끊으려 한다'라고 옮긴 '쩹빠(lcebs pa)'만으로도 자살하다는 뜻이 있다.

28 원어 '쎈왕(gzhan dbang)'은 원래 수동, 피동의 뜻을 지니고 있는데, 여기서는 1행의
   자유와 반대되는 개념으로 해석하여 '부자유'로 풀었다. 〔한역본〕에서는 무자유로
   적고 있다.

217. [6-25]

ནང་ན་ཡོན་ཏན་ཀུན་ལྡན་ཡང་།།
ཆ་ལུགས་ངན་ན་ཀུན་གྱིས་བརྙས།།
པགས་བྱིའུ་མཁས་ཀྱང་སྒྲོ་མེད་པས།།
འདབ་ཆགས་ཀུན་གྱིས་སྤྱང་ཞེས་གྲགས།།

안에 모든 (지혜) 공덕을 갖추고 있어도
복장이 나쁘면 모두가 깔본다.
'박쥐는 총명하였으나 깃털이 없어
모든 날짐승에게 쫓겨났다'는 이야기처럼.[29]

217. 即使內具諸學問，裝束襤褸受人欺，
      如同蝙蝠有本事，無羽之故被鳥棄。

218. [6-26]

གནས་མིན་ཏུ་ཅང་དྲང་པོ་ཡང་།
རང་གཞན་གཉིས་ཀ་བརྣག་པ་ཡོད།།
མདའ་ཡིས་པ་རོལ་གསོད་པ་འམ།།
ཡང་ན་རང་ཉིད་ཆག་པར་འགྱུར།།

부적절한 자리에서 지나치게 솔직하면
자신과 타인 쌍방에게 손해다.
(곧은) 화살이 다른 쪽을 죽이거나
또는 자기 스스로 부러지듯이.

218. 非應之處若正直，往往毀他亦毀己，
      如同直箭毀他人，或者毀壞自己也。

---

29 새들의 왕을 뽑는 자리에 박쥐가 나타나 지혜로는 이겼으나 외모가 흉해서 추방되었다는 이야기를 예로 들고 있다.

219. [6-27]

ཆར་དང་ཆུ་བོ་རྒྱ་མཚོར་འབབ།།
བློ་དང་རིག་པ་མཁས་ལ་འགྲོ།།
ནོར་དང་སྐྱེ་བོ་རྒྱལ་པོས་སྡུད།།
དྲོ་ཞིང་བརྩན་པར་ནགས་ཚལ་སྐྱེ།།

빗물과 강물은 바다로 흐르고[30]
심(心)과 식(識)은 지혜로 물들고[31]
재물과 사람은 왕에게 모이고
따뜻하고 습한 땅에는 숲이 생겨난다.

219. 雨水江河入大海, 智者方有智慧心,
     國王能集財眷民, 溫濕之處長叢林。

220. [6-28]

དབུར་གྱི་རྒྱ་མིག་ཊ་ཡི་མེ།།
སྤྲིན་བར་ནེ་མ་རྐུ་བ་དེ།།
བློ་དན་རིག་པ་དང་དང་མཇའ།།
དགོས་ཚོ་འབྱུང་བའི་རེས་པ་མེད།།

---

30 '흐르다'로 의역한 '밥('bab)'은 원래 떨어지다, 내리다는 뜻으로 사꺄 빤디따는 빗물을 생각하고 이 동사를 선택한 듯싶다. 〔한역본〕에서는 들어가다(入)를 썼다.

31 '심과 식'으로 옮긴 '로(blo)'와 '릭(rig)', 즉 '로릭(심식, 心識)'은 보통 티벳의 불교 논리학(因明)을 가리키는 단어다. '로'는 정신 혹은 마음 작용을 수식하는데 일반적으로 쓰이고 '릭빠'는 지식, 지혜, 학문 등을 가리킨다. 〔한역본〕은 이를 '로당 릭빠(blo dang rig pa)', 즉 현자를 풀어쓴 것으로 보고 지자(智子)로 번역했으나 문장의 구조상 맞지 않다. 〔잠뻴역〕은 이 둘을 풀어썼다. 티벳 인명에서는 유부의 입장을 따를 때, '심과 의와 식은 동의어다'라고 가르치고 있지만, '비록 비슷한 의미라고는 하나 저장하는 능력을 지닌 마음〔心〕, 분별하는 뜻〔意〕, 그리고 주관과 객관을 상대적으로 평가하는 의식〔識〕을 갖춘 아뢰야식은 ……〔『원측소에 따른 해심밀경』(원측 지음, 지운 역주, 연꽃호수, 2009)의 해제〕'에 미루어 보아 약간의 차이가 있음을 알 수 있다. 말미에 쓰인 동사 '고('go)'에는 물들다는 뜻과 함께 얻는다는 뜻도 있다.

여름의 샘물, 들불,[32]

구름에 (가린) 해와 보름달,

총명하지 못한 자의 지식, 나쁜 친구는

필요할 때 나타날지 확실하지 않다.

220. 夏天泉水燃草火, 雲間太陽十五月,
　　　愚者學問惡劣友, 需時不定能用上。

221. [6-29]

རྒྱན་པོ་སྐྱོ་བ་ཉུང་ན་མཛེས།།
རྒྱལ་པོ་ལྐོག་ཏུ་འདུག་ན་མཛེས།།
རྒྱ་མ་བརྒྱ་ལམ་མཐོང་ན་མཛེས།།
ནོར་ཆེན་དཀོན་ན་རིན་ཐང་ཆེ།།

어리석은 자는 말을 적게 하면 보기 좋고

왕은 심처(沈處)에 머물면 보기 좋고

마술은 가끔[33] 보면 보기 좋고

진귀한 보물은 드물면 값이 비싸다.

221. 愚者少説極爲佳, 國王深居極爲妙,
　　　魔術偶而觀爲奇, 珍寶罕見亦爲貴。

---

32 다른 비유는 이해가 쉬운데, '들불'로 옮긴 '초원에 난 불' 혹은 '풀에 난 불'로 옮긴 '짜이메(rtswa yi me)'가 왜 필요한 것인지 명확하게 이해되지 않는다.

33 각 판본마다 '가끔'이라고 옮긴 '갸람(bgrya lam)'의 어휘가 다른데, '가끔 본다'는 뜻은 속임수를 알기 전에는 신기하다는 뜻인 듯하다. 원어를 해자하면 '백 가지 길'이란 뜻이다(247번 경구 참조). 보통 대로(大路)를 뜻하므로, 즉 '많은 사람이 오가는 곳에서 보면 보기 좋다'로도 해석이 가능하다. 그러나 The Tibetan Translation Tool의 사전에 'rare'라는 뜻이 있어 이에 따랐다. 쾨뢰스는 '먼 거리에서 보면'이라고 해석했다. 〔한역본〕에서는 '보기 좋다(제, mdzes)'를 각기 달리 해석하였으나 여기서는 운조를 살리기 위하여 반복적으로 사용하고 있는 형태를 따랐다.

222. [6-30]

ད་ཅན་ཐུམས་པ་ཆེ་དྲགས་ན།།
ད་ཉིད་འཁོན་པའི་རྒྱུ་རུ་འགྱུར།།
འཇིག་རྟེན་རྩོད་པ་ཕལ་ཆེར་ནི།།
འབྲེལ་བ་ཉིད་ལས་འབྱུང་བ་མང་།།

너무 지나치게 애정을 품으면[34]

그 자체가 원한의 원인이 된다.

세상 대부분의 쟁론은

(인간) 관계 자체에서 발생하는 것이 많다.

222. 倘若過分慈愛者, 亦會變成仇恨因,
     世人衆多之糾紛, 亦從相屬而産生。

223. [6-31]

ཤིན་ཏུ་རྩོད་པ་ཆེན་པོ་ཡང་།།
ལྷག་པར་མཛའ་བའི་རྒྱུར་སྲིད་དེ།།
རྩོད་པ་བྱུང་བའི་མཐར་ཕལ་ཆེར།།
འདུམ་པར་གྱུར་པ་མང་བར་མཐོང་།།

아주 심하게 다투었어도

더욱더 친해지는 이유가 되는 가능성이 있는데

쟁론을 한 끝에 대부분

화해를 하는 (경우를) 많이 보았다.[35]

---

34 '잠빠(byams pa)'를 '애정을 품다'로 옮겼는데, 불경에 자주 등장하는 이 단어는 인자,
   인애, 자비심 등의 뜻으로 많이 쓰인다. 여기서는 세속의 분란의 원인이 된다는 경구
   의 특성상 애정을 품는 것으로 풀었다.

35 앞의 222번 경구의 논쟁과 여기서의 다투다, 논쟁은 모두 같은 '쪼빠(rtsod pa)'가 사용
   되어 있는데, 이 단어는 주로 말로 다투는 것을 뜻하지 물리적인 충돌을 뜻하지 않는다.

223. 卽使激烈之爭論, 亦會變成友愛因,
　　　常見爭論之結局, 多以和解而告終。

224. [6-32]

སེར་སྣ་ཅན་གྱི་ནོར་རྣམས་དང་།།
ཕྲག་དོག་ཅན་གྱི་གྲོགས་པོ་དང་།།
བློ་ངན་གྱི་ནི་རིག་པ་རྣམས།།
ཡོད་ཀྱང་དགའ་བ་སྐྱེད་མི་ནུས།།

인색한 자의 제물들과

질투하는 자의 우정과[36]

악한 자의 지식은

있어 봐야 기쁨이 생겨날 수 없다.

224. 慳吝富人之財物, 嫉妒心重之友伴,
　　　卑劣惡人之理智, 彼等不會令人喜。

225. [6-33]

བཀྲམ་ཆགས་ཅན་ནི་ནོར་གྱིས་དགའ།།
ང་རྒྱལ་ཅན་ནི་བསྟོད་པས་མགུ།།
བླུན་པོ་རང་དང་མཐུན་པས་དགའ།།
དམ་པ་བདེན་པར་སྨྲས་པས་མགུ།།

탐욕스런 자는 재물로 기뻐하고

오만한 자는 (남의) 칭찬으로 만족하고

어리석은 자는 자신과 같은 부류로 기뻐하고

---

36 2행의 문법적 구조를 의역하면 '질투하는 친구'인데 이럴 경우 질투하는 자가 문제가
　된다. 대구를 맞추기 위해서 소유격인 '기(gyi)'를 수식을 위한 것으로 보지 않고, 친구
　를 우정으로 바꾸었다. 〔잠뻴역〕은 '질투하는 친구'로 보고 있다.

성자는 진리를 말하는 것으로 만족한다.[37]

225. 貪者得財卽歡喜, 慢者誇獎卽歡喜,
　　　愚者同行卽歡喜, 正士講實卽歡喜

226. [6-34]

སྐྱེ་བོ་ངན་པའི་ཡོན་ཏན་དང་།།
སྨྲ་སྒྲོ་བས་ཞན་པའི་རིག་པ་དང་།།
རྗེ་དཔོན་ངན་པའི་བཀའ་དྲིན་རྣམས།།
གཞན་ལ་ཕན་པའི་གོ་སྐབས་དཀའ།།

악한 자의 (지혜) 공덕과

말재주가 부족한 자의 지식과

폭군의 은혜들은

다른 (사람들)에게 혜택의 기회를 (주기) 어렵다.

226. 卑劣惡人之學問, 膽怯士夫之理智,
　　　橫暴長官之恩惠, 彼等難以利他人。

227. [6-35]

གང་ལ་ནོར་ཡོད་སྐྱ་བ་མཛེས།།
ནོར་མེད་སྐྲ་བ་བདེན་ཡང་སྤོངས།།
མ་ལ་ཡ་ལས་བྱུང་གྱུར་ན།།
སྤོང་དུམ་ཕལ་ལའང་རིན་ཐང་ཆེ།།

누구에게나 재산 있는 자의 말은 아름답다.

재산이 없으면 진리(의 말)이라도 방치한다.

---

37 1행, 3행에 '기뻐하다(가, dga')'가 2행, 4행에 '만족하다(구, mgu)'가 쓰여 있다.〔한역
　　본〕에서는 기뻐하다〔喜〕로 통일되어 있다.

향산(香山)에서[38] 생산되었으면

(향나무가 아닌) 나무 조각이라도 값이 비싸다.

227. 有財人語皆入耳, 無財講實亦不聞,
　　　如同産自瑪拉雅, 卽使朽木亦貴重。

228. [6-36]

སྨྲ་མང་ཉེས་པ་འབྱིན་པའི་རྒྱུ།།
མི་སྨྲ་ཉེས་པ་སྤོང་བའི་གཞི།།
ནེ་ཙོ་སྨྲ་བས་གཟེབ་ཏུ་ཚུད།།
འདབ་ཆགས་སྨྲགས་པ་བདེ་བར་རྒྱུ།།

말이 많음은 실수를 저지르는 원인이다.

말이 없음은 실수를 피하는 근본이다.[39]

앵무새는 말로 인해서 새장에 갇혔지만

(다른) 날짐승들은 벙어리 (같지만) 행복하게 날아다닌다.[40]

228. 多語卽是過患因, 少語卽是除過根,
　　　解語鸚鵡進籠中, 喑啞飛禽均自由。

---

38 '향산'으로 옮긴 '마라야(ma la ya)'는 남인도에 위치한 산 이름으로 주요 생산품은
　　향나무다. 31번 경구의 비유에도 등장한다.

39 티벳어 원문은 '말이 많다(먀망, smra mang)'와 '말이 없다(미먀, mi smra)'가 명확히
　　대구를 이루고 있는데, '말이 없으면'으로 풀면 '말이 없으면 실수를 멀리하는 근본이
　　된다'로 옮길 수 있다. 대구를 이루기 위해 '말없음'으로 풀었다. [한역본]에서는 다
　　어(多語), 소어(小語)로 대구를 이루고 있다.

40 1행, 4행에서 '규(rgyu)'가 쓰였는데, 1행은 원인을 뜻하는 명사이고 4행의 동사 '뀨와
　　(rkyu ba)'의 축약으로 움직이다, 오간다, 날아다니다는 뜻이다. 이 동사를 줄여서 사
　　꺄 빤디따는 동음이어의 묘미를 살리고 있다.

229. [6-37]

མི་གང་དགྲ་ལ་གཡོ་མེད་པས།།
རྣམ་པ་ཀུན་ཏུ་ཕན་བཏགས་ན།།
དགྲ་ཡང་དེ་ལ་གཡོ་མེད་པས།།
འདུད་པ་དངོས་པོའི་ཆེ་བ་ཡིན།།

어떤 사람이 적을 속이지 않고

항상 은혜를 베풀었으면

적 또한 그를 속임 없이

존경하니 (이는) 진실의 위대함이다.

229. 何人若於怨敵前, 經常無欺而饒益,
　　　則敵亦會如是敬, 此乃諸法之規律。

230. [6-38]

སྟོབས་བྲལ་མི་ཡིས་ཁྲོས་ཅི་ཕན།།
སྟོབས་ལྡན་དོན་ལ་ཁྲོ་ཅི་དགོས།།
དེས་ན་བྱ་བ་སྒྲུབ་པ་ལ།།
ཁྲོ་བ་དོན་མེད་རང་ཉིག་ཡིན།།

힘이 없는 자가 성냄으로 무슨 이득이 (있겠는가)?

힘을 갖춘 자의 일에 성냄이 무슨 필요가 (있겠는가)?[41]

그러므로 일을 성취하는데

성냄이란 의미 없고 자신만 불태운다.

230. 弱者發怒有何用? 强者爲何起嗔恚?
　　　是故爲辨事務時, 若生嗔恨卽自焚。

---

41 의문문, 감탄문을 나타내는 '찌(ci)'가 사용되고 있다.

231. [6-39]

སྦྱིན་པས་བསྡུས་ན་དགྲ་ཡང་འདུ།།
སྦྱིན་མེད་གཉེན་ཡང་རིང་དུ་སྤྲོང་།།
བ་ཡི་འོ་མ་ཟད་པ་ན།།
བེའུ་བཟུང་ཡང་འཚོར་བར་འགྱུར།།

베풀어서 (사람들이) 몰려들면 적이라도 모이(지만)[42]
베풀지 않으면 친구라도 스스로 피한다.
암소의 젖이 끊기면
송아지는 붙잡아도 도망친다.

231. 有施敵人亦自聚, 無施親人亦遠離,
　　猶如母牛盡乳時, 雖持牛犢亦離開。

232. [6-40]

བྱ་བ་འགའ་ལ་མཁས་པ་ཡིས།།
གཞན་དག་ཤེས་པའི་ངེས་པ་མེད།།
ཆུ་ལས་འོ་མ་འབྱེད་ཤེས་པའི།།
ངང་པས་གཟུགས་བརྙན་ཟས་སུ་སྐྱོམ།།

어떤 일에 능통한 자가
다른 일들도 잘 안다는 확신은 없다.[43]
물에서 우유를 분리하는 것을 잘 아는
백조가 (물에) 비친 (자기) 몸을 먹이라고 생각하듯이.[44]

---

42 '모이다'라는 뜻을 지닌 동사 '두빠('dud pa)'의 과거형 '두빠(bsdud pa)'와 '두('du)'가
　같이 쓰이고 있다.

43 '능통한 자'라고 옮긴 '케빠(mkhas pa)'는 앞에서도 수차례 다루었던 현자인데 전문가
　라는 뜻도 있다. 문장의 구조에 맞게 풀어 썼다. '잘 안다'라고 풀어 쓴 '셰빠(shes
　pa)'는 보통 지혜를 뜻한다.

44 보통 오리가 물에서 우유를 분리하는 재주가 있다고 하나 여기서는 '백조(낭와, ngang
　ba)'가 쓰였다. 인도에서 전래된 이야기다.

232. 卽使精通某些事, 不定了知餘一切,
　　　如鵝雖能辨水乳, 仍自身影爲食物。

233. [6-41]

རྟག་ཏུ་བྱམས་པས་སྐྱོང་བ་ཡི། །
རྗེ་བོས་བྲན་གཡོག་རྙེད་པ་སྟེ། །
པདྨའི་མཚོ་ལ་ངང་པ་དག །
མ་བསྐུལ་པར་ཡང་རང་ཉིད་འདུ། །

항상 사랑으로 돌보는
주인은 하인을 얻기 쉽다.
연꽃이 (핀) 호수에는 백조들이
(일부러) 불러 모으지 않아도 자기 스스로 모이듯이.

233. 主人經常愛護人, 則彼易得自眷仆,
　　　如於蓮花盛開湖, 水鴨亦會自然聚。

234. [6-42]

ལོངས་སྤྱོད་ལྡན་པས་སྤྱོད་པ་དང་། །
མཁས་པར་གྱུར་ནས་དུལ་བ་དང་། །
ཆེན་པོས་དམན་པ་ལེགས་སྐྱོང་བ། །
གསུམ་པོ་གཞན་བདེ་རང་ལ་ཕན། །

재물을 갖춘 자가 (적절하게) 행동하고
지혜롭게 된 자가 (더욱더) 수련하고[45]
위대한 인물이 하찮은 자(들)을 잘 보살피는
(이) 세 가지는 다른 (사람에게는) 행복이고 자신에게는 이익이다.

---

45 앞에서도 반복된 동사인 '쬐빠(spyod pa, 행동하다, 수행하다)'와 '둘와(dul ba, 수련하
　다, 훈련하다, 수행하다)'가 여기서도 쓰였다.

234. 富人廣施自享受, 學者溫雅又善良,
　　　大者愛護卑劣衆, 此三利他亦益己。

235. [6-43]

བསོད་ནམས་ཤུགས་ཀྱིས་དོན་བསྒྲུབ་པ།།
ཉི་མའི་འོད་བཞིན་གཞོས་པ་མེད།།
འབད་པའི་ཤུགས་ཀྱིས་དོན་བསྒྲུབ་པ།།
མར་མེའི་འོད་བཞིན་ཀུན་ལ་ལྟོས།།

복덕의 힘〔福力〕에 의한 일의 성취는

햇빛이 다른 것에 의지하지 않음과 (같고)

노력의 힘에 의한 일의 성취는

등잔의 불빛이 다른 모든 것들에 의지하는 것과 (같다).[46]

235. 若依福德成諸事, 如同陽光不依餘,
　　　若依精勤成事業, 如同燈光仍依餘。

236. [6-44]

ཆེན་པོ་རྣམས་ལ་བརྟེན་བཅས་ན།།
དམན་པ་རྣམས་ཀྱང་ཆེན་པོ་ཐོབ།།
སྤྲིན་ཤིང་ཆེ་ལ་བསྙེན་པ་ཡི།།
འབྲོ་ཤིང་རྩེ་མོར་ཕྱིན་ལ་ལྟོས།།

위대한 인물들에게 의지하면

하찮은 자들도 큰(일)을 달성한다.

큰 나무에 의지한

---

46 등잔불이 기름, 심지, 바람 등에 의존하듯이 노력에 의한 성취도 이와 같다는 뜻이다.

덩굴이 나무 꼭대기까지 (기어올라) 가는 것을 보라.[47]

236. 倘若依止高尚士, 劣者亦會得高位,
     如同藤蔓依大樹, 一直盤繞於樹頂。

237. [6-45]

ཡོན་ཏན་ལྡན་ལ་སྐྱོན་ཡོད་ཀྱང་།།
ཡོན་ཏན་དགའ་རྣམས་ཉེ་བར་བསྟེན།།
ཆར་གྱིས་ཁར་ལ་གནོད་ན་ཡང་།།
འཇིག་རྟེན་པ་རྣམས་དགའ་བ་སྐྱེད།།

(지혜) 공덕을 갖춘 자에게 과실(過失)이 있어도

(지혜) 공덕을 좋아하는 자들은 가까이 머문다.[48]

(가뭄 끝에 내린) 비가 집에[49] 해를 입혀도

세상 사람들에게는 기쁨이 생겨난다.

237. 有學之士雖有過, 愛學之人尚依止,
     如同雨水雖害屋, 世間之人令生喜。

---

47 이 경구에서 '보라!'고 명령형으로 적힌 '뙤〔stos, 현재형 따와(lta ba)〕'는 바로 앞의 235번 경구에서 '의지하다'의 '뙤'와 같은 음이다. 사꺄 빤디따는 이 두 다른 뜻을 지닌 동음이어를 적절하게 사용하고 있다. 4행의 '가는 것'이라고 옮겼는데 원문에는 과거형으로 되어 있다.

48 '가까이 머문다'로 의역한 '네발 뗀(nye bar bsten)'의 '네발'에는 '가까이'란 뜻이 있으며 '뗀(덴, 현재형은 뗀빠, sten pa)' 또한 가까이 머물다, 의지하다, 친근하다 등의 뜻이 있다.

49 '집'이라고 옮긴 '칼(khar)'은 보통 왕성, 성채를 뜻한다. 원래대로 해자하면 왕궁 같은 큰 집에 비가 샐 정도로 가뭄 끝에 큰 비가 내렸다는 뜻이다.

238. [6-46]

ཡོན་ཏན་མེད་ན་ཆ་ལུགས་ཀྱིས།།
མཁས་རྣམས་དགའ་བ་བསྐྱེད་མི་ནུས།།
རྟ་མཆོག་འགྲོས་དང་མི་ལྡན་ན།།
ཤིན་ཏུ་བརྗིད་ཡང་རིན་ཐང་ཆུང་།།

(지혜) 공덕이 없으면 복장이 좋아도
현자들에게 기쁨이 생겨나게 할 수 없다.
준마(駿馬)라도 보법(步法)을 갖추지 못하면
아주 보기 좋아도[50] 값이 싸듯이.

238. 若無學問憑裝束, 智者不能生歡喜,
  如同駿馬不奔馳, 雖美亦爲無價值。

239. [6-47]

ནོར་ལྡན་བླུན་པོའི་ནང་ན་མང་།།
དཔའ་བོ་གཅན་གཟན་ཁྲོད་ན་མོད།།
ལེགས་བཤད་མཁས་པའི་ཁྲོད་འབྱིན་པ།།
དམ་པ་འཇིག་རྟེན་འདི་ན་དཀོན།།

재물을 갖춘 자는 어리석은 자 가운데 많고
용감한 것은 맹수들 사이에서 많지만[51]
선설(善說)은 (오직) 현자들 사이에서만 나오고

---

50 '보기 좋다'로 의역한 형용사 '링(brling)'은 원래 침착하다, 안정되다, 확고하다 등의
  뜻이 있는데, 1행, 2행의 비유에 맞게 고쳤다. 보법을 갖추지 못했기 때문에 서 있을
  때만 보기 좋다는 뜻이다.
51 '~하지만 그러나'의 '뫼(mod)'가 쓰였다.

성자는 이 세상에서 드물다.[52]

239. 愚者當中富翁多, 猛獸群中有英雄,
　　　世上學者正士中, 能出格言極罕見。

240. [6-48]

གང་དང་གང་ལ་དེ་ཡོད་པ།།
དེ་ཡིས་དེ་ཡི་གྲགས་པ་ཐོབ།།
མཁས་པའི་གྲགས་པ་མཁས་པ་དང་།།
དཔའ་བོས་དཔའ་བོ་ཐོས་པ་བཞིན།།

누구든지 그가 가지고 있는 것
(바로) 그것에 의해 그의 명성은 얻어진다.
현자의 명성은 지혜로 그리고
용사는 (그 명성을) 용맹함으로 듣는 것처럼.[53]

---

52 이 3행, 4행에 대해서는 역자들마다 의견이 분분하다. 원어의 드러내다, 주장하다,
보여주다, 주다라는 뜻을 지닌 '진빠('byin pa, 〔주석서〕)'가 4행을 수식하기 위한 소유
격인 '진빼('byin pa'i, 〔잠뺄역〕)'로 쓰여 있기도 하다. 여기서는 〔주석서〕에 따라 3행,
4행을 각자의 문장으로 보고 옮겼다. '세상의 학자(현자)의 정사(성자) 가운데'로 본
〔한역본〕은 후자에 따라 하나의 문장으로 번역하였는데, 이 구조에 따라 거칠게 직역
하면,

선설, 현자들 가운데서 (이를) 드러내는
성자는 이 세상에 (더욱) 드물다.

문장의 전체 구조를 보면, 1행, 2행은 많고 3행, 4행은 드문 경우로 대구를 이루고
있다.

53 '용사'라고 옮긴 '빠뽀(dpa' po)'를 〔한역본〕에서는 영웅으로 쓰고 있다. 이 경구는
전체가 반복되는 운율이 사용되어 있는데, '그, 그것의, 그의'에 '데(de)'라는 지시대명
사가 반복적으로, 그리고 '현자의 명성은 지혜'라고 옮긴 '케빠 닥빠 케빠(mkhas pa'i
grags pa mkhas pa)'로, '용사의 (그 명성은) 용감함'을 뜻하는 '빠뾔 빠뽀(dpa' bos dpa'
po)' 또한 반복적으로 사용되어 있다. 4행의 '듣다(퇴빠, thos pa)'는 각 판본들의 원문
이 모두 동일하지만 2행의 '얻다(톱빠, thob pa)'로 보아도 좋을 듯하다.

240. 何人具有何本領, 彼人亦聞彼聲譽,
　　　學者能聞智者名, 英雄能聞英勇名。

241. [6-49]

ཅན་པོ་རྣམས་ཀྱིས་མ་ཆོད་བྱ་བ།།
དམན་པ་རྣམས་ཀྱིས་བརྙས་པར་འགྱུར།།
དབང་ཕྱུག་ཆེན་པོའི་སྤྱི་བོའི་ཀྲུན།།
ཀླུ་བ་ལྷ་མིན་ཟས་སུ་བྱེད།།

위대한 인물들이 공경하는 일을
하찮은 자들은 업신여긴다.
위대한 시바〔大自在天〕의 왕관을 장식하는
달을 아수라가 음식으로 삼키듯이.[54]

241. 諸大能人行供時, 劣者對此會輕蔑,
　　　如同自在天頂飾, 卻被非天所食也。

242. [6-50]

རིག་པ་སྐྱེགས་བམ་ནང་ལུས་དང་།།
མ་བསྒྲུབས་པ་ཡི་གནང་སྲུགས་དང་།།
བརྗེད་ངེས་ཅན་གྱི་བསྒྲུབས་པ་རྣམས།།
དགོས་པའི་ཆེ་ན་བསྒྲུ་བ་མང་།།

---

54 ‘왕축첸뽀(dbang phyug chen po)’는 힌두교의 시바신을 가리키는데, 한문으로는 대자
　재천(大自在天)이라고 한다. 〔잠뺄역〕은 원어를 직역하여 ‘Maheśvara’라고 했는데, 풀
　어보면 ‘위대한 (인격)신’ 정도 된다. ‘하민(lha ming)’은 마(魔), 즉 아수라인데 비천
　(非天)으로 불린다. 불교의 세계관에서 비천은 천(天), 즉 신과 동일한 능력을 지니고
　있으나 신에 대한 질투, 경쟁심을 가진 육도 중생 중 인간 위에 위치한 존재로 묘사되
　고 있다. ‘삼키다’로 옮긴 ‘제수제(zas su byad)’는 ‘먹는 것을 하다’는 뜻이다.

지식이 책 안에만 남아 있는 것과

성취하지 못한 밀주(密呪)와

건망증 환자의[55] 배움 등은

필요할 때 속이는 (경우가) 많다.

242. 書卷當中之學問, 尙未修成之密呪,
　　　健忘者之學處等, 需用之時常誘人。

243. [6-51]

བློ་ལྡན་ནོར་གྱིས་འཕེལ་ན་ཡང་།།
ལེ་ལོ་ཅན་ལ་མཐོན་པོ་དཀའ།།
རྭ་བ་ཐོག་མར་སྐྱེས་ན་ཡང་།།
ར་ཅོ་མཐོ་བར་མ་མཐོང་ངམ།།

지혜와 재물로 흥성해도[56]

게으른 자가 더 높아지기는 어렵다.[57]

(뿔 달린 짐승의) 귀가 처음 태어날 때는 (높이) 있어도

뿔이 더 높아지는 것을 보지 못하였는가?

243. 縱有智慧具財富, 懶漢難以得高位,
　　　如耳雖是先長出, 豈能高超角頂矣?

---

55 〔주석서〕의 '낭(ngang)'은 '넹(ngeng)'의 오자라 고쳤다.

56 '지혜'로 옮긴 '로덴(blo ldan)'은 원래 '지혜를 갖춘 자, 총명한 자'로 〔한역본〕에서는
　　유지혜(有智慧)라고 되어 있으나 여기서는 '로당(blo dang)', 즉 '지혜와'가 더 정확하
　　다고 보인다. 즉 '지혜와 재물로'라는 뜻이다. '흥성하다'로 옮긴 '쬘('byor)'의 명사형
　　은 '쬘빠('byor pa)'로 재산, 재물, 재부, 산물이란 뜻과 원만, 흥성 등의 뜻이 있는데
　　여기서는 후자를 따랐다. '쬘('byor ba)'의 경우는 동사로 도착하다, 이르다는 뜻이다.

57 의역인데, 직역의 경우 '게으른 자를 더 높이기는 어렵다' 정도 된다.

244. [6-52]

ཁྱི་ཕག་རྣམས་ལ་དྲི་ཞིམ་དང་།།
དམུས་ལོང་བ་ལ་སྒྲོན་མེ་དང་།།
མ་བཞུ་བ་ལ་ཁ་ཟས་དང་།།
བླུན་པོ་རྣམས་ལ་ཆོས་ཅི་དགོས།།

개 돼지에게 달콤한 냄새와

맹인에게 등불과

소화 불량자에게 (좋은) 음식과

어리석은 자들에게 법(法)이 무슨 필요가 (있으랴)!

244. 豬狗香味有何用? 盲人燈火有何用?
　　　停食者食有何用?愚者正法有何用?

245. [6-53]

ཡོན་ཏན་ཅན་དང་གསེར་བཟང་པོ།།
གཡུལ་ངོར་དཔའ་དང་རྟ་བཟང་པོ།།
སྨན་པ་མཁས་དང་རྒྱན་བཟང་པོ།།
གང་དུ་ཕྱིན་པ་དེ་རུ་བསྔིན།།

(지혜) 공덕을 갖춘 자와 순금

전쟁터의 용사와 좋은 말

명의(名醫)와 좋은 장식품은[58]

어디를 가나[59] 언제든지 (잘) 팔린다.

---

58 '좋은 말'과 '좋은 장식품'에 '장뽀(bzang po)'가 반복적으로 사용되었는데, 앞에서 '준마'로 옮긴 '따촉(rta mchog)'과 '따 장뽀(rtag bzang po)'를 구별하고 장식품과 운율을 통일하기 위해 직역하였다.

59 원문에는 가다의 과거형인 '친빠(phyin pa)'가 쓰였다.

245. 深慧學者純黃金, 沙場英雄勝駿馬,
　　　善巧醫師妙飾品, 赴於何處受歡迎

246. [6-54]

བློ་དང་བརྩོན་འགྲུས་ཡོད་གྱུར་པ།།
དེ་ཡིས་བསྒྲུབ་པར་མི་ནུས་གང་།།
དགྲ་ངན་དཔུང་ཚོགས་བཅུ་གཉིས་པོ།།
སྒྱུ་བསིང་བུ་ཡིས་བཙོམ་ཞེས་ཐོས།།

지혜와 노력을 갖춘 자[60]

그가 성취하지 못할 일이 무엇이랴?

‘나쁜 적들의 열두 군대를

빤다바(Pāṇḍava) 형제들이 격퇴했다’고 들었다.[61]

246. 若有智慧精進者, 則彼怎不成諸事?
　　　如班圖子曾消滅, 十二兵隊俱盧族。

247. [6-55]

ཕལ་ཆེར་བུ་ཚའི་སྤྱོད་པ་ནི།།
རིགས་རྒྱུད་སྔ་མའི་རྗེས་སུ་འབྲང་།།
ཁྲུག་སྤུ་གུ་བྱིའུ་ཁ་རུ།།
འགྲོ་བ་བརྒྱ་ལས་སྤྱོད་པ་ཚམ།།

대부분 아이의 행위는

이어져 온 가문의 (법도를) 따른다.

뻐꾸기 새끼가 매의

---

60 ‘노력을 갖춘 자’로 옮긴 ‘쬔뒤 외 귤빠(brtson ’grus yod gyur pa)’는 7자 1행을 맞추기
　　위해 쓰였다. ‘쬔외(brtson yod)’만 써도 충분하다.

61 인도의 영원한 대서사시 『마하바라따』에서 따온 이야기다.

오가는 백 가지 길을[62] (배울) 가능성은 매우 적다.

247. 所有兒孫之行爲, 皆爲跟隨前祖輩,
　　　如小杜鵑隨鶡子, 此乃卽是少見也。

248. [6-56]

རི་དང་ཆུ་བོ་གླང་པོ་རྟ།།
ཤིང་དང་འོད་ཟེར་ནོར་བུ་རྡོ།།
སྐྱེས་པ་བུད་མེད་རིགས་གཅིག་ཀྱང་།།
མཆོག་དང་དམན་པའི་ཁྱད་པར་ཡོད།།

산과 강, 코끼리, 말,
나무와 빛, 진귀한 보석,[63]
남, 여 등은 같은 종류라도
빼어난 것과 미천한 것의 차이가 있다.

248. 山嶽河水大象馬, 樹木光耀珍寶石,
　　　男漢以及婦女等, 雖是同類異勝劣。

249. [6-57]

བསོད་ནམས་ལྡན་པའི་ཆིག་ཚམ་ཡང་།།
ཉམ་ཆུང་རྣམས་ཀྱིས་བཟོད་པར་དཀའ།།
གོ་ཁའི་རྒྱལ་པོའི་ཆིག་ཚམ་ཀྱིས།།
རྒྱ་མཚོའི་རྒྱལ་པོ་བཅིངས་ཞེས་གྲགས།།

---

62 '백 가지 길'로 직역한 '갸람(brgya lam)'에 대해서는 앞의 220번 경구 참조. 길(람, lam)은 방위, 방향의 뜻도 있다.

63 〔한역본〕에서 진보석(珍寶石)이라고 번역한 '놀부 도(nor bu rdo)'는 직역하면 다이아몬드 (같은) 보석이 된다.

복덕을 갖춘 자의 한마디 말이라도[64]
약소한 자들은 견디기 어렵다.
'가우다(Gauḍa) 왕의 한마디 말이
바다의 왕을 속박했다'는 이야기처럼.[65]

249. 有福之人說一句, 弱者對此亦難當,
　　　如同果箚王一言, 加措國王被束縛。

250. [6-58]

བྱ་བ་འབད་ནས་ཀུན་བསྒྲུབས་ཀྱང་།།
འགྲུབ་པ་བསོད་ནམས་ཕྱགས་ལ་རག།
ཚོང་པས་རྒྱ་མཚོར་མ་རྙེད་པའི།།
ནོར་བུ་རྒྱལ་པོའི་མཛོད་ན་སྤྱོད།།

일을 (애써) 노력하면 모두 성취할 수 있어도
성공한 일은 (대부분) 복덕의 힘〔福力〕에 의지한다.[66]
상인이 바다에서 찾지 못한
보석이 왕의 (보물) 창고에 놓여 있듯이.[67]

250. 雖勤承辦一切事, 眞得成功靠福份,
　　　猶如商人入海中, 未得之寶在王庫。

---

64 '한 마디 말'은 '칙짬(tshig tsam)'을 의역한 것으로, 직역하면 조금, 미세한, 약간의,
개략적인 말이라는 뜻이다.
65 이 이야기는 동인도의 왕 라마빠라(Ramapāla)가 섬을 공격하기 위해서 '바다를 둘러
쌓으라!'는 명령을 내리자 바다가 묶였다는 이야기에서 비롯되었다. 〔주석서〕와 〔잠
뺄역〕, 그리고 〔한역본〕에 자세한 설명이 나와 있다.
66 '의지한다'로 옮긴 '락(rag)'은 '락레빠(rag las pa)'의 줄임이다. 일반적으로 '락'은 감
각의 촉(觸), 즉 만지는 것, 만져서 얻는 것을 뜻한다.
67 '놓여 있다'로 표현한 '쬐빠(spyod pa)'는 수행, 일, 행위, 이용, 수용 등 다양하게 쓰이
고 있는데, 여기서는 〔한역본〕에 따라 놓여 있다〔在〕로 보았다. 이 경구에서도 사꺄
빤디따는 복업의 중요성을 강조하고 있다.

251. [6-59]

བློན་པོའི་བྱམས་སྡང་རྟགས་ཀྱིས་གོ།
སྨྲེན་པོའི་བྱམས་སྡང་ལོག་པར་སྟོན།།
ཁྱི་རྒན་འཛུམ་ན་རྣུག་རྟགས་ཏེ།།
གཤིན་རྗེ་འཛུམ་ན་གསོད་པའི་རྟགས།།

어리석은 자의 애증은 그 모습〔相〕으로 알 수 있고

능숙한 자의 애증은 그 반대로 보인다.

개가 짖으면 물려는 모습이지만

사신(死神)이 웃으면 죽이려는 모습이듯.[68]

251. 愚者愛憎易推知, 智者愛憎卻相反,
　　　老狗微笑知彼欣, 閻王微笑卽殺衆。

252. [6-60]

ནོར་གྱི་མཆོག་ནི་སྦྱིན་པ་སྟེ།།
བདེ་བའི་མཆོག་ནི་སེམས་སྐྱིད་པ།།
རྒྱན་གྱི་མཆོག་ནི་ཐོས་པ་སྟེ།།
གྲོགས་པོའི་མཆོག་ནི་མི་བསླུ་བའོ།།

재물의 최고는 곧 베풂이고

행복의 최고는 곧 마음의 편함이고

---

68 직역하였는데 '모습'이라고 옮긴 '딱(rtags)'은 형상, 부호, 기호 등의 뜻이 있으며 앞에
서 상징, 징표 등으로 옮겼다. 보통 티벳 불교 개념에서 여러 가지 개념 자체가 형성되
게 하는 그 모양의 원인〔因〕을 가리킬 때 붙여 쓴다. 산스끄리뜨어의 '링가(liṅga)'에
해당하고 이는 상(相), 형(形), 형상, 본상, 면모 등을 뜻한다. 3행, 4행의 '짓다'와
'웃다'는 같은 '줌빠('dzum pa)'가 쓰였는데, 개가 웃는 것을 짓는 것으로 바꾸었다.
원문의 늙은 개(치겐, khyi rgan)가 보통의 개를 의미하는 것에 대해서는 117번 경구
의 각주 참조. 야마(yama)는 '쉰제(gshin rje)'인데, 〔한역본〕에는 염왕(閻王)으로 되
어 있고, 『장한사전』에는 사주(死主)로 나와 있다.

장식의 최고는 곧 배움이고
친구의 최고는 곧 속이지 않는 자이다.[69]

252. 最勝財物卽施舍, 最勝安樂心舒暢,
　　　最勝裝飾聞正法, 最勝之友誠實者。

253. [6-61]

རོར་གྱིས་མ་གདུངས་སུ་ཞིག་ཡོད།།
ཐག་ཏུ་བདེ་བར་བསྡད་པ་སུ།།
བདེ་དང་སྡུག་བསྔལ་ཐམས་ཅད་ཀྱང་།།
དབྱར་དགུན་བཞིན་དུ་བརྗེ་བར་འགྱུར།།

재물로 말미암아 힘들어하지 않은 자 누가 있으랴?
항상 행복하게 사는 자 누구랴?
모든 행복과 고통은
여름과 겨울처럼 서로 바뀐다.

253. 誰人不爲財所苦? 誰人永時住安閑?
　　　一切安樂及痛苦, 如同冬夏而循環。

---

69 소유격이 '~의'가 명확하게 적혀 있어 문장의 구조에 맞추어 직역하였는데, 의역하
　면 다음과 같다.

　최고의 재산은 곧 베풂이요
　최고의 기쁨은 곧 안락이요
　최고의 장식은 곧 배움이요
　최고의 친구는 곧 속이지 않는 자이다.

　이 소유격이 수식어로 쓰이는 용법을 우리말로 옮기는 것에 대해서는 좀 더 고민이
　필요하다.

254. [6-62]

ཉམ་ཆུང་རྣམས་ཀྱིས་ཆེན་པོའི་མིང་།།
བཟུང་བ་ཙམ་ལ་གཞན་གྱིས་བསྲུང་།།
སོར་མོའི་ཕྲེང་བའི་མིང་བཟུང་བས།།
ལོག་འདྲེན་ཕལ་གྱིས་བསྲུང་བར་བཤད།།

약소한 자들이 위대한 인물의 이름

다만 (그것만) 붙잡고 있어도 다른 것(들)에게 보호받는다.

앙구리말라(Aṅgulimāla, 指鬘)의 이름만 붙잡아도

어지간한 악마(들)에게 보호받는다고 전해지듯이.[70]

254. 弱者僅提强者名, 他人亦會守護彼,
　　　如人唯說指鬘名, 衆多邪魔保護之。

255. [6-63]

སེམས་ཅན་གང་དང་གང་འབྲེལ་བ།།
བྱ་བ་སྔོན་གྱི་ལས་ཀྱིས་བྱེད།།
བྱ་རྒོད་འཕྱི་བ་འཁུར་བ་དང་།།
སྲམ་གྱིས་ཉག་པ་མཚོན་ལ་ལྟོས།།

(어떤) 유정이 누구와[71] 관계를 맺고 있으면

(그것은) 이전 일의 업(業)에 의한 행동이다.

독수리가 다람쥐를 데리고 다니고

---

70 '붙잡다'로 옮긴 '즁빠(bzung pa)'는 '진빠('dzin pa)'의 과거형이다. 앞 경구도 과거형
을 수식어로 보고 현재형으로 바꾸었다.
　이 이야기는 불전 문학에서 가장 유명한 이야기 가운데 하나인 앙구리말라(指鬘)의
이야기를 예로 들고 있다. 너무 유명한 이야기라서 그런지 〔잠뺄역〕에서는 별도의
설명을 하고 있지 않은데, 원래의 이야기는 『증일아함경』 9품 및 『앙굴마경(央崛摩
經)』 등에 자세하게 나와 있다.
71 '무슨 일과'로도 옮길 수 있는데, 3행, 4행의 예문 때문에 이렇게 옮겼다.

수달이 부엉이를 공양하는 것을 보라.[72]

255. 衆生誰與誰相屬, 皆由前世業所感,
　　　猶如鷹鷟背旱獺, 水獺供養鷗鷃矣。

256. [6-64]

ལོངས་སྤྱོད་གསོག་པར་འདོད་རྣམས་ཀྱིས།།
འཕེལ་ན་བཏང་བ་བསྲུང་བའི་མཆོག།
རྒྱ་ཆེན་རྫིང་དུ་ལྱགས་འདོད་ན།།
འབྱིད་པ་གཞན་པའི་རྫིང་གིས་གསོས།།

재산 모으기를 원하는 자들이

(재산을) 늘렸으면 베풂이 (그 재산을) 지키는 것의 최상(의 방법)이다.

많은 물을 (조그만) 연못에 붓기를 원하면

(계속) 길어내야 다른 (물을) 연못에 다시 채울 수 있듯이.[73]

256. 若欲積累受用者, 增時發施最殊勝,
　　　若欲河水引進塘, 放水養池是良方。

　　　　　　　　　『선설보장론』「제6「관자성품(觀自性品)」마침.

---

72 과거의 업장을 통해 금생(今生)의 일이 이루어진다는 것에 대한 이 우화는 〔한역본〕
　에 자세하게 설명되어 있다.
73 이 경구의 마지막에 사용된 동사 '소와(gso ba)'의 과거형 '쇠빠(gsos pa)'일 경우에는
　보통 부양하다, 유지하다, 수리하다 등의 뜻이 있는데, 여기서는 다른 의미로 쓰이는
　'본래대로 하다(restore)'를 빌어 해석했다. 〔한역본〕은 지나치게 의역되어 있으며 〔잠
　뺄역〕은 '다른(쎈, gzhan)' 대신에 '싹(gzhag)'을 써서, 설치하다로 해석하고 있다.

제7장 부적절한 행위에 대한 검토[1]

257. [7-1]

ཐུན་གཡོག་ང་རྒྱལ་ཆེ་བ་དང་།།
དཀའ་ཐུབ་ལྡན་པ་ཆེས་གཟོབ་དང་།།
རྒྱལ་པོ་ཆོས་བཞིན་མི་སྤྱོད་པ།།
གསུམ་པོ་ཆུལ་མིན་ཞུགས་པ་ཡིན།།

하인이 자만심이 큰 것과

고행자가 크게 근신(謹愼)하는 것과

왕이 법에 따라 행동하지 않는 것

(이런) 세 가지는 부적당한 것을 따르는 것이다.[2]

257. 奴仆之人自傲慢, 苦行之士講究衣,
　　　國王不依敎法行, 此三卽是不合理。

---

1 རབ་ཏུ་བྱེད་པ་བདུན་པ་མི་རིགས་པའི་ཆུལ་བརྟག་པ།།
　한문식으로 하자면 「관불합리품(觀不合理品)」. 6장처럼 방법, 형식 등을 뜻하는 '출 (tshul)'을 생략한 것이며 쾨뢰스가 대부분 영역하였다. 여기서는 앞의 5장(행실)과 6장 (형식)의 제목과 구분하기 위해서 행위라고 옮겼다.

2 이 경구의 2행은 역본들마다 의견이 분분한데, '고행을 가지고 있는 자(까툽 덴빠, dka' thub ldan pa)'가 '근심하는 것(좁, gzob)이 옷(체, chas)'이라고 〔한역본〕과 〔잠뻴 역〕에서는 적고 있으나 〔주석서〕에는 '체(ches)'라고 적고 있다. 이것은 최고, 최다, 가장, 제일 등을 뜻하는 최(最)와 같은 의미다. 옷, 즉 외모만 걱정하는 것도 맞지만 〔주석서〕처럼 수행을 하지 않고 다른 일에 신경 쓰는 것으로 해석하는 것이 옳다고 본다. 4행의 '따르는 것이다'는 보통 '들어갔다'로 번역할 수 있는 '쑥빠(zhugs pa)'를 옮긴 것이다. '죽빠('jug pa)'의 과거형과 명령형인 이 동사는 '참가하다'는 뜻으로도 쓰인다. 이 '죽빠'는 주요 불경에 등장하는 들어갈 입(入)자로 번역된 것으로 산스끄리 뜨어의 아바따라(avatāra)에 해당한다. 〔한역본〕을 비롯해 다른 역본들은 이 부분에 대해서 의역하고 있다.

258. [7-2]

མི་ནུས་གླུ་བ་རྩོམ་པ་དང་།།
མང་དང་འཁོན་ཞིང་སྟོབས་ལྡན་རྩོད།།
བུད་མེད་ཡིད་རྟོན་ངན་དང་མཛའ།།
ལྔ་པོ་མྱུར་དུ་ཆག་པའི་རྒྱུ།།

할 능력이 없는 일을 시작하고
많은 (자들)과 싸우고[3] 힘센 자와 쟁론(爭論)하고
여자들에게 얼빠지고[4] 악한 자와 친구가 되는
(이런) 다섯 가지는 빨리 없애야 할 원인이다.

258. 承辦力所不及事, 結仇衆人爭强士,
　　　信賴女人交惡友, 五者爲速毀自因。

259. [7-3]

ནོར་མེད་ཟས་གོས་མཆོག་འདོད་དང་།།
གཞན་ལ་སྟོང་ཞིང་ང་རྒྱལ་ཆེ།།
བསྟན་བཅོས་མི་ཤེས་རྩོད་པར་འདོད།།
གསུམ་པོ་འགྲོ་བའི་བཟད་གད་གནས།།

재산은 없으나 최고의 음식과 옷을 바라고
다른 사람에게 빌붙으면서도 자만심만 크고
논전(論典)에[5] 대해서 알지 못하면서도 쟁론하기를 바라는

---

3 〔한역본〕에서는' 다투다'로 옮긴 '퀀('khon)'을 어울리다, 무리지어 놀다, 막다, 못하게
　하다라는 뜻으로 결(結)을 썼는데, 이와 같은 뜻도 있다.
4 '얼빠지다'로 옮긴 '이뙨(yid ston)'은 직역하면 '마음을 의지하다'가 되고, 하나의 단어
　로는 서로 믿다, 신임하다는 뜻이 있다. 여기서는 부정적인 의미로 해석했다.
5 '논전'이라고 옮긴 '뗀쬐(bstan bcos)'는 경론의 주석서를 뜻하는데, 일단 경론을 알고
　이에 대해 세부적인 내용을 자세히 알지 못한 채 논쟁한다는 뜻이다. 〔한역본〕에서는

(이런) 세 가지는 중생들의 웃음거리 대상이다.

259. 無財而欲著妙衣, 於人乞討又自慢,
　　　不懂經論想辯論, 此三衆人所笑處。

260. [7-4]

ཡུལ་བཟང་ཡོད་བཞིན་ཡུལ་ངན་ལ།།
སྐྱེ་བོ་ངན་པ་ཕོངས་ཤིང་ཆགས།།
ཀིང་ཤུའི་མེ་ཏོག་ཤ་ཡིན་ཞེས།།
ཅེ་སྤྱང་ལས་གཞན་སུ་ཞིག་རེ།།

좋은 것이 있어도 다른 악한 것을
악한 자는 궁색하게도 탐한다.[6]
'울금화(鬱金花)가[7] 고기다'라고 말하는
재칼을 빼고 다른 누가 (이런 헛된) 희망을 (품으랴)!

260. 雖有美麗富饒境, 惡人尚貪偏僻鄕,
　　　如鬱金花當成肉, 除彼豺狼誰作想?

'경론'이라고 적었는데, 결문의 마지막에는 '논전'이라고 번역하였다. 한편 사꺄 빤디
따는 자신이 지은 이 글 또한 '뗀쬐'라고 부르는 것으로 보아서, 일반적으로 법에 대하
여 다루는 글 또한 이렇게 부른다는 것을 알 수 있다.

6 '것' 즉 대상으로 옮긴 '율(yul)'은 나라, 국가, 땅, 지방, 거처이라는 뜻으로도 자주
　쓰인다. 여기서는 인식대상〔境〕으로 보았다. 1행, 2행은 직역하였는데 티벳어로는 운
　율이 맞추어져 있다.

7 티벳어의 '깡쉬 메똑(kang shu'i me tog)'을 〔한역본〕에서는 울금화(鬱金花)라고 번역했
　다. 산스끄리뜨어의 '낌쉬까(kiṃśuka)'의 꽃으로 〔잠뺄역〕에 따르면 그 꽃은 살코기처
　럼 붉은색이라고 한다.

261. [7-5]

ཆེན་པོ་རྣམས་ལ་དགྲ་བས་ཀྱང་།།
རང་གི་འཁོར་གྱིས་གནོད་པ་མང་།།
སེང་གེ་ལུས་ཀྱི་འབུས་མིན་པ།།
སྲོག་ཆགས་གཞན་གྱིས་ག་ལ་ཟ།།

위대한 인물들에게는 적보다도

자신의 권속(眷屬)이 해를 가하는 (경우가) 많다.

사자 몸의 벌레를 제외하고

다른 동물이 어찌 (사자를) 먹을 수 있으랴!

261. 大者所受之迫害, 出於自眷較敵多,
　　　　如同獅子自身虱, 此外含生誰敢咬?

262. [7-6]

རྗེ་བོས་བདག་ལ་གནོད་བྱེད་ན།།
དེ་ལ་སྐྱོབས་པར་བྱེད་པ་སུ།།
སྣང་བས་གཟུགས་ལ་སྒྲིབ་བྱེད་ན།།
དེ་ལ་བལྟ་བའི་ཐབས་གཞན་མེད།།

주인된 자가 자신에게 해를 가하면

그를 보호해 줄 자가 누구랴?

빛이 (자신의) 몸을[8] 어둡게 하면

그것을 보는 다른 방법은 없다.

262. 倘若主人害自己, 則此餘人誰拯救?
　　　　設使顯現遮色法, 則見彼色有何法?

---

8 '몸'이라고 옮긴 '쑥(gzugs)'은 주로 색(色), 대상, 물체를 가리킨다.

263. [7-7]

ཆོས་སྒྲུབ་ཞི་བར་གནས་པ་ལ།།
འཚེ་བྱེད་ཤིན་ཏུ་ཐ་ཤལ་ཡིན།།
རང་ལ་སྐྱབས་འོང་བསད་པ་ལ།།
དཔའ་བོ་ཡིན་ཞེས་སུ་ཞིག་སྒྲོག།

법을 수행하는 자가 평온하게 머무는 것을
방해하는 행위는 매우 악랄한 짓이다.
자신을 보호하려고 온 분을 죽이는 자를
'영웅이다'라고 누가 (크게) 외치랴!

263. 若害如法靜行者, 此人極爲卑鄙也,
　　　若殺托庇自己人, 誰人會說彼英雄?

264. [7-8]

སྐྱེ་དན་རང་ལ་མི་ཕན་ཡང་།།
གཞན་ལ་གནོད་པར་བྱེད་པ་ཡོད།།
སྦྲུལ་གདུག་ཟས་སུ་རླུང་ཟ་ཡང་།།
ཕ་རོལ་མཐོང་ན་མི་གསོད་དམ།།

악한 자는 자신에게 이익이 아니더라도
다른 쪽에 해를 가한다.
독사는 음식으로 공기를[9] 먹어도
다른 쪽을 보면 죽이지 않더냐?

264. 盡管自己無稍利, 惡人亦要害他衆,
　　　猶如毒蛇雖食氣, 遇見他衆尚咬死。

---

9 '공기'라고 옮긴 '룽(rlung)'을 〔잠뻴역〕에서는 '바람'으로, 〔한역본〕에서는 '기(氣)'라
　고 번역했는데 '룽'에는 원래 이와 같은 뜻이 있다.

265. [7-9]

འདོད་པ་བདེར་སྙམ་སེམས་ཀྱང་།།
བདེ་སྐྱོད་སྔུག་བསྒྲལ་འོ་ནའི་རྒྱུ།།
ཆང་འཐུང་བདེར་སྙམ་པ་དེ།།
སྨྱོ་བ་བདེ་བར་བསྒྲོམ་པ་ཡིན།།

탐욕을 '행복이다'라고 생각해도

(이런) 행복이라는 (생각과) 행위는 다만 고통의 원인이다.

술을 마시고 '행복하다'라고 생각하는 것, 그것은

(술에 취해) 해롱거리는 짓을[10] 행복이라 생각하는 것이다.[11]

265. 愚者貪欲以爲樂, 實則行貪卽苦因,
　　　如同飮酒以爲樂, 實則瘋狂當安樂。

266. [7-10]

ཡོན་ཏན་ཅན་ལ་འཇིག་རྟེན་གུས།།
ཡོན་ཏན་འབད་པའི་ཤུགས་ལ་གནས།།
འབད་ནས་ཡོན་ཏན་མི་སྒྲུབ་པར།།
གཞན་ལ་ཁེངས་པས་ཅི་ཞིག་ཕན།།

(지혜) 공덕을 갖춘 자를 세상 (사람들은) 존경한다.

(지혜) 공덕은 노력하는 힘〔精進力〕에 달려 있다.[12]

노력하여 (지혜) 공덕을 성취하지 못한 채

다른 사람에게 교만을 (떨어봐야) 무슨 이익이 (있겠는가)![13]

---

10 '해롱거리는 짓'이라고 의역한 '묘빠(smyo pa)'는 원래 광란 등 미친 짓이라는 뜻이다.

11 〔주석서〕의 1행, 3행에는 문법적으로 '데오(bde'o)'가 쓰여 있으며 6자 1행을 맞추고 있는데 〔잠뺄역〕은 이를 띄워서 7자 1행을 맞추고 있다. 음을 7자로 맞추는 것이 원칙이기 때문에 〔주석서〕가 옳다고 본다.

12 원문은 '위치하다'는 뜻을 지닌 동사 '네빠(gnas pa)'가 쓰였는데 보통 장소를 뜻하는 명사로 자주 쓰인다.

266. 若有學問世人敬, 學問亦從精進來,
　　　若不勤學諸知識。怨恨他人有何益?

267. [7-11]

མི་རྣམས་ཚེ་རིང་བ་ལ་སྨོན།།
རྒས་པར་འགྱུར་ལ་འཇིགས་པར་བྱ།།
རྒས་ལ་འཇིགས་ཤིང་ཚེ་རིང་བར།།
འདོད་པ་རྨོངས་པའི་ལོག་ལྟ་ཡིན།།

사람들은 오래 살기를 바라고
늙는 것을 두렵게 여긴다.[14]
늙음을 두려워하고 오래 살기를
바라는 것은 어리석은 자의 그릇된 견해[邪見]다.[15]

267. 諸人羨慕得長壽, 又復恐懼成衰老,
　　　畏懼衰老望長壽, 此乃愚者之邪念。

268. [7-12]

གང་ཞིག་མཁས་པ་ཡོད་བཞིན་དུ།།
དེ་ལས་ཡོན་ཏན་མི་ལེན་ན།།
མི་དེ་གདོན་གྱིས་བཏབ་པའམ།།
ཡང་ན་ལས་ཀྱིས་མནར་བ་ཡིན།།

13　문장 구조에 따라 직역하였는데 [한역본]과 [잠뻴역]의 차이가 크다. [한역본]은
　　4행을 '다른 사람을 원망하다(怨恨他人)'로 풀었는데 '켄빠(khengs pa)'는 자기 스스
　　로 오만, 교만, 거만하다는 뜻이지 타인을 원망하다는 뜻과는 거리가 있다. [잠뻴역]
　　은 '켄빠'를 '기대하다(expect)'로 풀었는데, 이 또한 원래의 의미와는 거리가 멀다.

14　여기에 사용된 동사 '따와(lta ba)'는 의지를 가지고 보는 행위를 하는 것을 가리킨다.
　　'observe'로 보고 풀었다.

15　문장 구조는 경구라기보다는 산문 형태로 아주 쉬운데, 내용은 이미 오래 살았기
　　때문에 늙었다는 이야기지만 사람들이 '더' 오래 살기를 바라는 것을 풍자하는 내용
　　이다.

어떤 자가 현자와 계속 있으면서

그로부터 (지혜) 공덕을 얻지 못했으면

그 사람은 악귀에 쓰였거나

또는 (악)업에 의해 핍박받은 것이다.[16]

268. 何人學者身旁時, 若不向他學知識。
　　　則定此人遭受魔, 或是業力所逼也。

269. [7-13]

གང་ལ་ལོངས་སྤྱོད་ཡོད་བཞིན་དུ།།
སྤྱོད་དམ་སྦྱིན་པར་མི་བྱེད་ན།།
མི་དེ་ནད་ཀྱིས་བཏབ་པའམ།།
ཡང་ན་ཡི་དྭགས་མངོན་སུམ་ཡིན།།

어떤 자가 재물을 지니고 있으면서도

쓰거나[17] 주지 않는다면

그 사람은 병이 들었거나

또는 생각해 볼 것도 없이 아귀(餓鬼)다.[18]

---

16 3행에서 '쓰였거나'로 옮긴 '땁빠(btab pa)'는 '뎁빠('debs pa)'의 과거형으로 '뎁빠'는
　'~을 하다'는 뜻, 즉 작(作)의 뜻이 있는데 동사를 만드는 보조사(verblizer)로도 쓰인
　다. 여기서는 의역했다. 3행, 4행에 이어진 '~암 양나('m yang na)'를 '~하거나 또는'
　으로 풀었다. '암 양나'는 영문으로는 '~either or', 즉 '~이거나 ~이다'가 되는데
　〔한역본〕에서도 혹시(或是), 즉 '또는'으로 풀고 있다.

17 보통 '수행하다'로 자주 등장하는 '쬐빠(spyod pa)'가 여기서는 '쓰다'로 옮길 수 있다.
　뒤의 271번 경구의 2행도 마찬가지다.

18 이 경구는 바로 앞의 268번 경구와 거의 유사한 구조를 띄고 있다. 앞 경구의 '어떤
　사람(강씩, gang zhig)' 대신에 여기서는 '어떤 자에게', 즉 '강라(gang la)'가 쓰였는데,
　문장 구조를 맞추기 위해 주격으로 의역했다. 3행의 '쓰였다'의 동사 '땁(btab)'이 반
　복되어 있다. 4행의 '아귀(이닥, yi dwags)'를 수식하는 형용사로 '논숨(mngon sum)'이
　쓰였는데, 여기서는 현량 대신에 현량의 의미인 '생각할 것도 없이'로 풀어서 썼다.
　현량에 대해서는 앞의 94번 경구 각주 참조.

269. 若人具備受用時, 旣不享受也不施,
　　　則定此人受疾病, 或是現前餓鬼也。

270. [7-14]

ཆོས་ལུགས་ཤེས་ཀྱང་མི་སྒྲུབ་ན།།
དེ་ཡི་ཆོས་ཀྱིས་ཅི་ཞིག་བྱ།།
ལོ་ཏོག་ཕུན་སུམ་ཚོགས་ན་ཡང་།།
གཅན་གཟན་དགའ་བ་ག་ལ་སྐྱེ།།

교법(敎法)을[19] 알고 있으면서도 수행하지 않으면

그의 법으로 무엇을 할 수 있으랴?

곡식이 풍년이더라도[20]

맹수에게 기쁨이 어찌 생기랴!

270. 了知敎法未修行, 則彼敎法有何用?
　　　莊稼長得雖壯盛, 猛獸對此何生喜?

271. [7-15]

ལས་ཀྱིས་མནར་བའི་སེམས་ཅན་ལ།།
ལོངས་སྤྱོད་ཡོད་ཀྱང་སྤྱོད་མི་ནུས།།
བྱ་རོག་ཏོགས་ཀྱང་སྐྱངས་ཤོད་ཀྱི།།
འགྱངས་པར་ཟ་བར་ག་ལ་ནུས།།

(악)업에 의해 핍박받는 유정에게는

재물이 있어도 (그는 이것을) 쓸 수 없다.

---

19 원문은 '법의 규칙(최룩, chos lugs)'으로 원래는 한 단어로, 종교, 교파를 가리킨다. 풀어보면 법의 규칙, 또는 형식이 된다. 〔한역본〕에서 교법(敎法)으로 적고 있어 이를 따랐다.

20 원문에는 삼원만이 쓰여 있는데 이에 대해서는 56번 경구 참조.

까마귀는 굶주려도 (음식을) 숨기니[21]
배부르게 먹는 것을 어떻게 할 수 있으랴!

271. 業力所遍之衆生, 有財亦不會享用,
　　　如同烏鴉饑埋食, 豈能複得自享用?

272. [7-16]

སྤྱོད་དམ་སྦྱིན་པར་མི་ནུས་པའི།།
ནོར་དེས་ཕྱུག་པོར་བསྐྱེལ་ན་ནི།།
རི་བོ་གསེར་དུ་བསྐྱེལ་པ་ཡི།།
ཕྱུག་པོ་སྐྱབ་པ་ཤིན་ཏུ་སླ།།

쓰거나 주는 것을 할 수 없는
그런 재물로 부자라고 생각한다면
(차라리) 산을 금이라고 생각하여
부자가 되는 것이 제일 쉽다.

272. 旣不享受又不施, 彼財若當成富裕,
　　　則可將山視黃金, 此爲富裕唾手有。

273. [7-17]

ཚོས་དང་ཚོས་མིན་སྐྱེ་བ་ལ།།
མཁས་པ་ཤིན་ཏུ་མང་ན་ཡང་།།
དེ་ལྟར་ཤེས་ནས་ནུས་མིན་པ།།
འཇིག་རྟེན་འདི་ན་ཤིན་ཏུ་དཀོན།།

---

21 '～깡 ～뫼 끼(~ kang ~ mod kyi)'가 쓰였는데, '비록 ～을 해도 그러나 (또는 그렇지
　만)'의 구조다. 여기서는 굶주림과 숨김 등이 부정의 의미를 담고 있어 '～을 해서
　(～하니) 그러므로'의 형식으로 옮겼다. 부정과 부정이 연결된 경우의 자세한 설명
　에 대해서는 뒤의 400번 경구의 각주 참조.

법과 법 아닌 것〔非法〕을 말하는

식자는[22] 매우 많아도

그것을 알고 실천하는 자는

이 세상에 매우 드물다.

273. 能講種種法非法, 如此學者雖極多,
　　　然能知法修行者, 於此世人眞稀少。

274. [7-18]

 རིགས་གཟུགས་ལང་ཚོ་ལྡན་ན་ཡང་།།
ཡོན་ཏན་མེད་ན་མཛེས་མ་ཡིན།།
རྨ་བྱ་སྒྲོ་སྤྲུག་ཡིད་འོང་ཡང་།།
ཆེན་པོའི་རྒྱན་དུ་འོས་སམ་ཅི།།

(좋은) 가문과 몸매, 젊음을[23] 갖추었어도

(지혜) 공덕이 없으면 아름다운 것이 아니다.

공작의 깃털이 (보기) 좋아 마음에 들어도

위대한 인물의 장식에 그 가치가 무엇이랴?[24]

274. 貴種體端韶年者, 若無學問不爲美,
　　　如同孔雀羽雖美, 豈爲偉人之裝飾?

---

22 '현자'라고 옮겼던 '케빠(mkhas pa)'가 여기서는 부정적인 의미로 쓰이고 있어 '식자'
　로 옮겼다.

23 '젊음'으로 옮긴 '랑초(lang tsho)'는 14-25세의 나이를 가리킨다.

24 공작의 깃털이 왕과 같이 위대한 인물에게 무가치하다는 것은 진귀한 보석으로 장식
　품을 만든다는 뜻으로도 해석되고, 성자나 현자 같은 위대한 인물에게는 이런 장식품
　이 필요 없다는 뜻으로도 해석된다.

275. [7-19]

སྣ་ཡི་ཚབ་དང་ཉོས་པའི་བུ།།
གཡར་པོའི་རྒྱན་དང་བརྐུས་པའི་ནོར།།
སློབ་དཔོན་མེད་པའི་རིག་པ་རྣམས།།
ཡོད་ཀྱང་གཞན་གྱིས་བརྩི་བ་མེད།།

가짜 코와[25] (돈을 주고) 산 아들

빌린 장식품과 훔친 재물

스승 없이 (배운) 지식 등은

있어도 다른 사람(들)이 쳐주지 않는다.

275. 僞裝鼻子購得子, 借人之飾盜得財,
    無有師承之智等, 雖得世衆亦不齒。

276. [7-20]

མི་གང་བྱས་པ་མི་གཟོ་བ།།
དེ་ནི་གཞན་བས་རང་ལ་གནོད།།
བྱས་དང་བསྒྲུབ་པའི་ཉེས་པ་འགའ།།
དགྲ་ཡི་ཐོག་མར་རང་ལ་འབྱུང་།།

어떤 사람이 은혜에 보답하지 않는 자라면

그는 다른 사람(들)보다 (먼저) 자신을 해한다.

(흑마술로) 흉조(凶兆)를[26] 완성했던 몇몇 과실(過失)이

적보다도 먼저 자신에게 일어나듯이.

---

25 '가짜 코'라고 옮긴 '나이 참(sna yi tshab)'의 '참'은 주로 대표, 대리인을 뜻하는데,
   용례에 '가치(假齒, 소참, so tshab)'가 있어 가짜 코라고 옮겼다. 의미상으로는 가진
   것은 없으면서도 콧대만 세우는 것을 가리킨다.

26 '흉조'로 통일하여 옮긴 '떼넨(ltas ngan)'은 '나쁜 징조'라는 뜻한다. 〔잠뻴역〕에서는
   '나쁜 주문(bad omen)'이라고 영역했다. 〔한역본〕의 경우, 333번 경구에서는 '악조(惡
   兆)'로 옮겼으나 여기서는 '해인술(害人術)'이라고 옮겼다.

276. 何人不知報恩惠, 此人先己害自己,
　　　如同學煉害人術, 損人之前先害己。

277. [7-21]

ལོངས་སྤྱོད་འགྲུབ་པར་མཐོང་ན་ཡང་། །
གནས་མ་ཡིན་ལས་སུ་ཞིག་ལེན། །
ལུག་ཕྲུག་འཐབ་པའི་ཁྲག་ལྡགས་པས། །
ཝ་སྐྱེས་མགོ་བོ་བགས་ཞེས་ཐོས། །

재물이 모인 것을 보았어도
부적당한 곳에서 (왔으면) 누가 받으랴?
'양들이 만나 싸우며 (흘린) 피를 핥던
여우의 머리가 깨졌다'고 들었다.[27]

277. 盡管明知得受用, 非理之處誰肯取?
　　　野羊相鬥頂淌血, 狐狸求之頭撞破。

278. [7-22]

འབྲེལ་བ་འགའན་ཡི་དོར་བྱུས་ནས། །
གཞན་ལ་སྟེས་ཀྱིས་དོར་མི་བྱ། །
བརྒྱ་བྱིན་ཡིན་ཡང་འཁོར་འདབས་རྣམས། །
ག་བུར་བཞིན་དུ་འབྲོས་པར་འགྱུར། །

(사람) 관계에서 약간의 체면치레 때문에
다른 사람을 형세에 따라 저버리지 마라.
(그러다가) 인드라[帝釋天]는 물론이고 측근(인 다른 신)들도

---

27 양들이 머리를 부딪치며 싸우는 곳에서 흘러내리던 피를 핥던 배고픈 여우가 그 사이
　에 끼었다가 머리가 부서졌다는 이야기에서 왔다.

녹나무 (냄새)처럼 (빨리) 도망쳤다.[28]

278. 不應依照某關系, 卽將隨意舍他人,
     卽使帝釋天王者, 彼眷亦皆會逃避。

279. [7-23]

རྒྱུན་དུ་འགྲོགས་པའི་གྲོགས་སྤངས་ནས།།
གསར་བུ་འགའ་ལ་ཡིད་མི་རྟོན།།
འུག་པའི་རྒྱལ་པོས་བྱ་རོག་གི།
བློན་པོ་བསྟེན་པས་ཕུང་ཞེས་གྲགས།།

항상 함께 한 친구를 버려두고
몇몇 새로운 자를 믿지 마라.[29]
'부엉이의 왕이 까마귀의
장관을 믿었다가 망했다'는 이야기처럼.[30]

279. 情深老友不應舍, 亦勿信任諸新友,
     鴟鵂王依烏鴉臣, 最終摧毀自己也。

---

28 〔잠뻴역〕이나 〔한역본〕 또한 그 의미가 명확하지 않다. 녹나무는 '가부(ga bu)'인데
   열기를 다스리는 데 약용으로 쓰이고 그 냄새는 좋으나 빨리 사라진다고 한다.
   내용의 요지는 인드라와 다른 신들이 아수라를 무시하다가 결국은 도망쳤다는 이
   야기다.
29 '믿지 마라'라고 옮긴 '이 미뗀(yid mi ten)'을 해자하면 '마음을 의지하지 마라'는
   뜻이다.
30 전쟁 중에 '위장 망명'한 까마귀 장관을 믿었다가 봉변을 당한 부엉이 왕에 대한 이야
   기다. 340번 경구도 같은 비유를 사용하고 있다.

280. [7-24]

མི་དགེ་འབད་པས་བསྟེན་བྱས་ཀྱང་།།
རང་གི་མི་རུ་འགྲོ་བ་མེད།།
ཆུ་ནི་རྫ་ལྟར་བསྐོལ་གྱུར་ཀྱང་།།
མེ་རུ་འབར་བར་མི་སྲིད་དོ།།

악한 자는 애써 (가깝게) 지내려고 했어도

자신의 사람처럼 되지 않는다.

물을 아무리 끓여도

불처럼 타오르는 것은 불가능하다.

280. 竭力親近惡劣者, 亦不能成自己人,
　　　如同將水再煎熬, 亦不會在火中燃。

281. [7-25]

རྒྱུ་མཚན་བརྟགས་ནས་ཁྲོ་བ་ནི།།
ཅུང་ཟད་རིགས་ཤིང་སེལ་བའང་ཤེས།།
རྒྱུ་མེད་པར་ནི་གང་ཁྲོ་བ།།
དེ་ཡི་བསལ་ཐབས་སུ་ཡིས་ཤེས།།

원인을 분석하는 것으로 성냄은

약간만 (그 이유를) 알고 없애면 이해가 된다.

이유[31] 없이 누군가가 성을 내면

그것의 없앨 방법을 누가 알 수 있으랴!

281. 若知事因而生嗔, 則稍有理亦知除,
　　　若無事因而生嗔, 誰知除嗔之良法?

---

31 1행과 3행에 '규첸(rgyu mtshan)'과 '규(rgyu)'가 쓰였는데, [한역본]의 경우 3행의 '규'
　　를 1행의 축약으로 보고 인(因)으로 통일하여 적고 있다. 여기서는 각자 다르게 옮겼
　　으나 [한역본]도 괜찮아 보인다.

282. [7-26]

དགྲ་བོའི་ནུས་པ་མ་བརྟགས་པར།།
ཉམ་ཆུང་ན་ཡང་བརྙས་མི་བྱ།།
ད་ནི་བྱ་ལར་བརྙས་པ་ཡིས།།
ནམ་མཁའ་ལྡིང་གིས་རྒྱ་མཚོ་བཅོམ།།

적의 능력을 알기 전에는

약소한 자라도 깔보지 마라.

(조그만 바닷새) 따디바(Taḍibha)를 깔보다가

가루다에게 바다가 무너졌다.[32]

282. 若無觀察怨敵力, 雖是弱小不應辱,
　　　如同欺負達支巴, 大鵬勝伏大海也。

283. [7-27]

བསོད་ནམས་འཛད་ན་ངན་སེམས་སྐྱེ།།
རིགས་འཛད་པ་ན་བུ་ངན་སྐྱེ།།
ནོར་འཛད་པ་ན་བརྣས་ཆགས་སྐྱེ།།
ཚེ་འཛད་པ་ན་འཆི་རྟགས་འབྱུང་།།

복덕이 끝나가면 나쁜 마음[惡心]이 생기고

가문이 끝나가면 나쁜 아들이 생기고

재산이 끝나가면 탐욕이 생기고

목숨이 끝나가면 죽음의 징표들이 나타난다.[33]

---

32 바다의 용왕이 조그만 바닷새 '따디바(Taḍibha)'의 둥지를 계속 파도로 무너뜨리자,
　따디바가 새들의 왕 가루다에게 고하여 용왕을 죽이게 했다는 이야기에서 비롯되었
　다. 이 이야기에 등장하는 용, 즉 나가(nāga)의 천적은 가루다로, 나가와 가루다에
　대한 우화는 인도에 많다.

33 '생기다, 발생하다(꼐, skye)'가 3행까지 반복되어 있으며, 4행에서는 생기다, 발생
　하다, 나타난다는 '즁와('byung ba)'가 쓰였다.

283. 盡福之時生惡念, 盡族之時生劣種,
     盡財之時生慳吝, 盡壽之時生死兆。

284. [7-28]

རང་གིས་དག་སྤྱོད་མ་བྱས་ན།།
བརྒྱ་བྱིན་གྱིས་ཀྱང་སྨོད་མི་ནུས།།
ཆུ་མིག་རང་ཉིད་མ་བསྐམས་ན།།
ས་ཡིས་མནན་པས་ག་ལ་ཐུབ།།

자신이 악한 행위를 하지 않았으면

인드라[帝釋天]라고 해도 비난할 수 없다.

샘이 자기 스스로 마르지 않으면

흙으로 눌러봐야 어찌 (그치는 것이) 가능하랴!

284. 自己不爲違法事, 帝釋詆毀亦無道,
     泉眼自己不幹涸, 泥土怎能堵塞彼?

285. [7-29]

བྱ་བ་མི་འདྲ་བརྒྱ་ཕྲག་ཙམ།།
མཐར་ཕྱིན་བྱ་བ་གཅིག་ཀྱང་མེད།།
བློ་གྲོས་ཕལ་ཆེར་གྱོང་དབར་གྱི།།
ཁྱི་ནན་འདི་བར་རྒྱུན་དུ་འཁྱམས།།

같지 않은 일을 무수히[34] 벌여놓고

끝마친 일이 하나도 없으면

대부분 잡생각이 많은 자로 마을 사이의

개처럼 계속해서 배회한다.

---

34 '백 가지'를 뜻하는 '갸탁(brgya phrag)'이 쓰였다. 티벳인들도 백은 가득 찬 숫자로
   보고 '무수히'로 옮겼다.

285. 同時啓做百樣事, 一件事亦未究竟,
　　　狡黠之人如老狗, 常於村間亂竄遊。

286. [7-30]

ལས་ཀྱི་ཤུགས་ཀྱིས་ཁྲིད་པ་ན།།
བློ་ཆེན་ལོག་པའི་ལམ་ནས་འགྲོ།།
སུ་སྟེགས་བྱེད་ཀྱི་སྟོན་པ་མཆོག།
དབང་ཕྱུག་སྨྱོན་པའི་བརྟུལ་ཞུགས་འཛིན།།

업의 힘에 이끌리면
총명한 자도 잘못된 길로 간다.
외도(外道)의 빼어난 수행자
시바가[35] 미친 금행(禁行)을 하듯이.[36]

286. 若受業力感召時, 智者亦會行邪道,
　　　外道勝師大自在, 行持瘋狂之禁戒。

287. [7-31]

མི་གང་ཁྲིམས་ལས་གང་འདའ་བ།།
རེ་ཞིག་རྒྱལ་ཡང་ཕམ་པ་ཡིན།།
ཆུ་སྐྱུར་ཁྲིམས་ལས་འདའ་བ་ཡིས།།
ས་ཀུན་ཐོབ་ཀྱང་མིང་གིས་བསད།།

어떤 사람이 불법(不法)을 자행하면[37]

---

35 '왕축(dbang phyug)'이 사용되었다. 이는 자재천 혹은 인격신 '이스와라(Iśvara)'의 이
　　름이다. 관자재보살에도 이 '이스와라'가 들어가 있다.
36 이 비유에 대해서는 온몸에 재를 바른 시바의 모습을 연상하면 될 것이다. 동사 '진빠
　　('dzin pa)'가 사용되었는데 여기서는 잡다, 가지다는 뜻보다 '～를 하다'는 보조사로
　　해석했다.
37 원문을 직역하면 '법률로부터 어떤 일을 뛰어 넘는다면'이 되는데 의역했다. 〔한역
　　본〕에서는 '법규를 위반하면(違法規)'으로 번역했다.

일시적으로는 성공했어도 (결국에는) 실패한다.

(마왕) 사라사(Sārasa)가 불법을 자행하여

모든 땅을 차지했으나 사자에게 죽었듯이.[38]

287. 倘若何人違法規, 暫時得勝終失敗,
     如同曲甲違法規, 雖得悉地終遭殺。

288. [7-32]

ད་ཅང་ཤེས་རབ་ཆེ་དྲགས་པས།།
བྱ་བ་མང་ན་བདག་ཉིད་བཅུག།
རྒྱལ་པོ་དྲན་རྒྱ་ཆེ་བ་ཡིས།།
རྒྱལ་སྲིད་ཉམས་པ་ཤིན་ཏུ་མང་།།

지나치게 상념이 많은 자가

많은 일을 (벌이)면 자기 자신을 잃는다.

왕이 생각하는 바가 커서

(자기) 왕국을 잃는 (경우는) 매우 많다.[39]

288. 過越聰明多事者, 最後卽將毀自己,
     國王廣思多念者, 終將摧毀自國政。

---

38 이 비유는 힌두의 비쉬누에 대한 가장 유명한 일화 중의 하나인데 창조의 신 브라흐
   만에게 안과 밖, 낮과 밤, 위나 아래, 사람도 짐승도 죽일 수 없다는 약속을 받아낸
   뒤 삼계를 차지한 마왕 사라사(Sārasa)가 안과 밖이 아닌 문턱 위에서, 낮과 밤도 아닌
   새벽에, 머리가 하늘로도 땅으로 향하지 않은 수평인 가운데, 사람도 아니고 짐승도
   아닌 비인비수(非人非獸)의 몸을 빌린 비쉬누에게 죽었다는 이야기다. 여기서는 사자
   라고 적고 있는데 우리의 해태상을 연상하면 된다.
39 1행의 '생각이 많다'로 옮긴 '셰랍(shes rab)'은 대개 매우 긍정적인 의미로 지혜 또는
   분별력으로 옮길 수 있는데, 〔한역본〕에서는 총명으로 적고 있다. 여기서는 매우 드
   문 경우지만 부정적인 의미로 쓰여 있어 우리말에 맞게 '상념이 많다'로 바꾸었다.
   3행의 '덴빠(dran pa)'는 보통 '기억하다'는 뜻으로 한문의 념(念)에 해당한다.

289. [7-33]

དེ་ཆང་ལོངས་སྤྱོད་བསགས་དྲགས་པའི།།
ནོར་ནི་རང་གི་གཤིན་མ་ཡིན།།
ཕུང་ཁྲོལ་ཕལ་ཆེར་ཕྱུག་པོ་ལ།།
འབྱུང་གི་སྤྲང་པོ་བདེ་བར་རྒྱུ།།

지나치게 재물을 (많이) 모은 자의

바로 그 재물이 자신의 사신(死神)이다.

망하는 것은[40] 대부분 부자에게

일어나지만 거지는 행복하게 노닌다.[41]

289. 積集財物過多者, 彼財卽爲索命鬼,
　　　富翁往往遭禍害, 乞丐豈非常安閑。

290. [7-34]

དེ་ཆང་མཐུ་རྩལ་ཆེ་དྲགས་ན།།
ལྤྱབ་པའི་སྐྲ་གོན་བྱེད་པ་ཡིན།།
གཡུལ་དུ་བསད་པ་ཕལ་ཆེར་ནི།།
མཐུ་རྩལ་ཅན་ལ་འབྱུང་བ་མང་།།

지나치게 강맹한 자라면[42]

---

40 '망하는 것'이라고 옮긴 '풍톨(phung khrol)'이 하나의 단어로 사전에는 나와 있지 않
　아〔잠뺄역〕의 'ruin'에 따라 옮겼다. 해자해보면, '풍빠(phung pa)'는 잃다, 무너지다,
　갈라진다, 부서진다는 뜻이 있으며 '톨(khrol)'은 보통 소리를 뜻하는데, 다른 뜻으로
　는 짐승을 각 부위별로 분리 해체하다는 뜻이 있다.

41 '노닌다'로 옮긴 '규와(rgyu ba)'는 가다는 뜻을 지닌 동사인데, 보통 '규(rgyu)'는 원인,
　이유, 근원, 근본이라는 뜻으로 앞에서도 여러 차례 등장했다.

42 '강맹한 자'라고 옮긴 '투쩰(mthu rtsal)'은 능력, 역량이 있는 자란 뜻이고 해자하면
　'힘과 기술을 갖춘 자'이다.〔쾨뢰스역〕이나〔잠뺄역〕은 이와 같이 번역하였다.〔한역
　본〕은 강자와 강력자〔强力士〕로 번역하였는데, 여기서는 3행, 4행의 비유에 맞추어
　강맹한 자라고 옮겼다.

(제 스스로) 죽을 준비를 행하는 것이다.

전쟁터에서 목숨을 잃었던 대부분은

강맹한 자에게 일어났던 (경우가) 많다.

290. 威力過於高强者, 此乃送命之前行,
　　　沙場之上死亡者, 多半皆爲强力士。

291. [7-35]

འབྱོར་དང་ཤེས་རབ་སྟོབས་ལ་སོགས།།
བསོད་ནམས་ལྡན་ལ་གྲོགས་སུ་འགྱུར།།
བསོད་ནམས་མེད་ན་དེ་དག་ཀུན།།
བདག་ཉིད་བརླག་པའི་རྒྱུ་རུ་འགྱུར།།

재물과 지혜, 위세 등은

복덕을 갖춘 자를 도와준다.[43]

복덕이 없으면 그 모든 것들을

자기 스스로 잃어버리는 원인이 된다.[44]

291. 財富智慧勢力等, 有福之人卽助緣,
　　　倘若無有福澤者, 彼等亦成毀己因。

---

43 2행을 달리 해석하면, '복덕을 갖춘 자에게 친구가 된다'로 옮길 수 있다. 대구를
　이루기 위해서 이처럼 해석했다. 앞선 두 경구들도 모두 '하짱(ha cang) ~체 닥(che
　drags)', '지나치게 ~하면'이란 구조를 가지고 있다.

44 288번 경구부터 연이어진 상념이 많은 것, 재물, 육체적인 힘 등을 총합하는 경구로,
　결국은 복덕의 중요성을 강조하는 것이다.

292. [7-36]

མཁས་པས་བྱ་བ་ཅི་བྱེད་ཀྱང་། །
རང་གི་བསོད་ནམས་བརྟགས་ཏེ་བྱ། །
རྩོད་དུས་བསོད་ནམས་ཕུན་ཚོགས་པ། །
སྐྱེ་བོ་བརྒྱ་ཡི་ནང་ན་དཀོན། །

현자는 무슨 일을 하든 간에
자신의 복덕을 살펴보아야 한다.
두쟁시(斗諍時)에[45] 복덕이 원만한 자는
백 사람 가운데에서 드물다.

292. 智者無論爲何事, 觀察自福而行之,
　　　諍時圓滿福澤者, 百人之中亦難得

293. [7-37]

རྫིང་ངན་ཆུ་ཡིས་ཁེངས་པ་ན། །
ཕྱོགས་གཅིག་ཅི་ནས་འཇིག་པ་ལྟར། །
གང་ལ་ནོར་དང་ལྡན་གྱུར་པ། །
དེ་ལ་རིགས་བརྒྱུད་ཤིན་ཏུ་དཀོན། །

나쁜 연못을 물로 채우려고 하면
한쪽이 어찌 되었든 부서지는 것처럼
어떤 자에게 재물이 갖추어졌어도
그를 (이을) 자손은 매우 드물다.

---

45 '두쟁시'라고 직역한 '쬐두(rtsod dus)'는 '쬐덴두(rtsod ldan dus)'의 줄임말로 사꺄무니
부처가 세상에 온 후 43만 2천년을 가리킨다고 하는데, 금생(今生)이라고 옮겨도 큰
무리는 없을 듯하다. 〔한역본〕에서는 쟁시(諍時)라고 번역했다. 해자해보면 분별로
논쟁 혹은 쟁변하는 시기라는 뜻인데, 세간의 여러 진리에 대한 법 등에 대한 쟁론,
논의가 있는 시기라는 뜻이다. 산스끄리뜨어로는 '까리유가(kaliyuga)'라고 한다.

293. 若於劣塘灌滿水, 定有一處會崩潰,
　　　何人具有財富時, 其之種族極難旺。

294. [7-38]

བུ་དང་ལྡན་ལ་ནོར་ཆེན་དཀོན།།
དེ་དང་ལྡན་ན་དགྲ་བོས་འཚེམས།།
ཐམས་ཅད་ཕུན་སུམ་ཚོགས་གྱུར་ན།།
མི་དེ་མྱུར་དུ་འཆི་བ་མང་།།

자식을 가지고 있는 자에게 큰 재산 모이기 어렵고

그것을 가지고 있으면 적이 훼손한다.

모든 것이 삼원만(三圓滿)하였다면

그런 사람은 빨리 죽는 (경우가) 많다.

294. 有子之時無財富, 有財之時受敵害,
　　　若此一切圓滿時, 往往衆人速死亡。

295. [7-39]

དེས་ན་མཁས་པས་བསོད་ནམས་བསག།
བསོད་ནམས་ཁོ་ན་ཕུན་ཚོགས་རྒྱུ།།
སུ་ཞིག་གང་ན་ཕུན་ཚོགས་པ།།
དེ་ནི་བསོད་ནམས་བསགས་པའི་རྟགས།།

그러므로 현자는 복덕을 쌓는다.

복덕만이 원만의 원인이다.

누군가가 무슨 (일을 하는데) 원만(하면)[46]

바로 그것이 복덕을 쌓았다는 징표(이다).

---

46 문장 구조를 풀어보면, '누군가가(수씩, su zhig) 무엇을(깡, kang) 만약(나, na), 원만(푼촉빠, phun tshogs pa)'이 된다. 나머지는 생략된 것으로 보고 풀었다.

295. 是故智者積福德, 造福卽是安樂因,
　　　何人一切諸圓滿, 此乃積福之本相。

296. [7-40]

བརྫུན་གྱིས་ཕ་རོལ་བསླུས་སོ་ཞེས།།
སྙམ་ན་རང་ཉིད་བསླུས་པ་ཡིན།།
ལན་གཅིག་བརྫུན་དུ་སྨྲ་བ་དེས།།
བདེན་པར་སྨྲས་ཀྱང་དོགས་པ་སྐྱེ།།

'거짓말로 다른 쪽을 속였다'고
생각한다면 자기 자신을 속였던 것이다.
한번 거짓을 말했기 때문에
진실을 말해도 의심(만) 생겨난다.

296. 若思謊言誘他人, 實爲此人騙自己,
　　　若說一次妄語後, 彼言實語亦生疑。

297. [7-41]

ལེགས་ཉེས་རྣམ་པར་མི་དཔྱོད་པར།།
ཁྲོས་ཤིང་ཕ་རོལ་གནད་འབེབས་པ།།
ཀྱུང་མ་བསད་པའི་ཕྱི་བ་ལྟར།།
གྲོགས་དང་བྲལ་བའི་སྡུག་དན་ཐོབ།།

선악을 아예 분별하지 않고
성을 내고 다른 쪽에 상처를 입히면[47]
암컷을 죽인 비둘기처럼

---

47 '네 벱빠(gnad 'bebs pa)'의 '네'는 근본, 명근(命根)이란 뜻과 마음(heart)이란 뜻이 있
　 다. '아프게 했다'로 옮길 수 있는 '벱빠('bebs pa)'는 무언가가 떨어지는 것을 표현할
　 때 쓰이는데, 추락하다, 하강하다는 뜻이 있다.

동료와 헤어지는 비통함을 얻을 것이다.[48]

297. 不細觀察賢劣時, 一嗔不應害他衆,
　　　如同鴿子殺自妻, 後生失伴之憂愁。

298. [7-42]

མ་འོངས་པ་ལ་མི་དཔྱོད་པར།།
བྱུང་བའི་ཚེ་ན་འབད་དེ་བཙལ།།
ཆུ་དང་འཕྲད་ན་ལྷམ་འབུད་ཀྱི།།
མ་འཕྲད་པ་ན་ག་ལ་འབུད།།

(먼) 장래(의 일이라 생각되어) 고민하지 않았던 (일이)

생길 때면 애써 그 (해결책을) 찾는다.[49]

물을 만나면 신발을 벗지

물을 만나지 않으면 무엇 때문에 벗으랴!

298. 未來衆事不應管, 到來之時竭力做,
　　　遇見河水方脫鞋, 不見河水何必矣?

299. [7-43]

ཕྱུགས་སུ་སྐྱབ་པར་མི་ནུས་པའི།།
བྱ་བ་ལེགས་ཀྱང་འཇུག་མི་རུང་།།
ཁོང་པའི་ནང་དུ་མི་འཇུ་བའི།།
ཁ་ཟས་ཞིམ་ཡང་སུ་ཞིག་ཟ།།

---

48 이 비유는 물어다 둔 채소가 햇볕에 마른 것을 몰랐던 수비둘기가 제 암컷이 먹은
　　줄 알고 성을 내고 죽인 다음에 후회한다는 이야기에서 왔다.
49 이 1행, 2행을 직역하면 다음과 같은데 3행, 4행의 비유와 맞지 않다.

　　미래를 살펴보지 않다가
　　(무슨 일이) 생길 때면 애써 (그 해결책을) 찾는다.

마지막에 성공할 수 없는
일은 좋아도 들어서지[50] 마라.
뱃속에서 소화시킬 수 없는
음식이 감미로워도 누가 먹으랴!

299. 將來不能成之事, 卽使再妙亦勿爲,
　　　腹中不能消化食, 卽使再香誰肯食?

300. [7-44]

རྩོལ་བ་དོར་ནས་འདུག་པ་ལ།།
འདི་ཕྱི་གཉིས་ཀ་འགྲུབ་མི་འགྱུར།།
འབད་པ་མེད་ན་ཞིང་བཟང་ཡང་།།
ལོ་ཏོག་ཐོབ་པར་མི་འགྱུར་རོ།།

노력하기를 포기하고 안주하는 자에게
금생(今生), 후생(後生) (이) 둘에서 (원하는 일은) 성취되지 않는다.
노력하지 않으면 좋은 들판이라도
풍작을[51] 얻을 수 없듯이.

300. 若無精進貪樂者, 今生來世無成就,
　　　若無精勤耕耘者, 肥田中亦不得收。

---

50 '들어가다[入]'라는 뜻을 지닌 동사 '죽('jug)'에 대해서는 앞의 257번 경구 각주 참조.
　그냥 하다, 따르다로 풀어도 좋을 듯하다.
51 '풍작'으로 옮긴 '로똑(lo tog)'은 원래 일반적인 수확이라는 뜻이다. 1행, 2행의 의미
　에 맞게 약간 고쳤다.

301. [7-45]

གནས་མ་ཡིན་པའི་དུལ་དགས་ན།།
ཐམས་ཅད་ཀྱིས་ནི་བཀོལ་བར་འགྱུར།།
ཤིང་བལ་སྟན་དུ་བྱེད་མོད་ཀྱི།།
ཡལ་ག་སུ་ཞིག་སྟན་དུ་གདིང་།།

부적절한 곳에서 지나치게 겸손하면

모두에게 무시당한다.

(부드러운) 면(棉)은 방석으로 쓰이지만[52]

(딱딱한) 나뭇가지를 누가 방석으로 펼치랴!

301. 非處過越柔弱者, 則彼衆人會使喚,
　　　如同棉花常作墊, 誰人樹枝當爲墊?

302. [7-46]

བྱ་བ་ངན་དང་མི་འགྲུབ་པ།།
ཕ་རོལ་བསྒོ་ཡང་བྱེད་ན་བླུན།།
སྦྱར་དུག་ཚོང་ལ་སུ་ཡིད་ཆེན།།
ཐམས་ཅད་སྦྱིན་ཞེས་སུས་སྨྲ་ནུས།།

나쁜 일과 성공할 수 없는 (일을)

다른 사람에게 충고하고 행하면 어리석은 (자다).[53]

독과 섞인 (음식)을[54] 사는 자를 누가 믿으랴!

'모든 것을 준다'고 누가 말할 수 있으랴!

---

52 여기서도 '뫼끼(mod kyi)'가 사용되었는데, 126, 186번 그리고 271번 경구 각주 참조.

53 생략된 조사에 따라 직역하면, '다른 사람의 충고에 따라 행한다면 어리석은 자다'가
　　된다. 이 경우, 문장의 한가운데 있는 '양(yang, ～하고, 그리고)'이 문제가 된다. 〔잠뻴
　　역〕은 다른 사람이 충고하고, 이에 따라 행한다로 해석했는데 이 구조에 따른 것이다.
　　여기서는 충고하고 행하는 주체를 한 사람으로 보고 옮겼다.

54 '독과 섞인 음식'으로 옮긴 '잘둑(spyar dug)'은 독의 화합물을 뜻한다.

302. 劣事或永不成事, 讓做卽做爲愚者,
　　　猶如誰信買毒藥, 誰人能說一切施。

303. [7-47]

ནོར་རྣམས་གསོག་ཅིང་མི་སྤྱོད་པ།།
རང་ཉིད་བུད་ཤིང་གསོག་པ་ཡིན།།
བུང་བ་སྦྲང་རྩི་མི་ཟ་བར།།
གཞན་གྱིས་འཕྲིར་ན་སྲིབ་པར་རྩོམ།།

재물을 (많이) 쌓아 놓고 사용하지 않으면[55]
자신을 불태울 장작을 쌓는 것이다.
꿀벌이 꿀을 먹지 않다가
남이 가져가면 (이는) 제 죽으려고 시도한 짓이다.

303. 積財而不享用者, 此乃積攢自焚薪,
　　　蜜蜂釀蜜自不食, 他人取之自喪命。

　　　　　　　『선설보장론』「제7「관불합리품(觀不合理品)」 마침.

---

[55] '쬐빠(sbyod pa)'는 앞에서 주로 수행하다, 행하다는 뜻으로 많이 쓰였는데, 여기서는 '사용하다(to make use of)'로 옮겼다.

제8장   행에 대한 검토[1]

304. [8-1]

བློ་ལྡན་བྱ་བ་ཆུང་ངུ་ཡང་།།
རྒྱུན་དུ་གྲོས་ཀྱིས་བསྒྲུབ་པར་བྱ།།
གྲུབ་པར་གྱུར་ན་ལྟ་ཅི་སྨོས།།
མ་གྲུབ་ན་ཡང་མཛེས་པའི་རྒྱུ།།

지혜를 갖춘 자는 아주 작은 일이라도
항상 의논해서 해결하려고[2] 한다.
성공했으면 말할 필요도 없고[3]
성공하지 못했어도 보기 좋은 (행실의) 원인이다.

304. 智者雖辨極小事, 亦經協議方爲之,
　　　其事成功何堪言, 若遭失敗亦爲妙。

---

[1] བཅུད་པ་བྱ་བ་བརྟག་པའི་རབ་ཏུ་བྱེད་པ།།
　한문식으로 하자면 「관행품(觀行品)」. 〔한역본〕에서는 행위로 번역한 '쟈와(bya ba)'
　를 사업(事業)으로 해석하고 있다. 행위의 경우는 어떤 일을 하는 바로 그 대상에 강조
　점을 찍은 것이고 사업은 그 행한 일에 강조점을 찍은 것인데, 사전적 정의로도 행위
　가 더 옳지만 본문에는 주로 행하는 '일'로 사용되고 있다. '쟈와'는 동사형으로 쓰였
　을 경우, '졔빠(byad pa)'의 미래형으로(어떤 일을) 하다, 즉 영어의 'do'에 해당한다.
　여기서는 산스끄리뜨어의 '삼스까라(saṃskāra)'를 행으로 보고 이름을 붙였다. '삼스
　까라'에 대해서는 김성철 역, 『중론(경서원)』참조.
　　이 장은 전체 95개의 경구로 가장 양이 많은데 쾨뢰스가 대부분 영역하였다.
[2] 이루다, 성취하다, 쌓는다는 뜻을 지닌 '둡빠(sgrub pa)'의 미래형이 쓰였다.
[3] '말할 필요 없고'로 옮긴 '따찌 뫼(lta ci smos)'는 '말할 필요가 무엇이랴!' 정도다.

305. [8-2]

སེམས་ཅན་མོས་པ་སྣ་ཚོགས་པས།།
ཐམས་ཅད་མགུ་བ་སུས་ཀྱང་དཀའ།།
རང་ཉིད་ཡོན་ཏན་ལྡན་བྱས་ན།།
ཐམས་ཅད་དགའ་བ་དེ་ལ་ཉེ།།

유정들이 바라는 바 다양하니

모두를 만족시키는 것은 누구나 어렵다.

(다만) 자기 자신이 (지혜) 공덕을 갖추고 있으면[4]

모두를 기쁘게 하는 그것에 가깝다.

305. 衆生種種意樂故, 諸衆滿意極難爲,
　　　設使自己具學問, 諸衆歡喜並親近。

306. [8-3]

ཤིན་ཏུ་རྒས་པར་གྱུར་ཚེ་ཡང་།།
ཐོས་པ་མང་དུ་བསག་པར་བྱ།།
ཕྱི་མར་ཐོས་པས་ཕན་པ་ཙམ།།
སྦྱིན་པ་ཡིས་ཀྱང་ག་ལ་ཕན།།

아주 늙어졌을 때라도

많은 배움을 쌓도록 하라.

후생(後生)에 배움이 이익되는 것에 비해서

보시가 얼마나 이익이 되겠는가?[5]

---

4 '덴제(ldan byas)'를 '갖추고 있으면'이라고 한 단어로 풀었는데, '갖추고 행하면'이라고
풀어도 틀리지 않다.

5 직역하였는데, 요지는 '지혜 바라밀다에 비하자면 보시 바라밀다가 얼마나 이익이 되
겠는가?' 정도의 내용이다. 배움이라고 옮긴 '퇴빠(thos pa)'는 앞에서도 이야기한 들어
서 (배움)을 뜻하는 삼혜(三慧)의 문(聞)에 해당한다.

306. 卽使十分衰老時, 也要廣學而博聞,
　　　聞慧有益於來世, 布施亦無如是益。

307. [8-4]

ཡོན་ཏན་ཀུན་རྫོགས་སྐྱེ་བོ་བསྟེན།།
ཡང་ན་ཐ་མལ་འགྲོགས་པ་བདེ།།
བུམ་པ་ཆུ་ཡིས་གང་བ་འམ།།
ཡང་ན་སྟོང་པ་འཁུར་བ་སྟ།།

모든 (지혜) 공덕을 완벽하게 갖춘 자에게 의지하거나

또는[6] 평범한 자와 친구처럼 지내는 것이 행복(이다).

항아리에 물이 가득 찬 것이거나

또는 비어 있는 것이 (머리에) 이고 다니기 쉽듯이.[7]

307. 當依功德圓滿士, 或者結交平凡人,
　　　如同攜帶滿水瓶, 或者易攜無水瓶。

308. [8-5]

ཡོན་ཏན་ཆུང་ཟད་བསླབས་པའི་མི།།
སུ་ཞིག་གིས་ནི་བསྟེན་པར་ནུས།།
ཆུས་ཕྱེད་གང་བའི་བུམ་པ་དེ།།
མགོ་ལ་འཁུར་བར་སུ་ཡིས་ནུས།།

작은 (지혜) 공덕만 배웠던 자

어느 누가 (그에게) 의지할 수 있으랴?

---

6 4행과 함께 '양나(yang na)'가 쓰였는데, '그렇지 않으면'이라고 옮겨도 된다.

7 '이고 다니다'로 옮긴 '쿨와('khur ba)'는 원래 데리고 가다, 거느리다, 휴대하다, 인솔하다, (등에) 지고 다니다는 뜻이 있는데 다음의 308번 경구에 예가 나와 있어 '(머리에) 이고 다니다'로 옮겼다.

물이 반쯤 찬 그 항아리를
머리에 이고 다니는 것을 누가 할 수 있으랴?

308. 一知半解學問者, 誰人肯去依止彼,
　　　如裝一半水之瓶, 誰肯攜帶於頭頂?

309. [8-6]

མི་གང་སྐྱེ་བོ་དམ་པ་དང་། །
དམན་པའི་ཁྱད་པར་ལེགས་ཤེས་ནས། །
དེ་ཡི་བྱ་བ་བསྒྲུབ་ཤེས་པ། །
ཕུན་སུམ་ཚོགས་པའི་གཞི་ཆེན་ཡིན། །

어떤 사람이 성자와
하찮은 자의 차이에 대해서 잘 알고 있으면
(그는) 그의 일을 성취하는 (방법을 잘) 안다.
(이는) 삼원만(三圓滿)의[8] 커다란 근본이다.

309. 何人了知能辨別, 智者愚者之差別,
　　　並能承辦諸事業, 此乃一切圓滿根。

310. [8-7]

བློ་གྲོས་ལྡན་པས་ལེགས་བསྐྱངས་ན། །
སྐྱེ་བོ་དམན་པའང་མཆོག་ཏུ་འགྱུར། །
སྦྲབ་ཤེས་དག་གིས་རེ་ཙོ་ལ། །
བསླབས་ན་འདོན་པའང་ཤེས་པར་འགྱུར། །

지혜를 갖춘 자가 잘 양육(養育)했으면[9]

---

8 삼원만에 대해서는 56번 경구 각주 참조.
9 '양육하다'로 옮긴 '꺙와(bskyangs ba)'는 보호하다, 보살피다, 돌보다라는 뜻과 함께

하찮은 자라도 빼어나게 된다.
훌륭한 조련사들이[10] 앵무새를
가르쳤으면 염송(念誦)도 알게 된다.

310. 若經智者善培育, 愚者亦會變高尚,
　　　猶如有師教言辭, 鸚鵡亦會誦論典。

311. [8-8]

ནམ་སྟོབས་ཆུང་བའི་སྐྱེ་བོས་ཀྱང་།།
ཆེན་པོ་གཞན་ལ་བསྟེན་ན་འགྲུབ།།
ཆུ་ཡི་ཐིགས་པ་ནམ་ཆུང་ཡང་།།
མཚོ་དང་འདྲེས་ན་སྐམ་མི་ནུས།།

힘이 약하고 작은 자라도[11]
다른 위대한 인물에게 의지했으면 (자신의 일을) 성공할 (수 있다).
물방울이 약하고 작아도
바다(물)과 섞이면 마를 수 없듯이.

311. 卽使無力虛弱者, 若依强者亦成事,
　　　如同水滴雖渺小, 彙入大海永不涸。

　　양육하다, 배육하다는 뜻이 있는데, 여기서는 4행의 가르치다, 배우다는 뜻을 지닌
　'랍빠(bslabs pa)'가 쓰여 있어 후자에 따라 옮겼다.
10 '훌륭한 조련사'라고 옮긴 '롭셰(slob shes)'를 직역하면 '지혜를 갖춘 선생' 정도
　　된다.
11 앞에서 '약소한 자'라고 옮긴 '냠충(nyam chung)'을 여기서는 '냠뗍(nyam stebs, 힘이
　　약하고) 충빼(chung pa'i, 작은), 께보(skye bo, 자)'로 풀어 쓰고 있다. 3행과 대구가
　　되게 풀어서 썼다.

312. [8-9]

རང་ལ་བློ་གྲོས་མི་ལྡན་ན།།
བློ་ཆེན་གཞན་ལ་ལེགས་པར་དྲིས།།
ལག་པས་དགྲ་བོ་མི་གསོད་ན།།
མཚོན་ཆ་ལེན་པར་མི་བྱེད་དམ།།

자신에게 지혜가 갖추어지지 않았으면
다른 위대한 현자에게 잘 물어보라.
맨손으로 적을 죽이지 못하면
무기를 잡으려 왜 하지 않으랴?

312. 倘若自己無理智, 應當詢問餘智者,
　　　如手不能殺敵時, 此人豈非取武器。

313. [8-10]

གནོད་པར་བྱེད་པའི་དགྲ་བོ་ཡང་།།
ཐབས་དང་ལྡན་ན་གྲོགས་སུ་འགྱུར།།
དུག་ཆེན་ལུས་ལ་གནོད་མོད་ཀྱི།།
སྦྱོར་བ་ཤེས་ན་སྨན་དུ་འགྱུར།།

해(害)를 행한 적이라도
(좋은) 방법을 갖추면 친구가 된다.
맹독은 몸을 상하게 하지만[12]
사용법을 (잘) 알면 약이 된다.

313. 縱使害己之怨敵, 若巧方便亦成友,
　　　劇毒對身雖有害, 若知搭配成良藥。

---

12 '~하다. 그렇지만'의 뜻을 가진 '뫼끼(mod kyi)'가 쓰였다.

314. [8-11]

རིགས་པས་རྙེད་པའི་ཟས་ནོར་བླང་།།
མི་འོས་གཞན་ལ་རྙོམ་སེམས་སྤང་།།
ཤིང་ཏོག་ཤིང་རྩེ་ལས་བླང་གི།།
དེ་ལས་ཐལ་ན་ས་ལ་ལྷུང་།།

적절하게 얻은 음식과 재물을 받고

다른 부적절한 재물에 부회(附會)하는 마음을[13] 버려야 한다.

과일은 나무 꼭대기로부터 얻어지지만[14]

그보다 더 올라가면 땅에 떨어진다.[15]

314. 可取應得之食財, 當除貪圖不應財,
     如同采摘樹上果, 若超樹梢則墮地。

315. [8-12]

མཁས་པས་སྒྲིམ་པར་མི་བྱེད་པ།།
དེ་ཡི་བར་ལ་ཉེས་པ་འབྱུང་།།
བློ་དང་ལྡན་པས་རབ་བསྒྲིམས་ན།།
ཉེས་པ་འབྱུང་བའི་གོ་སྐབས་དཀའ།།

현자라도 주의하여 행하지 않으면

그 동안에는 실수가 생겨난다.

지혜를 갖춘 자가 매우 주의하면

---

13 직역하였는데 '롬셈(rlom sems)'은 하나의 어휘로 자만심, 교만심이라 뜻이 있으나
   여기서는 해자하는 게 나아 보인다. '롬'에는 '질투하다(covert)'라는 뜻도 있다.

14 1행의 '받다'로 해석한 '랑(lang)'이 반복적으로 쓰이고 있는데, 여기서는 '얻어지다'
   로 바꾸었다.

15 '〜으로부터'라는 뜻의 '레(las)'가 3행, 4행에 반복적으로 쓰여 운율을 맞추는데, '더
   올라간다면'으로 옮긴 '텔나(thal na)'의 '텔'은 '〜보다 더한'이란 뜻이 있다.

실수가 발생할 기회를 (갖기) 어렵다.[16]

315. 設若智者不謹愼, 此時彼生諸過患,
      設若智者極謹愼, 則難發生諸過患。

316. [8-13]

ཇི་སྲིད་རང་སྟོབས་མ་རྫོགས་པ།།
དེ་ཡི་བར་དུ་དགྲ་རྣམས་བཀུར།།
ནུས་པ་རྫོགས་ནས་གང་རིགས་པ།།
བྱ་ཞེས་བསྟན་བཅོས་གཞན་དག་སྨྲ།།

'자신의 힘이 완비되지 않는 동안

그때까지는[17] 적들을 공경해라.

능력이 완비되면 무엇이든 적절하게 (할 수 있다.)'

라고 다른 (외도의) 논전(論典)들에서는[18] 말한다.[19]

316. 其餘論典中宣說, 乃至勢力未充足,
      爾時應當敬敵衆, 何時充力隨意行。

---

16 1행에서 '현자라도'라고 옮긴 '케베(mkhas pas)'는 '현자는' 혹은 '현자가'로 직역할
   수 있는데, 강조의 '양(yang)'이 생략된 것으로 보았다. 3행의 '지혜를 갖춘 자'란 뜻의
   '로당 뗀빠(blo dang ldan pa)'는 현자의 이명인데 여기서는 원문의 어감을 위해서 풀
   어서 썼다. 4행을 의역하면, '실수가 생기는 경우가 적다' 정도 된다.
17 바로 앞의 315번 경구와 함께 '그때까지는'이라는 뜻의 '데이 발두(de yi bar du)'가
   쓰이고 있다. 1행의 '지시(ji srid)'와 대구를 이루어 '~하는 동안, 그때까지는'이라는
   뜻으로 쓰인다.
18 '논전'이라고 옮긴 '뗀쬐(bstan bcos)'에 대해서는 259번 경구 참조.
19 이 경구는 앞의 313번 경구 1행, 2행의 '해(害)를 행한 적이라도/(좋은) 방법을 가진다
   면 친구가 된다'와 배치된다. 사꺄 빤디따의 생각은 자기 능력이 완비되지 않더라도
   상대방에 맞는 방법을 강구하면 사이 좋게 지낼 수 있다는 말인데, 〔잠뻴역〕은 '적절
   하게 (할 수 있다)'의 '릭빠(rigs pa)'를 '무엇이든 필요한 일을 할 수 있다(you can
   do whatever needs to be done)'라고 의역하고 있다.

317. [8-14]

དགྲ་བོས་སྙན་པར་སྨྲ་ན་ཡང་།།
བློ་དང་ལྡན་པས་ཡིད་མི་རྟོན།།
ཅུ་སྐྱར་བྱི་ལ་དེས་པ་ཡིས།།
ཕ་རོལ་གསོད་ལ་རྟག་ཏུ་བརྩོན།།

적이 달콤하게 말해도
지혜를 갖춘 자는 믿지 않는다.
왜가리와 고양이에게 온화함은
다른 쪽을 죽으려고 항상 애쓰는 것이다.

317. 怨敵説得再悦耳, 智者亦不應輕信,
　　　魚鷹貓兒雖溫柔, 時常竭力殺餘生。

318. [8-15]

ཡུལ་གྱི་བདག་པོ་ཞེ་སྡང་ཡང་།།
དེ་ལ་དགའ་བས་བསྟེན་ཏེ་བསྡད།།
ས་ལ་རྐང་པ་འདྲིད་གྱུར་ན།།
ས་ཉིད་ལ་ནི་བརྟེན་པ་བཞིན།།

(어떤 한) 곳의 주인된 자가 진노했어도
그에게 좋게 의지하고 머물러야 한다.
땅에 발이 미끄러졌으면
바로 그 땅을 의지해서 (일어나야 되는) 것처럼.[20]

318. 地主雖爲嗔恚者, 亦應悦意而親近,
　　　如於地上雖滑倒, 尚需依靠此地也。

---

20 이 비유는 인도의 유명한 경구인 '땅에 의해 쓰러진 자, 땅을 딛고 일어나야 한다'의
　 티벳판이다.

319. [8-16]

ཉི་ཚང་འདོད་ལ་བཀམ་པ་ཡིས།།
སྐྱེ་བོ་སྐྱུར་དུ་བཀྲག་པར་འགྱུར།།
མཆིལ་པའི་ཤ་ལ་ཆགས་པ་ཡིས།།
ཉ་རྣམས་དེ་མ་ཐག་ཏུ་གསོད།།

지나치게 감각적 욕망의 대상에 미련이 있는[21]
사람은 (그 때문에) 곧바로 (모든 것을) 잃게 된다.
낚싯바늘의[22] 고기에 욕심내던
물고기들이 바로 죽듯이.

319. 若人過越貪欲妙, 則彼將會速毀己,
　　　如同魚衆貪鈞餌, 立卽彼等遭殺也。

320. [8-17]

མཆོད་འོས་པ་དང་འཁོར་རྣམས་ཀྱང་།།
རྟག་ཏུ་སྒྲུན་པས་བསྡུ་བར་བྱ།།
མཆོད་གཏོར་ལ་ནི་ལྷ་རྣམས་དང་།།
ཡི་དགས་བར་དུ་མགུ་བས་བསྡུང་།།

공양받을 가치가 있는 자처럼 권속(眷屬)들도
항상 베풀어 모아야 한다.
(제사에) 공양물을 올리면[23] 신들뿐만 아니라

---

21 '지나친 욕망을 가진'이라고 의역할 수 있는데, 사용된 '되빠('dod pa)'와 '깜빠(brgam pa)'는 모두 탐욕, 욕망, 탐심 등의 뜻이 있다. 문장 구조에 따라 직역하였는데, 『장한 사전』에는 나와 있지 않으나 '되빠'에는 '감각적 기쁨의 대상(an object of sensual pleasure)'이라는 뜻이 있어, 3행, 4행의 비유에 맞게 옮겼다.

22 〔주석서〕 원문의 '칠와(mchil ba)'는 '칠빠(mchil pa)'의 오자라 고쳤다.

23 '공양물을 올린다면'으로 옮긴 '최똘(mchod gtor)'의 '최'는 제사에 쓰이는 공양물을 가리킨다.

아귀(餓鬼)까지 희열에 차서 보호한다.[24]

320. 對於應供或眷衆, 時常布施方能聚,
　　　如同施放供品者, 神鬼皆樂而護之。

321. [8-18]

ཆེན་པོ་རྣམས་ཀྱིས་རྩེད་མོ་དང་།།
བདེ་དང་ཟས་ལ་ཆགས་པ་སྤང་།།
འདོད་ལ་ཆགས་པའི་ལེ་ལན་གྱིས།།
འབོད་གྲོགས་ལངྐར་བསད་ཅེས་གྲགས།།

위대한 인물들은 유희와

(세속의) 기쁨과 음식에 대한 욕심을 버려야 한다.

'탐욕의 과실로

랑카의 라바나(Ravāṇa)가 죽었다'는 이야기처럼.[25]

321. 大者當除遊戲樂, 亦斷貪圖食樂等,
　　　由貪所引之果報, 楞伽羅刹王遭殺。

---

24 이 경구에는 문법적으로 아주 재미난 어휘가 쓰여 있는데, 보통 '당(dang)'은 '그리고,
　∼와'로 쓰이지만 여기서는 매우 예외적으로 1행에서는 '∼처럼(as)'으로, 그리고 3행
　에서는 '∼뿐만 아니라(moreover)'로 쓰이고 있다. 우리말로 그냥 '∼와'로 옮겨도 이
　상은 없지만 예외적인 용례라 이에 따라 옮겼다.

25 인도의 대서사시 『라마야나』를 빌린 비유다. 『마하바라따』가 인도의 사서삼경(四
　書三經)이라면 『라마야나』는 인도의 『삼국지』다. 내용의 요지는 라마의 아내 시따
　에게 음심(陰心)을 품어, 그녀를 납치했던 스리랑카의 마왕 라바나가 결국 이 때문에
　망했다는 이야기다.

322. [8-19]

བྱམས་རྩོད་གཉིས་ཀ་ཆེན་པོ་དང་།།
བྱུ་ཡི་དམན་དང་ནམ་ཡང་མིན།།
ཉོ་འཚོང་རིན་ཆེན་ལ་བྱུ་ཡི།།
སྦྱར་དུག་ལ་ནི་དེ་ལྟ་མིན།།

사랑과 증오, (이) 두 가지는 위대한 인물과 함께

(일어나는) 일이지 하찮은 자와 함께 (일어나는 일이) 결코 아니다.

사고 파는 것은 진귀한 보석을 (두고 행하는) 일하지

독과 섞인 음식을[26] (두고) 그렇게 (하는 것이) 아니다.[27]

322. 高士方可慈與諍, 劣者絶不應如此,
　　　如同珍寶有銷贖, 毒藥誰肯如是爲。

323. [8-20]

དཔལ་བ་མང་ཕྱིར་རྒྱལ་པོའི་མཛོད།།
ད་ཅང་མི་བསྡུ་ཧྲུང་དུས་ཁེངས།།
གྲོག་མཁར་སྦྲང་རྩི་ཡར་ངོ་ཡི།།
ཟླ་བ་ཧྲུང་དུ་ཧྲུང་དུས་གང་།།

많은 (백성에 대한) 세금 때문에 왕의 창고는

지나치게 많이 거두지 않아도 조금씩 찬다.

개미 둔덕과 꿀, 상현(上弦) 달이

조금씩 조금씩 차듯이.

323. 國王爲稅勿廣收, 微財漸能積滿倉,
　　　蟻垤蜂蜜上弦月, 皆是由微而圓滿。

---

26 '잘둑(sbyar dug)'은 독의 화합물이다. 302번 경구 참조.
27 이 경구는 '당(dang)'과 '민(min)'이 대구의 운율을 위해 반복적으로 사용되어 있는데
　　이에 따라 옮겼다.

324. [8-21]

རྗེ་བོས་འབངས་ལ་མི་གནོད་པར།།
རིགས་པའི་ལམ་གྱིས་དཔྱ་རྣམས་བསྡུ།།
སྲ་ལའི་ཤིང་ལས་སྦོས་ཀྱི་བཅུད།།
གཟགས་པ་མང་ན་སྐམ་པར་འགྱུར།།

군주는 백성에게 해를 가하지 않는

적절한 방법으로[28] 세금들을 거두어야 한다.

사라(Sāala) 나무〔香樹〕로부터[29] 수액의 정화(精華)가

(너무) 많이 빠지면 마르게 된다.

324. 國王不害諸眷民, 並以合理收賦稅,

　　　 芸香樹中之香脂, 若過流淌則枯幹。

325. [8-22]

རྗེ་བོ་ཁྲག་པར་དེས་པ་དགོས།།
རྒྱུ་མཚན་ཆུང་དུས་ཁྲོ་མི་རུང་།།
སྦྲུལ་ལ་ནོར་བུ་ཡོད་ན་ཡང་།།
སེམས་ཤེས་སུ་ཞིག་དྲུང་དུ་སྡོད།།

군주는 더욱더 온화할 필요가 있고

조그만 이유로 화를 내지 말아야 한다.

독사에게 보석이 있어도

어느 현자가[30] 가까이 머무르랴!

---

28 '방법'이라고 옮긴 '람(lam)'은 원래 길(道), 방위, 풍속 등을 나타낸다.

29 사라(Sāla) 나무, 즉 사라수(沙羅樹)는 사까무니 부처가 입적할 때 한꺼번에 꽃을 피운 뒤 백색이 되어 말라 죽었다는 고사로 유명한 나무인데, 봄철에 진달래처럼 노란 꽃을 피우는 거목으로, 재질이 견고하여 그 목재로는 주로 배를 만들고 수액으로는 물감이나 약용으로 사용한다고 한다.

30 '현자(케빠, mkhas pa)'의 이명인 '셈셰(sems shes)'가 사용되었다.

325. 國王應當極溫和, 不因小事而發怒,
　　　如同毒蛇雖有寶, 智者誰肯近身旁?

326. [8-23]

གང་ཞིག་ནོར་འདོད་སྐྱེ་བོས་ཀྱང་།།
ཆོས་ཉིད་གཙོ་བོར་བསྲུང་བར་བྱ།།
ཆོས་ལས་ཉམས་པའི་ནོར་ཚལ་ནི།།
འཇིག་རྟེན་འདིར་ཡང་ག་ལ་རྟག།

어떤 자가 재물을 바라는 사람이라면
법 자체의 요점을 (잘) 지켜야 한다.
법으로부터 퇴락한 약간의 재물이
이 세상에서 어찌 항상 하랴!

326. 縱使貪圖財富者, 亦應守護法爲重,
　　　若壞法規雖得財, 則此今世怎恒久?

327. [8-24]

དུ་ཚང་གྲོགས་ཐལ་གཉེན་ལའང་མིན།།
ཤིན་ཏུ་གནོད་ཆེན་དགྲ་ལའང་མིན།།
གཉེན་ལ་རེ་བ་འཁོན་གཞི་སྟེ།།
གནོད་ལན་ཀུན་གྱིས་བསླབ་པར་སྟེ།།

지나친 애정을 친구에게라도 품지 말고
너무 큰 핍박을 적에게라도 하지 마라.[31]

---

31 1행, 2행을 의역하면, '친구라 할지라도 지나친 애정을 품지 말고 / 적이라 할지라도
지나친 원한을 품지 말라'인데 문장 구조에 따라 직역하였다. 2행의 핍박, 원한으로
옮긴 '놀(gnor)'을 의역하면 4행의 행위의 주체가 원한을 품은 본인처럼 여겨질 수
있으나, 아무리 미약한 상대방이라고 할지라도 언제든지 보복할 수 있다는 뜻으로
해석했다.

친구에 대한 기대는 불화의 근본이고
복수는 모두가 성공하기 쉽다.

327. 對戚亦勿過越親, 對敵亦勿過越恨,
　　　欲望親友結怨因, 對怨報複皆易行。

328. [8-25]

འཇམ་པོས་འཇམ་པོ་འཚམས་བྱེད་ཅིང་།།
འཇམ་པོས་རྩུབ་པའང་འཚམས་པར་བྱེད།།
འཇམ་པོས་ཀུན་གྲུབ་དེ་ཡི་ཕྱིར།།
འཇམ་ཉིད་རྣོ་ཞེས་མཁས་རྣམས་སྨྲ།།

'부드러운 것은 부드러운 것을 이기고
부드러운 것은 거친 것도 이긴다.
부드러운 것은 모든 것을 성취하기 때문에
부드러운 것 자체가 날카로운 것이다'라고 현자들은 말한다.[32]

328. 柔和旣能勝柔和, 柔和又能勝粗暴,
　　　柔和能成一切故, 智者皆雲柔最利。

329. [8-26]

སུ་ཡང་བདག་གི་དགྲ་ཡིན་དང་།།
འགའ་ཡང་བདག་ལ་མི་བྱམས་ཞེས།།
མི་བྱམས་ན་ཡང་དེ་མི་བསླག།
བསླག་གས་ན་དེ་ཉིད་འབྱེད་པའི་སེལ།།

누구라도 '나의 적이고
또 몇몇은 나를 사랑하지 않는다'고 (말한다).

---

32 이 경구와 『도덕경』의 유사성에 대해서는 「해제」 참조.

(그러나) 사랑하지 않아도 그것을 공표(公表)하지[33] 마라.

공표했으면 그 자체를 떼서 없애라.

329. 不論誰爲吾之敵, 不説誰人不慈吾,
　　　雖不仁慈亦不言, 一言卽將成裂痕。

330. [8-27]

རོ་ཚལ་ཁྲེལ་ལ་མི་ལྟ་ཞིང་།།
མཆོད་དང་བཀུར་པའི་ཁྱད་མི་ཤེས།།
ཟས་དང་ནོར་ལ་ཆགས་ལྡན་པ།།
དེ་འདྲའི་གནས་སུ་བསྡད་མི་བྱ།།

부끄러움과 체면〔慚愧〕을 신경 쓰지 않고
존경과 업신여김의 차이를 알지 못하고
음식과 재물을 탐하는 자
그와 같은 자(들)의 거처에는 머물지 마라.

330. 不顧慚愧與羞恥, 不知敬蔑之差別,
　　　惟有貪圖財食者, 不應住於彼等處。

331. [8-28]

ཡུལ་གཞན་ལེགས་པར་མ་བརྟགས་པར།།
སྤུ་མའི་གནས་ནི་ངོར་མི་བྱ།།
ཀུང་པ་ཡ་གཅིག་མ་ཆུགས་པར།།
གཉིས་ཀ་བཏེག་ན་འགྱེལ་བའི་རྒྱུ།།

다른 장소를 제대로 파악하지 않고

이전의 장소를 버리지 마라.

한 발을 (제대로) 안정하지 않고

두 (발을) 띄면 쓰러지는 원인이 (된다).

331. 若未觀察新境前, 則彼不應棄舊境,
　　　一足尚未立穩時, 若擧雙足定跌倒。

332. [8-29]

རང་སྤྱོད་འབད་པས་སྦ་བར་བྱ། །
ཕལ་ཆེར་གསལ་བར་བསྟན་པས་ཉམས། །
སྤྲེའུས་གློས་གར་མི་བྱེད་ན། །
མགུལ་དུ་ཐག་པ་ཅི་སྟེ་འདོགས། །

자신의 행위는 애써 숨겨라.

대부분 드러나 보이는 것은 잘못된다.

원숭이가 (드러내 놓고) 춤추고 노래하지 않았으면

목에 밧줄이 왜 묶였을까!

332. 竭力隱藏自諸行, 公之於衆會遭殃,
　　　猴子設若不演戲, 何必其頸系繩索。

333. [8-30]

ཉེས་པ་མངོན་སུམ་མཐོང་ན་ཡང་། །
གནས་མ་ཡིན་ལ་སྐྱོ་མི་བྱ། །
ལུས་དང་མཐོང་ན་སྐྱོ་བ་པོའི། །
ཐོག་ཏུ་འབྱུང་ཞེས་འཇིག་རྟེན་སྐྲག །

실수를 곧장[34] 볼 수 있으면

---

34 '논숨(mnong sum, 현량)'이 쓰였는데, '논숨'에 대해서는 94번과 150번 경구 참조.

그 부적절한 대상에 대해서 말하지 말아야 한다.
'흉조(凶兆)가[35] 나타났으면 말한 자에게
바로[36] 발생한다'고 세상에 널리 알려졌듯이.

333. 卽使現量見過患, 若非合境不應説,
     世間衆説見惡兆, 最終見者自遭殃。

334. [8-31]

གཞན་གྱིས་བརྙས་པར་འགྱུར་བ་ཡི། །
ནོར་དང་ཟས་ཀྱི་ཅི་ཞིག་བྱ། །
ཁྱི་ཕག་མི་གཙང་ཟ་བ་ལ། །
མཁས་པ་སུ་ཞིག་ཡིད་སྨོན་བྱེད། །

다른 사람이 업신여겼던
재물과 음식을 어떻게 하랴?
개 돼지가 (먹는) 더러운 먹거리를
어느 현자가 경모(傾慕)하랴!

334. 他人説笑之財食, 彼等雖有亦何用?
     猶如豬狗食糞便, 學者誰人有想望?

---

35 '떼녠(ltas ngan)'에 대해서는 276번 경구 참조.
36 '바로'라고 옮긴 '톡뚜(thog tu)'에 대해서 〔한역본〕에서는, 제일 마지막(最終)이라고
   번역했는데, 이것은 지나치다 싶다. 〔잠뺄역〕에서는 '바로 그에게'이라고 의역했는
   데, 여기서는 '톡마(thog ma, 맨처음, 始初)'로 보고 옮겼다.

335. [8-32]

ཕ་རོལ་གནད་དུ་འབེབས་པའི་ཚིག །
དགྲ་བོ་ལ་ཡང་སྨྲ་མི་བྱ། །
བྲག་ཆ་བཞིན་དུ་རང་ཉིད་ལ། །
དེ་མ་ཐག་ཏུ་ལེ་ལན་འབྱུང་། །

다른 쪽에 상처를 입히는[37] 말은
적에게라도 하지 말아야 한다.
메아리처럼 자기 자신에게
바로 돌아온다.

335. 傷害他人之惡語, 卽使怨敵亦勿說,
　　　否則如同穀回聲, 立卽自受報複也。

336. [8-33]

གལ་ཏེ་དགྲ་ལ་གནོད་འདོད་ན། །
རང་ཉིད་ཡོན་ཏན་ལྡན་པར་བྱ། །
དེ་ཡིས་དགྲ་ཡང་སེམས་བསྲེག་ཅིང་། །
རང་ཡང་བསོད་ནམས་འཕེལ་བར་འགྱུར། །

만약 적에게 해를 가하기를 원한다면
(먼저) 자기 자신의 (지혜) 공덕을 갖추어라.
그것으로 적의 마음 또한 불타고
자신의 복덕 또한 증가한다.

336. 若欲損害諸怨敵, 首先自應具功德,
　　　如是則能毀彼心, 自己亦能增福分。

---

37 '다른 쪽에 상처를 입히는'으로 옮긴 '파롤 네두 벱빼(pha rol gnad du 'bebs pa'i)'는
   297번 경구의 '빠롤 네벱'을 풀어 쓴 것이다. 자세한 내용은 297번 경구 각주 참조.

337. [8-34]

མི་བསྲུན་འགྲོ་ལ་བྱམས་སེམས་བསྐྱེད།།
རྫུབ་སྤྱོད་ཁོ་ནས་གདུལ་བར་བྱ།།
རང་གི་ལུས་ལ་ཕན་འདོད་རྣམས།།
གཏར་དཔྱད་ཀྱིས་ནི་ནད་རྣམས་འདོན།།

난폭한 자에게는 애정 어린 마음이 생겨났어도

다만 거친 행동으로 길들여야 한다.

자신의 몸에 도움되기를 바라는 이들이

피를 뽑는 외과술로 병들을 뽑아내듯이.[38]

337. 發心仁慈暴行爲, 方能制服野蠻衆,
     如同欲利自身者, 以粗療法而除疾。

338. [8-35]

གནོད་པར་བྱེད་པ་ཆུང་དུ་ཡང་།།
མྱུར་དུ་བསལ་ལ་འདུམ་བར་བྱ།།
ཡུར་བ་ཆུང་དུའི་རྗེས་ཞུགས་ནས།།
འོད་པ་ཆེན་པོ་མ་མཐོང་ངམ།།

해를 가하는 조그만 행위라도

신속하게 제거하기 위해서[39] 화해하라.

작은 물줄기의 (방향)을 따라

큰 홍수가 (나는 것을) 보지 못하였는가?

---

38 4행의 '피를 뽑는 외과술'은 '딸쩨(gtar dpyad)'를 직역한 것인데 〔잠뺄역〕과 〔쾨뢰스
   역〕은 '쩨'를 외과술이라는 하나의 명사로 보지 않았고, 〔잠뺄역〕은 '피를 흘리게 하
   는 것(the letting of blood)'이라고 직역하였다.
39 〔잠뺄역〕에서는 '라(la)'를 '당(dang, 그리고)'으로 보고 해석하여, 제거하고 화해하라
   고 했는데 원문의 '라'는 '~을 하기 위해서'라는 뜻으로 쓰이고 있다.

338. 能害之事雖微小, 亦應速治而和解,
　　　常見巨大之壕溝, 起因卽爲小渠水。

339. [8-36]

མཁས་པས་བྱ་བ་མ་ཡིན་པའི།།
བྱ་བ་ཤེས་ཀྱང་མི་བྱའོ།།
གླང་པོས་དགྲ་སྡེ་བཙོམ་པ་ཡིས།།
རྒྱུན་དུ་རྒྱལ་པོས་བཅིངས་ལ་ལྟོས།།

현자는 행할 (가치가) 없는

일을 알고[40] 하지 말아야 한다.

코끼리가 적의 무리를 무찌르기 때문에

항상 왕에게 묶여 있는 것을 보라.

339. 凡不合理之諸事, 智者雖會亦不爲,
　　　如同大象摧敵衆, 時常遭受王之縛。

340. [8-37]

རང་ཕྱོགས་སྡང་ཡང་སྤང་མི་བྱ།།
དགྲ་བོ་བྱམས་ཀྱང་མགུ་མི་བྱ།།
བྱ་རོག་བྱ་རོག་གིས་འཚེ་ཡང་།།
ཉིན་མོ་ལོང་བ་བསྟེན་ན་ཕུད།།

자기 쪽이 미워해도[41] 포기하지 마라.

---

40 접속사 '깡(kyang)'이 쓰였는데, 〔잠뻴역〕은 '그러나(but)'로 해석했다. 일반적으로 이
　렇게 쓰이지만 여기서는 '그리고(and)'로 쓰인 경우다. 접속사 '깡'은 두 가지로 다
　쓰이는데 보통은 부정적인 경우와 '비록 ~하더라도'로 쓰인다.

41 '미워하다'로 옮긴 '당와(sdang ba)'는 미워하다, 싫어하다, 분노하다 등의 뜻이 있다.
　여기서는 2행의 '사랑해도'와 대구를 이루기 위해서 미워하다로 풀었다. 〔쾨뢰스역〕
　에서는 '화를 내다'로 번역했다.

적이 사랑해도 즐거워하지 말아라.
까마귀가 까마귀에게 해를 입었다고
부엉이의 왕이 믿었다가 망했다.[42]

340. 親友雖恨亦莫棄, 敵衆雖慈亦莫喜,
　　　烏鴉互相雖受害, 若依鴟鵂卽遭殃。

341. [8-38]

བུ་བ་ཆེ་ཆུང་གང་བྱེད་ཀྱང་། །
མཁས་པས་རྟག་ཏུ་བསྒྲིམས་ཏེ་བྱ། །
སེང་གེས་རི་བོང་གླང་ཆེན་གཉིས། །
གསོད་པའི་ཚེ་ན་བསྒྲིབས་སྟོང་མེད། །

어떤 크고 작은 일을 하더라도
현자는 항상 주의해서 그것을 해야 한다.
사자는 (작은) 토끼나 (큰) 코끼리 (이) 둘을
죽일 때 (항상) 주의를 흩트리지 않는다.

341. 事情無論大或小, 智者恒爲謹愼做,
　　　獅子撲殺象兎時, 相同對待無松緊。

342. [8-39]

ཡོན་ཏན་ལྡན་པ་མི་བཀུར་བའི། །
གནས་དེར་མཁས་པ་སུ་ཞིག་སྡོད། །
ཆུ་ཤེལ་མི་རྟོར་བྱེད་པ་ཡི། །
ཡུལ་དེར་ཆུ་ཤེལ་འཚོང་ངམ་ཅི། །

(지혜) 공덕을 갖춘 자를 존경하지 않는

---

42 부엉이의 왕 이름인 '닌모 롱와(nyin mo long ba)'가 그대로 쓰여 있다. 이 비유는
까마귀 장관의 '위장 망명'을 받아들였다가 망한 부엉이 왕에 대한 우화다.

그런 곳에 어느 현자가 머무랴?

수정을 부싯돌로 쓰는

그 지방에 수정이 어찌 (잘) 팔리겠느냐?

342. 若不尊重學者處, 學者誰願住此境?
　　　水晶若當火石處, 則此誰願賣水晶?

343. [8-40]

མཁས་པས་གཞན་ལ་བཤད་པའམ།།
ཡང་ན་ཞི་བའི་ནགས་སུ་བསྒྲུབ།།
ནོར་བུ་སྐྱེ་གཙུག་རྒྱན་བྱེད་པའམ།།
མིན་ན་རྒྱ་མཚོའི་གླིང་ན་གནས།།

현자는 다른 사람을 가르치거나

또는 평온한 숲에서 수행한다.

보석이 왕관을 장식하거나

그렇지 않으면 바다의 섬 속에서 머물듯이.

343. 智者或爲人講經, 或者靜處自修行,
　　　如同寶石或頂飾, 或者住留海島中。

344. [8-41]

བདག་པས་མཐོ་བའི་དམ་པ་ལ།།
བསྙེན་ན་བདག་ལ་ཕན་པ་སྒྲུབ།།
སྦྱིན་པོའི་རོས་ལ་གནས་པ་ཨེ།།
དུ་རྣམས་གསེར་དུ་སྦྱང་བར་འགྱུར།།

자신보다[43] 더 나은 성자에게

---

43 〔주석서〕의 '닥베(bdag bas)'를 '닥뻬(bdag pas)'로 바로 잡았다.

의지하면 자신에게 이익이 성취된다.
(황금빛) 수미산의 정상에 사는
새들이 (그) 황금빛으로 빛나듯이.

344. 設若依止高尚士, 則對自己有大益,
　　　住於山王之鳥群, 彼等顯成金色也。

345. [8-42]

ཅན་པོ་ཕྱུག་དོག་ལྡན་པ་ལ།།
བརྟེན་ནས་ཅན་པོ་ཐོབ་མི་འགྱུར།།
ཉི་མའི་འོད་ལ་ཉེ་བ་ཡིས།།
ཟླ་བ་མར་དོར་གྱུར་ལ་ལྟོས།།

질투심을 가진 위대한 인물에게
의지하면 위대함을 얻을 수 없다.
햇빛에 가까워진
달이 기우는 것을 보라.

345. 若依嫉妒心重者, 則將自己不成名,
　　　如同靠近太陽故, 月亮由盈變薄蝕。

346. [8-43]

མི་གང་མཛའ་བ་མི་བརྟན་པ།།
དེ་དང་འགྲོགས་པ་སུ་ཞིག་ནུས།།
ནམ་མཁའི་འཇའ་ཚོན་མདོག་མཛེས་ཀྱང་།།
རྒྱན་དུ་རེ་བ་བླུན་པོ་འཁྲུལ།།

어떤 사람과 친근하게 (지내며) 믿을 수 없다(면)
그와 친구가 되는 것이 누구에게 가능하랴?

하늘의 무지개 색깔이 아름다워도
장식품으로 (삼고자 하는) 희망은 어리석은 자의 착각이다.

346. 何人友愛不堅定, 誰願與彼交爲友,
　　空中彩虹雖美妙, 望其裝飾卽愚昧。

347. [8-44]

བདག་ཉིད་གང་ལ་མི་དགའ་བ།།
གཞན་ལ་རྒྱུན་ཏུ་དེ་མི་བྱ།།
གཞན་གྱིས་ཅུང་ཟད་གཅེས་པའི་ཚེ།།
རང་ལ་བསམ་པ་ཅི་བྱུང་སོམས།།

자기 자신이 어떤 것을 좋아하지 않는 것(이라면)
다른 (사람)에게 항상 그것을 시키지 말아야 한다.
다른 (사람)이 조금이나마 (자신에게) 고통을 주었을 때
(자기) 자신에게 무슨 생각이 났던지 생각해 보라!

347. 自己不喜之諸事, 切莫强行讓人作,
　　當思他人對自己, 損害之時有何感?

348. [8-45]

གང་ཞིག་བདག་ཉིད་གང་དགའ་བ།།
དེ་ཉིད་གཞན་ལ་སྦྱར་བྱས་ན།།
གཞན་གྱིས་བདག་ལ་གང་དགའ་བ།།
དེ་ཡི་ཚུལ་གྱིས་མཆོད་པར་འགྱུར།།

누구든 자기 자신이 좋아하는 일이 무엇이든지 간에
바로 그것을 다른 사람에게 적용하면
다른 (사람)은 자신이 좋아하는 일이 무엇이든지 간에

그의 방법을 존경하게 된다.[44]

348. 何事自己所喜愛, 彼事讓人亦可爲,
　　　因此自己所喜事, 他人亦會來承侍。

349. [8-46]

དྲག་ཤུལ་རྣམས་དང་མཇའ་བ་དང་།།
རྩོད་པ་གཉིས་ཀ་མཁས་པས་སྤང་།།
འགྲས་པ་དང་ནི་འདྲིས་པའི་ཆུལ།།
གཉིས་ཀ་བརྟག་ལ་བྱར་ནི་རུང་།།

흉포한 자들과 친근하거나

다투는 것 (이) 둘을 현자는 피한다.

(흉포한 자들은) 원한을 품거나 친구가 되는 방법

(이) 둘을 구별하는 것을 할 수 없다.[45]

349. 智者對於蠻橫衆, 旣不交親亦不爭,
　　　如同粗暴之老虎, 不應結怨及交友。

---

44 문장의 1행, 3행에 '강 가와(gang dga' ba)'가 반복적으로 쓰였는데, '좋아하는 일이
　무엇이든지'로 풀었다. 대구가 되게 의역하였는데 내용의 요지는 자신에게 좋은 일이
　나 방법을 다른 사람에게 적용한다면 그것이 옳든 그르든, 혹은 맞던 그렇지 않든
　간에 일단은 그 마음만은 값어치가 있다는 뜻이다.
45 〔주석서〕에 따라 옮겼는데, 〔잠뺄역〕과 〔한역본〕은 '분별(따, brtag)' 대신에 '호랑이
　(따, stag)'를 쓰고 있다. 이에 따라 옮기면, '원한을 품거나 친구가 되는 법 / 이 둘은
　호랑이에게 하지 말아야 한다'가 된다.

350. [8-47]

དམ་པ་དག་ལ་བསྟེན་པ་དང་།།
མཁས་པ་དག་ལ་འདྲི་བ་དང་།།
གཞུང་བཟང་པོ་དང་འགྲོགས་པ་ནི།།
སུ་ལ་ཡོད་པ་རྒྱུན་དུ་བདེ།།

성자들에게 의지하고
현자들에게 묻고
천성이 좋은 자(들)과 친구가 되는 것
누구라도 (이 세 가지를) 갖춘 자는 항상 행복하다.

350. 依止一切高尚士, 學者之前常詢問,
　　　交結義重情長者, 誰具此等則常樂。

351. [8-48]

དུས་སུ་མ་བབ་པ་ཡི་གཏམ།།
གང་སྨྲས་དེ་ལ་ཀུན་གྱིས་བརྙས།།
མང་པོ་སྨྲ་བའི་གཏན་ཚིགས་ལས།།
སྨྱོན་པར་རྗེས་སུ་མི་དཔོག་གམ།།

부적절한 때의 언급은
무슨 말이 되었든 그것에 대해서 모두가 업신여긴다.
말이 많다는 이유로
미쳤다고 추론하지[46] 않겠는가?

---

46 '추론'으로 옮긴 '제수 뽁빠(rjes su dpog pa)'가 쓰였는데, 현재형 '뽁빠'의 미래형인
　'빡빠(dpag pa)'를 쓴 '제빡(rjes dpag)'은 앞서 현량(現量), 즉 논숨(mngon sum, Skt.,
　pratyakṣa)과 비교되는 비량(比量, Skt. anumāṇa)으로 그 근거에 의존하고(依自所), 그
　바른 인에 의존하는 것(依正因)에 의한 추리 방법이라고 한다.

351. 誰説不合應時語, 則彼衆人會欺凌,
　　　語無倫次喋喋者, 豈非推知瘋人矣?

352. [8-49]

ཉམ་ཆུང་རྣམས་ཀྱིས་རང་ཉིད་ཀྱི། །
སྐྲ་བ་ཐམས་ཅད་འཁྲུལ་བར་བསམ། །
དེ་ལྟར་གོ་ནས་མི་སྨྲ་བའི། །
མི་ལ་གཞན་ལས་བཀུར་བ་ཉེ། །

약소한 자들은 자기 자신의[47]
모든 말을 실수라고 생각한다.
그와 같이 이해하기 때문에 말이 없는
사람을 다른 사람보다 (더욱) 존경하기 쉽다.[48]

352. 弱者以爲自所説, 一切皆會出差錯,
　　　了知此義不多言, 彼者會受人尊敬。

353. [8-50]

ཡུལ་དང་དུས་ལ་བབ་པའི་ཚེ། །
རབ་ཏུ་བསྒྲིམས་ཏེ་ལན་འགན་སྤོ། །
ལེགས་བཤད་ཡིན་ཡང་མང་གྱུར་ན། །
འཚང་ཆོང་སྒྲགས་བཞིན་བྱིན་མི་འགྱུར། །

장소와 시간이 적절할 때[49]

---

47 〔주석서〕에는 '약소한 자의(끼, kyi) 자기 자신이(끼, kyis)'라고 소유격과 도구격이
　　뒤바뀌어 있는데 〔잠뻴역〕과 〔쾨뢰스역〕에 따라 옮겼다.
48 문장의 맨 마지막에 '네(nye)'가 종결로 사용되었는데, 이는 매우 특이한 경우다. 여기
　　서는 가깝다가 아닌 쉽다로 해석했다.
49 351번 경구의 '부적절한 때(두수 마 밥빠, du su ma bab pa)'에 반대되는 '밥빼 체(bab
　　pa'i tshe)'가 쓰였다.

매우 주의를 기울인 뒤에[50] 대답(할 때) 적게 말하라.
좋은 말〔善說〕이라도 많이 (하게) 되면
팔다 남은 물건처럼 팔리지 않는다.

353. 若遇應時合境時, 當以謹愼説少語,
　　　雖有善説若過多, 如同剩貨無人用。

354. [8-51]

རང་སྐྱོན་མཁས་པ་རྣམས་ཀྱིས་ཀྱང་།།
སྐྱོན་དུ་གོ་བ་ཤིན་ཏུ་དཀའ།།
མང་པོས་བདག་ལ་དེ་སྒྲོགས་ན།།
སྐྱོན་ཅན་ཡིན་པར་རྗེས་སུ་དཔག།།

자신의 과실에 대해서는 현자들이라고 해도
(그) 과실을 이해하기 매우 어렵다.
많은 사람들이 자신에게 그것을 널리 알려주면[51]
(그때서야 스스로) 과실이 있다고 추론한다.[52]

354. 雖是廣聞博學士, 亦難認識自過失,
　　　衆人若指自過失, 則能推知自有過。

355. [8-52]

གོ་ཡང་དོན་དེ་མི་འདོན་ན།།
མི་དེ་གདོན་གྱིས་བཏབས་པ་ཡིན།།
ད་དུང་གཉེན་པོར་མི་འཇུག་ན།།
མི་ཡིན་སྐྱམ་དུ་མ་སེམས་ཤིག།

---

50 2행의 한가운데 쓰인 ‘떼(te)’는 시간의 전후, 인과 관계를 가리키며 쓰인 경우다.
51 본문에 쓰인 동사는 앞에서 살펴본 ‘독빠(sgrogs pa)’로 선언하다, 공표하다, 큰 소리
　　로 이르다의 뜻을 지닌 ‘독빠(sgrog pa)’의 명령형이다.
52 이 경구에는 과실을 뜻하는 ‘꾠빠(skyon pa)’가 1행, 2행과 4행에 쓰였다. ‘추론’에
　　대해서는 351번 경구 참조.

알고서도 그 (잘못된) 일을[53] 없애지 않으면

그 사람은 악귀에 물든 자이다.

지금 당장 대치(對治)하지 못하면[54]

'사람이다'는 생각을 마음속에 품지도 마라.

355. 雖知過失而不改, 此人定是遭魔纏,
　　　若尚不依對治者, 自己切莫視爲人。

356. [8-53]

ཅུང་ཟད་བསམ་པ་ཡོད་རྣམས་ཀྱིས། །
བློན་དེ་བཏགས་ལ་འདོན་པར་བྱ། །
དེ་ལྟར་གཉེན་པོ་སྒྲུབ་པ་ཡི། །
མི་དེ་གོང་ནས་གོང་དུ་འགྲོ། །

조금이나마 생각이 있는 자들은

그 과실을 관찰하여 버려야 한다.

그런 식으로 대치법을 수행하는

그 사람은 점점 더 (고양되어) 간다.[55]

356. 稍有辨別智慧衆, 當知過失並除之,
　　　如是常依對治者, 此人日日會上進。

---

53 〔잠뻴역〕에서는 '과실(꾄, sgyon)'이 쓰였다.

54 '죽빠('jugs pa, 入)'가 쓰였다.

55 3행의 '데딸(de rtal)'을 '그처럼' 대신에 '그런 식(in that manner)'으로 풀었다. '공네 공두 도(gong nas gong du 'gro)'를 '점점 더 (고양되어) 간다'로 옮겼는데, '공네 공두' 는 관형적인 표현으로 '점점 더'라는 뜻으로 자주 쓰인다.

357. [8-54]

སློ་དང་སྙན་པའམ་བྲམས་ཀྱང་རུང་།།
བསྒོ་བ་ཉན་པའམ་དཔའ་ཡང་རུང་།།
གཞན་གྱི་བྱ་བ་མི་ཤེས་ཀྱང་།།
དེ་དང་དེ་ཡི་སྤྱོད་པ་སྐྱོང་།།

지혜를 갖춘 자이거나 자비를 갖춘 자이거나

명령을 듣는 자이거나 영웅이라도

다른 사람의 (좋은) 행실을 알지 못하면

그와 같은 것들을[56] (본받아) 행하여 (자신을) 보호해라.[57]

357. 聰明之人仁慈者, 隨和之人勇敢者,
　　　彼等不知其餘事, 亦應各行而護之。

358. [8-55]

མི་བསྲུན་པ་ཡི་འབྲེལ་བ་དང་།།
རིང་ནས་འགྲོགས་ཀྱང་སྤོང་ན་བདེ།།
རྟག་ཏུ་འགུལ་བའི་སོ་བཟང་ཡང་།།
བཏོན་ན་བདེ་ཞེས་རྒན་པོས་སྨྲ།།

난폭한 자와의 관계가

오랫동안 친근했어도 포기하면 행복하다.

'항상 흔들리는 이빨은 보기 좋아도

뽑으면 행복하다'고 노인들이 말하듯이.

---

56 4행에 쓰인 '데당 데이'도 관용적인 표현인데 '그것이 무엇이 되었든'으로 옮겨도
   보기 좋다.
57 문장의 구조에 따라 직역하였는데, 현재형 '보호하다(꽁, skyong)'를 명령형(꽁,
   skyongs)으로 바꾸어 해석하였다.

358. 雖久交往蠻橫者, 然彼遠離則安樂,
　　　翁雲動牙雖爲美, 然彼拔掉得安樂。

359. [8-56]

རྒྱུན་དུ་འཁབང་ཞིང་འཁོར་བའི་མི།།
འཁྱིལ་བ་ཅུང་ཟད་བྱིན་ལ་བསྐྲད།།
སྦྲུལ་གྱིས་ཟིན་པའི་སོར་མོ་ནི།།
གཅོད་མི་ནུས་ན་སྲོག་དང་འབྲལ།།

항상 원한을 품고 있는 자가 주위에서 (얼쩡거리면)

조금이나마 상관 (있는 것을) 주고 내쫓아라.

뱀에게 물린 손가락을

자를 수 없으면 목숨이 떨어진다.

359. 時常怨爭之眷屬, 爲彼稍施當驅逐,
　　　毒蛇所咬之傷口, 不能切除則離命。

360. [8-57]

གལ་ཏེ་ཆེན་པོ་ཐོབ་འགྱུར་ན།།
ཕན་ཚོགས་གཞན་ལ་སེར་སྣ་སྤྱང་།།
ཡུལ་འཁོར་དབང་དུ་འདུ་བ་ན།།
དབྱིག་ལ་སེར་སྣ་བྱེད་དམ་ཅི།།

만약 위대한 것을 얻고자 한다면

다른 자그만 것에 대한 인색함을 버려라.

소국(小國)들을 다스리기 위해 모으려면

재물을 인색하게 써서 어찌하겠는가?[58]

---

58 이 3행에 대한 의견은 분분한데, 〔잠뻴역〕이나 〔한역본〕은 모두 의역하고 있다. 〔잠뻴
　　역〕은 '한 왕국을 다스릴 때(When you rule a kingdom)'라고, 〔한역본〕은 '만약 모든

360. 設使已成高者時, 不必吝嗇瑣碎物,
　　　若能制服諸眷民, 不必慳吝珠寶也。

361. [8-58]

མཁས་པ་ལོངས་སྤྱོད་གསོག་འདོད་ན།།
ཆ་ཤས་སྦྱིན་པ་སྲུང་བའི་མཆོག།
ཁྲོན་པའི་ཆུ་ནི་འཐེལ་འདོད་ན།།
བཅུ་བ་ཉིད་ནི་གདམས་ངག་ཡིན།།

현자가 재물을 모으기 원하면
그 일부를 보시하는 것이 보호하는 것의 최상이다.
우물의 물을 많이 얻기[59] 원하면
바로 퍼내는 것이라는 게[60] 그 충고이다.[61]

361. 智者若欲積財富, 稍微施舍方護財,
　　　若欲井水常充盈, 臽水便是勝竅訣。

362. [8-59]

གང་ཞིག་ཕུན་སུམ་ཚོགས་འདོད་ན།།
དེ་ཡིས་འདུ་འགྲོད་མང་དུ་བྱ།།
འདུ་འཛི་སྤུག་བསྲལ་རྒྱར་མཐོང་ན།།
ཕུན་སུམ་ཚོགས་པའི་རེ་བ་ཐོངས།།

　　백성을 다스리려면〔若能制服諸眷民〕'이라고 번역했다. '율콜(yul 'khor)'은 한 나라이
　　기도 하지만 그보다는 규모가 작은 10만 가구가 사는 작은 지역을 뜻하기도 하여
　　'소국'이라고 옮겼다.
59 원문에는 '늘리다'라는 뜻을 지닌 '펠('phel)'이 쓰였다.
60 〔주석서〕에는 물을 퍼내다, 길어내다(추와, 'chu ba)의 미래형인 '쭈('cu)'가 쓰여 있고
　　〔잠뻴역〕에서는 '추('chu)'가 쓰여 있는데 후자에 따라 옮겼다.
61 256번 경구와 비슷하다.

어떤 자가 삼원만을 원하면

그는 안배(按排)를 많이 해야 한다.

방일(防逸)이 고통의 원인임을 안다면

삼원만의 희망을 (위해 이를) 버려라.[62]

362. 何者若欲皆圓滿, 彼當忙碌種種事,
　　　若見瑣事痛苦因, 則應斷盡彼妄想。

363. [8-60]

བྱ་བ་གང་ཞིག་བསྒྲུབ་ན་ཡང་། །
སྐྱོན་དང་ཡོན་ཏན་གཉིས་གཉིས་སོམས། །
གཉིས་ཀ་མཉམ་ཡང་སྤང་དགོས་ན། །
ཉེས་པ་ཕས་ཆེ་སྨྲོས་ཅི་དགོས། །

무슨 일이든 성공하려면

과실과 (지혜) 공덕 이 한 쌍(雙)을[63] 생각하라.

이 둘이 비슷하여 포기할 필요가 있다면

과실 부분이 큼을 말하는 것이 무슨 필요가 있으랴![64]

363. 無論需做任何事, 當思功德與過患,
　　　德過等亦不應爲, 過多德少何堪言。

---

62 '방일'이라고 옮긴 '두지('du 'dzi)'는 혼란, 산만의 뜻도 있는데, 여기서는 1행, 2행의
　　삼원만의 추구를 위해서는 부지런해야 한다는 의미로 해석하였다. 4행은 문법적으로
　　직역하면 '삼원만의 희망을 버려라'인데 삼원만을 위해서는 게으르지 말아야 한다로
　　해석하고 첨언하였다.
63 원문은 '니니(gnyis gnyis)', 즉 '둘 둘'이라고 쓰여 있다.
64 문장 구조에 따라 직역하였다. '말할 필요도 없다'고 의역할 수 있는데, 이럴 경우
　　문장 속의 의문형 또는 감탄형인 '찌(ci)'가 드러나지 않는다.

364. [8-61]

མ་ཁས་པ་དྲང་པོ་གུས་པས་བསྟེན།།
མ་ཁས་པ་གཡོ་ཅན་ཤེས་ན་གཟབ།།
རྨོངས་པ་དྲང་པོ་བྱམས་པས་བསྐྱང་།།
རྨོངས་པ་གཡོ་ཅན་མྱུར་དུ་སྤོང་།།

정직한 학자를[65] 헌신적으로 의지하고
교활한 학자를 안다면 주의해라.[66]
우매하지만 정직한 자는 사랑으로 보호하고
우매하고 교활한 자는 빨리 포기해라.[67]

364. 敬依正直之學者, 謹愼狡詐之學者,
　　　慈護誠實之愚者, 速棄狡詐之愚者。

365. [8-62]

ནོར་དང་གཡོག་འཁོར་མེད་ན་ཡང་།།
མཛའ་བོ་བློ་ལྡན་གྲོགས་ཡོད་ན།།
དུད་འགྲོས་ཀྱང་ནི་དོན་འགྲུབ་ན།།
མི་ཡི་འགྲོ་བས་སྨོས་ཅི་དགོས།།

재물과 하인이 없어도
지혜로운 친구가 있으면
짐승이라도 (원하는) 일을 성공하니
사람이라는 중생에 대해서[68] 말하는 것이 무엇 때문에 필요하랴!

---

65 지금까지 계속 현자로 옮긴 '케빠(mkhas pa)'가 쓰이고 있으나, 여기서는 학자로
　옮겼다.
66 〔주석서〕에서는 의지하다와 주의하다의 미래형이 쓰였으나 명령형으로 해석했다.
67 2행처럼 여기서도 현재형이 쓰였으나 명령형으로 옮겼다.
68 '사람이라는 중생'은 '미이 도와(mi yi 'gro ba)'의 직역이다.

365. 雖無財富眷仆等, 若有具慧之善友,
　　　傍生亦能成辦事, 何況説爲人衆矣?

366. [8-63]

གང་ཞིག་ཤེས་པའི་བྱ་བ་བསྐོ།
མི་ནུས་པ་ལ་འགའན་མི་བྱུར།།
རྱ་ལ་ཤིང་རྟས་མི་བགྲོད་དེ།།
ཐང་ལ་གྲུ་ཡིས་རེ་ལྱར་བགྲོད།།

어떤 자에게라도 아는 일을 맡겨라.
할 수 없는 자에게 어떤 것이든 부탁하지 마라.
물에 마차가 달릴 수 없고
들에 배가 어찌 달리겠는가!

366. 委托應予所知事, 不知之事莫强迫,
　　　馬車不能水上行, 舳艫不能陸上行。

367. [8-64]

ཡུན་རིང་འཁོན་པའི་དགྲ་བོ་དང་།།
མཛའ་བར་བྱེད་ཀྱང་བསྲེ་མི་བྱ།།
ཤིན་ཏུ་ཁོལ་བའི་རྱ་ཡིས་ཀྱང་།།
མི་དང་འཕྱད་ན་མི་གསོད་དམ།།

오랜 시간 동안 해를 가한 적과는
친해지지 않을 뿐만 아니라 (아예) 섞이지 말아야 한다.[69]

---

69 〔잠뻴역〕은 이 2행을 '그들이 친구들이 되려고 해도(even though they try to become
friends)'로 해석했는데, 여기서는 문장 한가운데 '~을 하더라도'의 '깡(kyang)'을 뒤
따라오는 부정어 '미(mi)'와 함께 '~할 뿐만 아니라 ~해야 한다'로 보고 해석했다.
〔잠뻴역〕에서는 바로 앞 1행의 '~와(당, dang)'를 해석하지 않았지만 여기서는 친한
척 행동하지 않을 뿐만 아니라 아예 섞이지도 말아야 한다로 해석하였다.

매우 (오랫동안) 끓인 물이더라도
불과 만나면 죽지 않더냐?

367. 結下深怨之恨敵, 雖成和好莫密切,
如同高溫滾沸水, 若遇火焰亦熄滅。

368. [8–65]

གཞུང་བཟང་ངོ་ཚ་ཁྲེལ་ཡོད་ན།།
དགྲ་བོ་ལ་ཡང་ཡིད་བརྟན་རུང་།།
གཞུང་བཟང་དགྲ་ལ་སྐྱབས་སོང་བས།།
སྲོག་གི་བར་དུ་བསྐྱབས་པ་ཐོས།།

좋은 천성과 부끄러움〔慚愧〕이[70] 있으면
적이라도 진심으로 믿기에 적당하다.
좋은 천성을 가진 적에게 피신하여
목숨이 끝날 때까지 보호받았다고 들었다.[71]

368. 若知羞恥忠厚者, 雖是怨敵可信任,
非天投靠忠厚敵, 彼亦拼命護非天。

369. [8–66]

རང་ལ་ངན་སེམས་མེད་བཅས་ཏེ།།
ཕ་རོལ་ཀུན་ལ་ཡིད་མི་བརྟེན།།
རི་དྭགས་རྒྱུན་དུ་སེམས་བཟང་ཡང་།།
མཆེ་བ་ཅན་རྣམས་ཟས་སུ་བསྒྲོམ།།

70 '참괴(慙愧, 노차텔, ngo tsha khrel)'에 대해서는 330번 경구 참조. 여기서는 그냥 부끄러움이라고 썼다.

71 이 이야기는 〔한역본〕에서 의역한 것처럼 신들과 아수라(非天)의 싸움에서 패한 아수라 까르마(Karma)에 대한 이야기인데 〔주석서〕와 〔한역본〕에 그 내용이 실려 있다.

'(나) 자신에게는 악한 마음이 없다'는 말을 하는
모든 다른 쪽을 믿지 마라.
초식 동물(들)이 항상 좋은 마음을 (가지고 있어)도
육식 동물들은 (그들을) 먹이로 생각한다.[72]

369. 雖說自己無劣心, 亦勿輕信所有衆,
　　　野獸恒時心雖善, 彼等猛獸當爲食。

370. [8-67]

སྐྱེན་པོ་ལོག་པའི་ལམ་འགྲོན།།
སྐྱེན་པོ་ཉིད་དུ་གོ་བས་ཆོག།
མཁས་པ་ལོག་པའི་ལམ་འགྲོན།།
རྒྱུ་མཚན་གཞན་ཞིག་དཔྱད་དགོས་སོ།།

어리석은 자가 잘못된 길을 가면
어리석은 자의 본성이라고 이해할 수 있다.[73]
현자가 잘못된 길을 가면
다른 원인이 (있는지) 관찰할 필요가 있다.

370. 倘若愚者入邪道, 了知愚者卽可足,
　　　倘若智者入邪道, 則應觀察其原因。

---

72 앞에서 짐승과 맹수로 옮긴 '리닥(ri dwags)'과 '체와(mche ba)'를 여기서는 초식 동
　물과 육식 동물로 나누어 대구가 되게 하였다. '리닥'은 보통 네발 달린 짐승을 가리
　킨다.
73 직역하면 '(그) 어리석음 자체를 이해하는 것으로써 만족해라' 정도 되는데, '촉(chog)'
　에는 '~할 수 있다(can)'는 뜻이 있어 이에 따라 옮겼다.

371. [8-68]

མཁས་པས་ལོངས་སྤྱོད་ལྷག་པར་བརྟེན།།
མི་སྦྱིན་ན་ཡང་འཕྲོག་པ་མེད།།
ལོངས་སྤྱོད་ཉམས་པའི་ཕྱོགས་སུ།།
མི་འཕྲོག་ན་ཡང་བརྐུ་བསྐྱིས་འཇོམས།།

현자는 재물이 풍족한 곳에 안주한다.[74]

(그러면 다른 사람이) 주지 않더라도 도둑맞지는 않는다.

재물이 기우는 곳 쪽에서는

도둑맞지 않더라도 (다른 사람이) 빌려가는 것으로 망한다.

371. 學者善於用財物, 卽使不賜亦不奪,
　　　耗財之境雖不奪, 亦以借貸等毀財。

372. [8-69]

རང་གིས་ལེགས་པར་ཤེས་ན་ཡང་།།
བྱ་བ་ཐམས་ཅད་གྲོས་ཀྱིས་བསྒྲུབ།།
མི་གང་གྲོས་ལ་མི་དགའ་བ།།
འགྱོད་པ་རིན་གྱིས་ཉོ་བ་ཡིན།།

자신이 잘 알더라도

모든 일은 의논해서 이루어야 한다.

어떤 사람이 의논하는 것을 좋아하지 않으(면)

후회를 돈으로 사는 것이다.

372. 自己雖知一切事, 亦尚需與人協商,
　　　誰者不願人協議, 此人自引自悔恨。

---

74 '풍족한'이라고 옮긴 '학(lhags)'은 '학빨(lhags par)'을 축약한 표현인데 보통은 넘치다
는 뜻으로 쓰인다.

373. [8-70]

ཉམས་ངའི་གྲོས་དག་བྱེད་པ་ན།།
མཛའ་ཡང་གསུམ་དུ་གྲོས་མི་བྱ།།
རོ་ལངས་སྒྲུབ་པའི་གྲོགས་ངན་ན།།
ཐོག་མར་སྒྲུབ་པོ་ཟ་བར་འགྱུར།།

매우 꺼림칙한[75] 의논들을 한다면

친구라도 셋이서 의논하지 마라.

시체를 일으키는 수행을 하는 나쁜 친구라면

제일 먼저 (함께) 수행했던 (제 친구를) 제물로 삼는다.[76]

373. 設使協商險怖事, 再親亦莫過三者,
　　如修起屍有惡伴, 首先食掉修者也。

374. [8-71]

ལེན་ཤེས་སྙོམས་པར་གཏོང་ལ་མཁས།།
དུལ་ཞིང་ཀུན་གྱི་རོ་བསྡུང་བ།།
འཛེགས་མེད་ཐུབས་པ་ཆུད་མི་གསན།།
མི་དེ་འདོད་ན་ས་ཀུན་ཐོབ།།

받았던 것을 (잘) 알아 동등하게 (되돌려) 주는 것에 능통하고[77]

---

75 '꺼림칙한'으로 옮긴 '냠나(nyams nga)'는 '무서운, 걱정스러운, 불안스러운(dread)'이
라는 뜻이 있다.

76 의역하였는데 『장한사전』을 비롯해 각 사전들에 별도의 '기시(起屍) 성취법'이라고
나와 있지 않으나, 이 비유는 딴뜨릭 수행과 관련이 깊다. 〔잠뺄역〕에 따르면, 세 사람
이 시체를 되살리는, 즉 죽은 사람을 되살리는 밀법 수행을 했으나, 시체가 없자 함께
수행하던 동료를 죽여 그 시체로 시험해 보았다고 한다. 이 경구에 대해서는 〔주석
서〕에는 '세 사람이 모이면 한 사람은 포함되고 다른 한 사람은 배제된다'라고 해석
하고 있다.

77 1행을 〔잠뺄역〕은 '동등하고 주고받는 것을 능숙하게(equally skilled in both giving
and receiving)'로 해석하고 있는데, 여기서는 직역하였다.

온화하고 모두의 체면을[78] 지켜주고

두려움이 없이 행하며 낭비하지 않는

그런 사람이 원한다면 모든 땅을 얻는다.

374. 了知取捨平等施, 溫和可親尊重人,
　　　無所畏懼不唐捐, 誰人具此得諸地。

375. [8-72]

གལ་ཏེ་དགྲ་བོ་སྐྱབས་འོངས་ན།།
དེ་ལ་མ་ཆོད་ནས་སྙན་པ་བརྗོད།།
ཁྱུ་བྱི་བ་ལ་བརྟེན་ནས།།
བདེ་བ་ཐོབ་ཅེས་སྔོན་རབས་སྒྲོ།།

만약 적이 피신하러 왔으면

그를 존중하여 듣기 좋게 말해라.

'까마귀가 생쥐를 믿어

행복을 얻었다'고 옛날부터 전해지듯.[79]

375. 設使敵人來投靠, 亦應供養並贊美,
　　　傳說烏鴉依老鼠, 次後獲得安樂也。

376. [8-73]

གྲོགས་པོ་ངན་དང་ཐོས་པ་དང།།
ཏོག་པ་ངན་དང་བྱ་བ་ངན།།
མཁས་པ་རྣམས་ཀྱིས་མི་བྱ་སྟེ།།
བྱེད་ན་སྐྱོན་པོ་གནོད་ན་མིད།།

---

78 원문에는 얼굴을 뜻하는 '노(ngo)'가 쓰여 있다.

79 항상 까마귀에게 잡혀먹힐지 의심하던 생쥐가 까마귀가 피신해 오자 친구가 되고
이후 거북이와 사슴 등 숲 속의 다른 짐승들과 평화롭게 살았다는 인도의 우화에서
왔다. [잠뻴역]이나 [한역본]에는 자세하게 설명되어 있지 않아 [주석서]에 따랐다.

나쁜 친구와 함께 나쁜 말을 듣고 (배우고)

나쁜 생각을 하고 나쁜 일을 하는 것을

현자들은 하지 말아야 한다. 그렇게

한다면 어리석은 자와 차이가 없다.

376. 交結劣友聞劣論, 持執邪見作劣事,
　　　此等智者不應行, 若行卽是愚者也。

377. [8-74]

ལེགས་པར་བརྟགས་ནས་བྱེད་པ་ལ།།
བྱ་བ་ཉམས་པ་ག་ལ་སྲིད།།
མིག་ལྡན་བརྟགས་ནས་འགྲོ་བ་ལ།།
གཡང་སར་གོམ་པ་འདོར་རམ་ཅི།།

잘 관찰하여 행한

일이 악화되는 것이 어찌 가능하랴?

(밝은) 눈을 갖추고[80] 관찰하여 가는 자에게

벼랑 (끝)으로[81] 발을 내딛는 것이 어찌 (가능하랴)?[82]

377. 若善觀察而行動, 此事怎能成失敗?
　　　智者睜眼行大道, 怎能墮入深淵中?

---

80 '지혜롭게'라는 뜻도 있는데 직역했다.

81 '벼랑'으로 옮긴 '양사(gyang sa)'를 〔잠뻴역〕과 같이 옮겼는데 '양사'에는 험한 곳이
　라는 뜻과 〔한역본〕처럼 심연(深淵)이라는 뜻도 있다.

82 문장 끝에 내던지다, 포기하다의 '돌('dor)'에 의문형인 '람(ram)'과 '어떻게, 왜'를 뜻
　하는 '찌(ci)'가 같이 쓰여 있다. 직역하면 '내던지랴? 어떻게!'가 된다.

378. [8-75]

རང་གཞན་གཉིས་ཀ་འཕེལ་འགྱུར་བའི།།
ཡོན་ཏན་སློབ་ན་མཁས་པའི་རྟགས།།
རིག་པ་འགའ་ཞིག་མདའ་མཁན་ལྟར།།
ཤེས་པ་ཉིད་ན་ཚོ་འབྱུང་འཇིག།

자신과 타인 (이) 둘에게 발전이 되는

(지혜) 공덕을 잘 배우면 현자의 상징이라 (할만하다).

어떤 기술, 즉 활쏘기 같은 것을

(매우 잘) 알면 일족이 멸망한다.[83]

378. 旣能利己又利他, 學習知識智者相,
　　　有些知識如射者, 一旦精通家族毀。

379. [8-76]

རང་ཉིད་ཅིས་ཀྱང་མཐོ་འདོད་ན།།
གཞན་ལ་ཕན་པ་འབའ་ཞིག་གྱིས།།
བུད་ལ་བྱི་དོར་བྱེད་པ་རྣམས།།
སྔོན་དུ་མེ་ལོང་མི་འཕྱི་འམ།།

자기 자신이 확실하게 높아지기를 바란다면

다른 사람에게 오직 이익 되는 일을 하라.

얼굴을 깨끗하게 하(고 싶어 하)는 자들(이라면)

먼저 거울을 닦지 않겠느냐?

---

83 4행에서 사용된 단어들은 직역하기 쉽지 않은데, '(매우 잘) 알면'으로 옮긴 '셰빠
니나(shes pa nyi na)'는 '아는 것 자체라면'으로 쉽게 직역되나 문장과 매끄럽게 이어
지지 않고, 일족이라고 번역한 '초당(cho 'brang)'은 정확히 말하자면 외가쪽 혈통을
가리킨다.

379. 自己若欲得高位, 則當惟有利他衆,
　　　如同修飾容貌者, 首先豈非擦鏡子。

380. [8-77]

ཕ་རོལ་ཅི་ནས་གཞོམ་འདོད་ན།།
རང་གི་ཡོན་ཏན་འབད་པས་བསྒྲུབ།།
དགྲ་བོ་གསོད་པར་འདོད་པ་རྣམས།།
མཚོན་ཆ་འབད་ནས་བསྒྲུབ་ལ་ལྟོས།།

다른 쪽을 어떻게든 꺾기 바란다면
자신의 (지혜) 공덕을 애써 닦아라.[84]
적을 죽이기 원하는 자들이
무기를 애써 닦는 것을 보라.

380. 若欲降伏諸對方, 則自竭力學本領,
　　　猶如欲殺怨敵者, 先自竭力造兵器。

381. [8-78]

གཡོ་ཅན་ཚིག་ལ་རྫུན་འཛུག་པས།།
དྲང་པོས་དེ་ལ་བཅུག་དཔྱད་དགོས།།
བསྒྲུབས་རྗེས་ཁོ་བོ་དྲང་པོ་ཞེས།།
རང་ལ་བསྟོད་པས་ཅི་ཞིག་ཕན།།

교활한 자의 말에는 가장(假裝)이 섞여 있으니[85]

---

84 성취하다, 이루다, 쌓다 등의 뜻이 있는 '둡빼(sgrub pa)'의 미래형이 쓰여 있으나 바로
　　앞 경구처럼 명령형으로 해석했다. 2행, 4행에 같은 동사가 쓰여 있어 '닦는다'로 옮
　　겼다.
85 '거짓이 섞여 있다'로 옮긴 '돈죽빼(dron 'jug pa)'는 좀처럼 보기 드문 단어인데, 풀어
　　보면 따뜻함, 온화함 등이 들어 있다〔入〕가 되는데 의미는 정반대다.

정직한 자는 그것을 관찰할 필요가 있다.

속고 난 후에 '나는 정직(했다)'고

자신을 칭찬해서 무슨 이득이 있겠는가!

381. 狡者之語有攙假, 誠者對此需觀察,
　　　誘後自稱眞誠者, 如是自誇有何益?

382. [8-79]

གཡོ་ཅན་སོགས་ལ་གཡོ་སོགས་དང་། །
དྲང་པོ་སོགས་ལ་དྲང་པོ་སྟེ། །
མི་བརྟན་པ་ལ་བརྟན་དགོས་ཞེས། །
བྲུ་བ་སྔོན་གྱི་ཡིག་ཚང་ཡིན། །

'교활한 자들에게는 교활함 등과

정직한 자들에게는 정직함 (등과)

의지처가 없는 자에게는 의지처가[86] 필요하다'는 (것은)

옛 문헌의 기록이다.[87]

382. 昔日褒文中宣說 : 狡者之前需狡詐,
　　　直者之前需眞誠, 動者之前需堅固。

---

86 '의지처'라고 옮긴 '뗀빠(bstan pa)'는 의지하다, 서로 믿다는 뜻을 지닌 '똔빠(rton pa)'
　　의 명사형인데, 〔잠뺄역〕에서는 '안정된(be steady)'으로, 〔한역본〕에서는 '견고(堅
　　固)'로 번역했다. 1행, 2행에서 이야기한 교활한 자들에게는 교활하게 대하고, 정직한
　　자들에게는 정직하게 대하는 것이 꼭 옳지만은 않기 아니기 때문에 옛문헌의 기록이
　　라고만 적어둔 것이라 보인다.

87 〔한역본〕 주석에 '옛 문헌〔익창(yig tshang)〕'은 티벳에 불교를 전파한 송쩬 감뽀 대왕
　　(『해제』 참조)의 재위시의 기록(褒文)이라고 적혀 있다. 티벳을 통일한 송쩬 감뽀는
　　불법을 비난하는 자에게 혀를 자르는 것 등의 극형을 가한 것으로 유명하다. 다음에
　　이어지는 경구와 함께 사꺄 빤디따는 이런 자세를 암묵적으로 비난하고 있는 것으로
　　읽힌다.

383. [8-80]

མ་ཁས་པས་དགྲ་དུ་དགྲ་ལ་ཡང་།།
གཉེན་དེས་ཅན་དུ་བྱས་ན་ལེགས།།
དེ་ཡིས་འདུམ་ལ་མི་ཕན་ཡང་།།
ངེས་པར་གནོད་སེམས་འཇིལ་བའི་སྨན།།

(그러나) 현자는 항상 적에게라도
친속처럼[88] 온화하게 대해주는 것이 좋다.
그것은 화해의 이득이 없어도
확실하게 악심을 제거하는 약(이다).[89]

383. 智者恒時對怨敵, 亦應和諧如親友,
　　雖然不能得和解, 定是息怨之良藥。

384. [8-81]

ཚིག་ངན་བརྗོད་པས་འཇིག་རྟེན་ན།།
འདོད་པ་འགྲུབ་པ་མི་སྲིད་ཀྱིས།།
ཡིད་ལ་རང་དོན་བསྒྲུབ་ན་ཡང་།།
ངག་གིས་ཀུན་དང་མཐུན་པར་གྱིས།།

나쁜 말로 표현하여 세상에서
바라는 바를 이루는 것은 불가능하기 때문에
(한) 마음으로 자신의 일을 성취하기 위해서는
말하는 것이 모든 것과 일치해야만 한다.[90]

---

88 〔잠뺄역〕에는 '녠(mnyen)'으로 되어 있는데 '자상하고'로 옮겨도 된다.
89 이 경구는 전체적으로 의역하였다.
90 이 경구에는 언어, 말, 언어적 표현 등을 뜻하는 단어인 '칙(thsig, 말, 언어)', '죄빠
　(mrdzod pa, 언어, 말로 하는 표현, 소설 등)', '낙(ngag, 언어, 언설, 말하는 것)' 등이
　두루 쓰여 있다. 1행의 말미에 쓰인 '나(na)'는 처격으로 봐야지 가정의 '~를 한다면'

384. 若説惡言劣語者, 此世不會成自願,
    心中雖想爲私利, 言説亦應合世衆。

385. [8-82]

རང་དང་གཞན་གྱི་དོན་གྲུབ་ན།།
འཛིན་ཆུབ་རྗེ་རྩུར་བྱུས་ཀྱང་རུང་།།
ཐབས་ལ་མཁས་པའི་སྤྱོད་པ་ལ།།
གཡོ་སྒྱུར་བྱུབ་པས་མ་གསུངས་སོ།།

자신과 남의 일을 (모두) 성취하려면

부드럽게 (하였던) 거칠게 (하였던) 어떻게 하였던 간에

그 방법을 현명하게 행한 것이 (옳다고 말씀하셨)지[91]

교활한 짓이었다고 부처님은 말씀하시지 않으셨다.

385. 若對自他有利事, 無論粗暴或溫和,
    皆行善巧方便故, 佛陀未説是諂誑。

386. [8-83]

ཐ་མར་ཤིན་ཏུ་ཕན་པའི་གྲོས།།
འཕལ་ལ་སྡུག་ཀྱང་མཁས་པས་བསྟེན།།
བཀལ་ཞིང་བརྟང་ནས་ཡོན་ཏན་རྣམས།།
དུ་གཅིག་པ་ལ་མཁས་རྣམས་སྤྱོབ།།

궁극적으로 매우 (큰) 이익이 되는 충고(라면)

임시적인 고통 또한 현자는 이용한다.[92]

으로 보면 문장이 되지 않는다.

91 3행의 말미에 쓰인 '라둔'의 '라(la)'는 '그러나'의 뜻이다. '~이 ~이고, ~이 아니다'
   라는 구조이다.

92 의지하다, 가까이 머물다, 믿는다, 수행하다 등으로 주로 쓰이는 '뗀빠(sten pa)'의 과

윽박지르고 때려서(라도) (지혜) 공덕들을
외아들에게 현자들은 가르친다.

386. 最終有利之協議, 智者暫苦亦履行。
　　　學者衰老又遭苦, 亦將知識傳後人。

387. [8-84]

ཨོངས་སྐྱེད་དུ་ཙང་སྐྱིལ་དགས་ན། །
དེ་ལ་རྒུད་པ་ཤིན་དུ་ཉེ། །
ཆུ་ཡིས་ཨོངས་སུ་གང་བ་ཡི། །
རྫིང་དུ་སྟོང་ངས་ཡང་ན་འདལ། །

재물을 지나치게 늘리면
그것을 쇠락시키는 것에 매우 가깝다.[93]
물이 완전히 찬
연못은 비거나 부서진다.

387. 設使受用過增者, 則彼速會遭衰失,
　　　如同池塘過滿水, 或是沖堤或越水。

388. [8-85]

སྐྱེ་བོ་འགའ་ཡང་ཕན་པའི་ལས། །
དེ་ལ་ལ་ལས་འཛག་མི་ནུང་། །
སློག་སྐྱུ་ཆུང་ལ་ཕན་མོད་ཀྱི། །
མ་ཁྱས་པའི་ནད་ལ་དག་དུ་གྱུར། །

거형과 미래형인 '뗀빠(bsten pa)'가 쓰였다. 여기서는 이용하다, 사용하다(to make use
of)로 해석했다.

93 문장의 말미에 쓰인 '네(nye)'에 대해서는 앞의 경구 207, 352번 각주 참조.

어떤 사람에게 비록 이익이 되는 일(이더라도)

그것을 (다른) 몇몇 (사람)에게 행하기에는[94] 부적절하다.

하얀 마늘은 중풍에는 효과가 있지만[95]

황달병에는 독이 된다.

388. 於某些人有利事, 餘人不定有利益,
　　　蒜頭治風雖有效, 而對膽病卻成毒。

389. [8-86]

ཉམ་ཆུང་ཐག་ཏུ་བསྐྱང་དགོས་དང་།།
འགྲོགས་ན་ཆེན་པོ་ཉམས་དྲགས་ཡོད།།
བཞུན་མར་སྤྱོད་དུ་བཞག་གྱུར་ན།།
སྤྱོད་ལ་བྱི་བས་མི་རྨུག་གམ།།

약소한 자는 항상 보호가 필요하지만[96]

(이런 자와) 어울리면 위대한 인물(이라도) 쇠약해지는 위험이 있다.

버터가 녹은 접시를 놓아두면

(이) 접시를 쥐가 물(고 가)지 않겠는가?

389. 若恒親近脆弱者, 大者亦恐將衰敗,
　　　酥油若置劣器中, 老鼠豈不啃壞彼!

---

94 '행하다'로 옮긴 들어가다(죽빠, 'jug pa)가 쓰였다.

95 '~하고 있으나 그렇지만'의 뜻을 가진 뫼끼(mod kyi)가 쓰였다.

96 보통 그리고, '~와'로 옮기는 '당(dang)'이 여기서는 부정 접속사(but, however)로 쓰였다.

390. [8-87]

དན་པ་རྣམས་ལ་བརྟེན་བྱས་ན།།
དན་པའི་ཤན་གྱིས་རང་ལ་གནོད།།
ཡུར་བའི་ཆུ་ལ་བརྟེན་པ་ཡིས།།
ཉ་རྣམས་ཞིང་ལ་འགྲིམས་ལ་ལྟོས།།

나쁜 자들에게 의지하면
나쁜 물〔熏染〕이[97] (들어) 자신에게 해를 가한다.
수로의 물에 의지하던
물고기들이 (물이 마르자) 들판에 퍼진 것을 보라.

390. 倘若依靠惡劣衆, 惡習熏染害自己,
　　　依賴渠水之魚衆, 田地之上遭撒棄。

391. [8-88]

གཞུང་དན་བདག་པ་བརྟེན་འཆན་ན།།
དེ་ལ་ཆུང་ཟད་བྱིན་ཏེ་བསྐྲད།།
ཁྱིམ་དུ་ལྟས་ངན་བྱུང་གྱུར་ན།།
ནོར་ལས་ཕྱིས་ཏེ་བཟློག་པ་དགོས།།

천성이 악한 자가 (그대) 자신에게 의지하여 머문다면
그에게 조금이나마 주고 내쫓아라.[98]
집에 흉조(凶兆)가 생겼다면
재산부터 줄여 그것을 차단하는 것이 필요하다.

---

97 1행에서는 지금까지 주로 '악한 자'라고 옮긴 '넨빠(ngan pa)'를 '나쁜 자'라고 옮겨
　2행의 '나쁜 물'과 운율을 맞추었다. '물'이라고 옮긴 '셴(shan)'은 '셴톱(shan stobs,
　나쁜 물이 든다, 熏染)'의 줄임말로 보고 옮겼다. '셴빠(shan pa)'는 보통 선원, 백정
　등의 뜻으로 쓰이는데, 매우 드물게 실수로도 쓰인다. 〔잠뻴역〕은 동료(company)라고
　의역하고 있다.
98 2행은 359번 경구의 2행과 거의 같다.

391. 寡情之人來投靠, 於彼稍施當驅逐,
　　　如同家中起惡兆, 當需耗財而消災。

392. [8-89]

དམ་པ་གཞན་དུ་འགྲོན་ཡང་།།
བསྙེན་བཀུར་བྱས་ཏེ་ཉེ་བར་བཞག།
ནོར་བུ་རིན་ཆེན་རྟག་མཆོད་ན།།
བཀྲ་ཤིས་པ་དང་བྱ་བ་འགྲུབ།།

성자가 다른 곳에 가더라도

시봉(侍奉)을 행하여 그를 가까이 모셔라.

여의보(如意寶)를 항상 공양하면

길조가 (생기고) (원하는) 일이 성취되는 것처럼.[99]

392. 正士卽使赴他處, 亦應尊敬及承侍,
　　　若常敬奉如意寶, 則增吉祥成所願。

---

99 이 경구에는 '시봉'이라고 옮긴 '넨꿀(bsnyen bkur)', '공양'이라고 옮긴 '최(mchod)', '여의보'라고 옮긴 '놀부 린첸(nor bu rin chen)', '길조'라고 옮긴 '따쉬빠(btra shi pa)' 등의 단어들이 쓰여 있다. '넨꿀'은 '존경하여 받들어 모신다면'으로, '최'는 공경하다, 모신다로 풀 수 있는데 '놀부 린첸'은 한 단어로 전륜성왕이 가진 바라는 것을 이루는 보석, 즉 여의보를 뜻하는 단어이고 '따쉬빠'는 좋은 것을 뜻한다. 따쉬에 대해서는 195번 경구 참조.
〔잠뻴역〕은 1행을 성자가 다른 곳에서 온 것으로 해석하고 있으나 〔한역본〕에서는 간 것으로 해석하고 있다. 원문은 간 것이 확실하다. 그리고 전체적인 내용은 비록 성자가 떠나고 없더라도 그를 공양하면 여의보를 공양하듯이 큰 이익을 얻는다는 뜻이다. 2행에 어떤 일, 행위를 하는 과거형인 '제(byas)'가 쓰였으나 현재형으로 옮겼다.

393. [8-90]

དམན་པའི་སྐྱེ་བོ་བསྟོད་དྲགས་ན།།
ཕྱི་ནས་དེ་ཉིད་ཁྱད་དུ་གསོད།།
མཁའ་ལ་མི་གཙང་གཏོར་གྱུར་ན།།
འཕོར་བ་པོ་ཡི་སྤྱི་བོར་འབབ།།

하찮은 자를 지나치게 칭찬하면

나중에 바로 그 자에게 특히 해를 입는다.

하늘에 똥을 던지면

(그) 던진 자의 머리에 떨어지듯이.

393. 若人過越贊劣者, 次後自己受毁謗,
　　　如向空中擲糞便, 其落擲者之頂上。

394. [8-91]

སྐྱེ་བོ་བློ་ལྡན་མགོ་སྨད་ན།།
སྨད་བྱེད་ཉིད་ལ་ཉེས་པ་འཕོག།
མར་མེ་ཕྱིར་དུ་ཁ་བསྟན་ན།།
སྟོན་པ་པོ་ཡི་ལག་པ་བསྲེག།

지혜를 갖춘 자를 멸시하면[100]

(그) 멸시한 짓을 한 자 자신에게 과실(過失)이 생겨난다.

등잔불을 아래로 (그) 주둥이를[101] 향하게 했으면

(그) 향하게 한 자의 손이 불타듯이.

---

100 '멸시하다'로 옮긴 '고메(sgo smed)'를 해자해보면, '머리를 아래로 낮추게 만든다'는
　　뜻이다.

101 '등잔불'로 옮긴 '말메(mar me)'는 원래 버터(인도 버터인 기, ghee)를 연료로 쓰는데
　　심지에 불을 붙이면 녹아서 뜨거운 기름이 된다. 36번 경구의 비유와 거의 같다.

394. 若人侮辱有學士, 則彼自己會遭殃,
　　　猶如燈火向下垂, 此人自手會燒傷。

395. [8-92]

གང་དང་གང་གི་གནས་ཡིན་པ།།
དེ་དང་དེ་ཡི་གནས་སུ་བཞག།
གཙུག་རྒྱན་ཀང་པར་མི་བཏགས་ཏེ།།
ཀང་བའི་ཀང་རྒྱན་སྤྱི་གཙུག་མིན།།

무엇이든 그것의 (제) 자리가 있으니
그런 것은 그것의 (제) 자리에 두어야 한다.[102]
왕관의 장식품을 발에 (맞추어) 갈지[103] 않고
발의 신발 장식을 정수리에 (두지) 않는다.

395. 無論何法何相應, 彼法應當如是用,
　　　首飾不能戴足上, 足鐲不能用頂飾。

396. [8-93]

བྱ་བ་ཆེན་པོ་བསྒྲུབ་པའི་ཚེ།།
འབད་པ་ཡིས་ནི་གྲོགས་བཟང་བསྟེན།།
ནགས་ཚལ་ཆེན་པོ་མིས་བསྒྲིགས་ན།།
རླུང་ཞིག་ཅི་ནས་གྲོགས་སུ་དགོས།།

큰일을 성취하려고 할 때는
노력하여 좋은 친구에게 의지해야 한다.

---

102 1행, 2행의 '강당 강기(gang dang gang gi)'와 '데당 데이(de dang de yi)'는 산스끄리뜨
　　어의 'yasya~tasya ~'에 해당하는데 '무엇이든 ~은 그런 것은 ~'로 옮겼다.
103 '갈다'라고 옮긴 '딱빠(btags pa)'는 '닥빠(gdags pa)'의 미래형으로 물건을 갈거나 천
　　을 짜서 어떤 모양을 만드는 것을 뜻한다.

큰 숲에 불이 붙으려면
바람이 확실하게 친구처럼 필요하다.

396. 成辦巨大事業時, 竭力依靠善妙友,
　　　猶如火燒茂林時, 務必依靠大風助。

397. [8-94]

བྱམས་པས་ཁྱབ་པའི་ཚིག་སྙན་པ།།
བསྒྲུབ་སྟེ་གཞན་དགའ་སྲུད་པའི་མཆོག།
ནོར་གྱིས་མགུ་བ་སུ་ཡིས་རུས།།
ལུས་སྲོག་བཏང་ཡང་ཕྱིད་མི་ཚིམ།།

사랑이 듬뿍 담긴[104] 듣기 좋은 말은
(일을) 쉽게 이루게 하고 다른 (사람들)을 기쁘게 하는 최상(의 방법이다).[105]
재물로 만족시키는 것은 누구나 할 수 있어
몸과 목숨을 주더라도 절반도 만족시키지 못한다.

397. 仁慈者說溫和語, 他人歡喜易成事。
　　　誰能耗財令人喜, 舍棄身壽亦難足。

---

104 원문에는 '널리 퍼지다'를 뜻하는 '캽빠(khyab pa)'가 쓰여 있다.
105 이 경구에 대해서 〔잠뺄역〕은 내놓고 의역하고 있으며 〔한역본〕은 '사랑이'를 인자
　　자(仁慈者)로 번역하였는데, 이럴 경우 1행, 2행과 3행, 4행이 대구가 되기 위해서는
　　1행을 '어진 이는 주변에 듣기 좋은 말로'로 바꾸어야 된다.

398. [8-95]

ཕོངས་ཀྱང་གདུང་བར་མི་བྱ་སྟེ། །
འབྱོར་ཡང་དགའ་བས་རྗེགས་མི་བྱ། །
ལས་ཀྱི་འཕེན་པ་རྒྱང་རིང་བས། །
སྐྱིད་སྡུག་སྣ་ཚོགས་ད་གདོད་འབྱུང་། །

가난해졌어도 번민하지 말고

재물을 모았어도 너무 기뻐하지 마라.

억겁에 걸친 업력(業力)에[106] 의해서

다양한 행복과 고통〔苦樂〕이 연이어 발생한다.

398. 不因窮困極憂傷, 不因富有喜而慢,
　　　業力所牽遙遠故, 種種苦樂隨後現。

『선설보장론』「제8「관행품(觀行品)」 마침.

---

106 본문에는 '업력'을 '레끼 펜빠(las kyi 'phen pa)'로 풀어 쓰고 있다. 일반적으로 한
　　행 안에 연속된 수식어가 온 경우에는 분리하여 옮겼는데, 여기서는 '오랜 시간동안
　　이어져온(걍링베, rgyang ring bas)'과 어울리게 의역했다.

제9장 법에 대한 검토[1]

399. [9-1]

འགྲོ་མགོན་སངས་རྒྱས་བཞུགས་བཞིན་དུ།།
སྟོན་པ་གཞན་ལ་གུས་བྱེད་པ།།
ཡན་ལག་བརྒྱད་ལྡན་ཆུ་འགྲམ་དུ།།
བ་ཚྭའི་ཁྲོན་པ་བཀོ་བ་ཡིན།།

중생의 우두머리인 부처님이 계시는 동안

다른 (외도의) 스승을 존경하는 것은

팔공덕수(八功德水)의 (갠지즈 강) 둑에서

짠맛의 우물을 파는 것이다.[2]

---

1 དགུ་པ་ཆོས་བཏག་པའི་རབ་ཏུ་བྱེད་པ།།

한문식으로 하자면 「관법품(觀法品)」. 〔한역본〕에서는 불법품(佛法品)으로 쓰고 있다. 총 59개의 경구가 적혀 있다.

2 팔공덕수(八功德水)는 티벳어로 '엔락 게덴 추(yan lag brgyad ldan chu)'인데 주로 갠지즈 강(恒河)의 물을 비유할 때 쓴다. 여덟 가지 덕(德)을 갖춘 물이라는 뜻인데, 1) 차고, 2) 달고, 3) 가볍고, 4) 부드럽고, 5) 맑고, 6) 더러움에서 자유롭고, 7) 마신 뒤에 속을 달래고, 8) 마실 때 목에 잘 넘어가는 물을 가리킨다. 티벳 불교에서는 7지 공양을 올릴 때 꽃이 아닌 다만 맑은 물을 사용하는데 2차 전법기의 시작을 알리는 아띠샤가 티벳의 물을 마셔보고 다만 공양물로 이 물만으로도 충분하다고 하여, 우리의 청수(淸水)를 불단에 올리는 것처럼 불단에 물을 올리는 것이 시작되었다고 한다.
이 경구와 티벳 삼장에만 남아 있는 용수의 『쁘라갸단다(prajñādaṇḍa, 티벳명 셰랍 동부, shes rab sdong bu, 우리말로 하면 '지혜의 정수' 정도가 되는데 '동부'는 보통 나무의 본줄기를 가리킨다)』의 여섯 번째 게송과 거의 유사하다. 거칠게 옮기면, '부처님의 가르침을 완전히 잊고 / 다른 신을 경배한다면 / 무지하여 갠지즈 강의 가까운 곳에서 / 목이 말라 우물을 파는 것과 같다.'
이 『쁘라갸단다』는 인도에서 제작된 용수의 이름을 차용한 위경이 확실한데, 갠지즈 강과 우물을 통해 붓다와 다른 외도의 스승들을 비유하는 것이 당시에 유행하던 작법인 듯하다.

399. 衆生怙主在世時, 若人禮拜外道師,
　　　則如具八支河岸, 又複欲掘鹽水井。

400. [9-2]

དངོས་པོ་གང་དང་གང་ལ་ཡང་།།
གོམས་ན་དཀའ་བ་ཅི་ཡང་མེད།།
བཟོ་ཡི་རིག་བྱེད་སྦྱངས་པ་ལྟར།།
དམ་ཆོས་དཀའ་བ་མེད་པར་འགྲུབ།།

무슨 일이라도[3]

익숙해지면 어떤 어려움이 있겠는가?[4]

(쉬운) 공예술을 배우는 것처럼

성법(聖法)도 어렵지 않게 성취된다.

400. 無論一切任何事, 若人習慣無微難,
　　　如同學習工巧明, 修學佛法亦不難。

---

3 1행에서도 산스끄리뜨어 운문학의 영향이 선명하게 드러나는데 '무엇이든(whatever)'
에 해당하는 '강당 강라 양(gang dang gang la yang, skt., yatra)'의 5자가 7자 1행을 맞추
기 위해서 쓰여져 있다.

4 티벳어 전공자들에게 골머리를 싸매게 만드는 표현이 여기에 등장하는데, 원문 '까와
찌양 메(dka' ba ci yang med)'로 이를 직역하면 '무슨 어려움이 없겠는가?'이다. 티벳어
에서 '메빠(med pa, 없다)'가 사용될 때 앞선 단어가 부정의 의미를 지니고 있으면
'외빠(yod pa, 있다)'가 된다. 즉 '부정 ～ 부정'이 '부정 ～ 긍정'으로 바뀐다. 여기서는
어렵다는 것이 부정의 뜻을 지니고 있으므로 긍정으로 바뀐 경우다. 이것에 대해서는
별도의 설명이 티벳어 문법책에 나와 있지 않은데, 티벳인 학자들은 이렇게 바뀌는
것을 당연한 일로 여긴다.
여기서는 본문의 '까와 찌양 메(dka' ba ci yang med)'를 '찌식 외(ci shig yod)'의 동의어
로 보고 옮겼다. 〔잠뺄역〕은 내놓고 풀어서 쓰고 있으며, 〔한역본〕은 '어려움이 없다'
로 해석하고 있다.

401. [9-3]

གང་ཞིག་ཕྱུང་དུས་ཆོག་ཤེས་པ།།
དེ་ཡིས་ལོངས་སྤྱོད་ཟད་མི་ཤེས།།
ཆོག་ཤེས་མེད་པར་འཚོལ་བ་ལ།།
སྡུག་བསྔལ་ཆར་བཞིན་རྒྱུན་དུ་འབབ།།

어떤 자가 조그만 것에 만족할 줄 알(면)

그에게 재물은 고갈되지 않는다.

만족할 줄 모르고 (재물을) 찾는 자에게

고통은 비처럼 항상 쏟아진다.

401. 何人稍財能知足, 彼者財富用不盡,
　　　若無知足求財者, 恒臨痛苦如雨水。

402. [9-4]

ནམ་དགོས་ཚེ་ན་ལེན་པ་ཡི།།
ནོར་ནི་སྤྱིན་པར་ཐུབ་པས་གསུངས།།
བསགས་པའི་ནོར་ནི་སྦྲང་རྩི་ལྟར།།
ནམ་ཞིག་གཞན་གྱིས་སྤྱོད་པར་འགྱུར།།

언제든지 필요할 때 (되돌려) 받을 수 있는[5]

바로 그 재물을 주라고 부처님께서[6] 말씀하셨다.

쌓아둔 재물은 꿀과 같아서

언젠가는 다른 사람이 쓰게 된다.

402. 佛説何者施舍財, 彼人需時可收取,
　　　所積之財如蜂蜜,終將被他人享用。

---

5 '(되돌려) 받을 수 있는'이라고 옮긴 '렌빠 이(len pa yi)'를 직역하면 '받는'이 되는데 여기서는 의미를 명확하게 하기 위해서 첨언하였다.

6 사꺄무니의 무니(muni)에 해당하는 '툽빠(thub pa, 能仁)'가 쓰였다.

403. [9-5]

འཇིག་རྟེན་འདིར་བུ་ལོན་བཏང་བས།།
དངོས་པོ་ཐོབ་པའི་ངེས་པ་མེད།།
སློང་ལ་བྱིན་ན་འབད་མེད་པར།།
ཅུང་ཡང་བརྒྱ་འགྱུར་ཐོབ་པ་ཡིན།།

·이 세상에서라면 빌려 준

것을 되돌려 받을⁷ 확신이 없다.

(그러나) 거지에게 준 것이라면 애쓰지 않아도

(아무리) 작은 것이라도 백배나 되돌려 받는다.⁸

403. 此世雖然放債務, 亦不一定償淸債,
　　　若與乞丐布施者, 無勤定得百倍物。

404. [9-6]

འཆང་ལ་ཕྱུག་པོ་མི་སྲིད་ཅིང་།།
གཏོང་ལ་དབུལ་པོ་མི་སྲིད་པས།།
འཆང་པ་ནོར་དང་ཅུང་བ་དང་།།
གཏོང་བ་ནོར་ལ་རྗེས་པ་འདྲ།།

구두쇠 짓으로 (큰) 부자 되기 불가능하고

베풀어서 가난해지기 불가능하니

구두쇠는 재물에 대한 (욕심이) 작고

베푸는 자는 재물을 엄청나게 (탐내는 것과) 같다.

404. 慳者不會成富裕, 施者不會成貧困,
　　　似成嗇者不喜財, 施者似爲貪圖財。

---

7 원문에는 얻다, 획득하다의 '톱빠(thob pa)'가 쓰였다.

8 보시 바라밀다가 금생뿐만 아니라 후생에도 그 영향을 끼친다는 의미다.

405. [9-7]

བྱིན་ན་དབུལ་འགྱུར་དོགས་པ་ཡིས།།
འཛངས་པས་སྦྱིན་པ་མི་གཏོང་ལ།།
སེར་སྣས་ངེས་པར་ཕོངས་འགྱུར་བས།།
བློ་ལྡན་ཆུང་ཟད་རྙེད་པའང་གཏོང་།།

보시하면 가난해질 것이라는 두려움에

구두쇠는 보시를 베풀지 않는다. 그래서[9]

(그) 인색함 때문에 확실하게 가난해진다. 그래서

지혜를 갖춘 자는 얻었던 (아무리) 작은 것이라도 베푼다.

405. 若施恐怕變窮故, 慳者不願放布施,
　　　若嗇必定變窮故, 智者有財卽布施。

406. [9-8]

བཞག་ན་ནོར་སྐྱེད་མི་འཕེལ་བས།།
ཚོང་པ་ཙོང་རྣམས་འགྲིམས་པ་ལྟར།།
བསགས་ན་དབང་ཕྱུག་མི་ཐོབ་པས།།
མཁས་པས་འཚོང་བཞིན་ཕྱོགས་བཅུར་སྦྱིར།།

쌓아만 둔 재산의 이자가 늘지 않아서

상인이 물건들을 널리 퍼뜨리는 것처럼

담고만 있으면 부귀를 얻을 수 없어

현자는 상인처럼 십방(十方)에 은혜를 베푼다.[10]

---

9 2행의 말미에 '라(la)'가 쓰였는데 '그래서'로 해석했다. 3행의 '베(bas)'도 마찬가지다.
　운문 형식으로 바꿀 수도 있지만 문장의 구조를 명확하게 하기 위해서 그대로 두었다.
　이것은 이유, 원인 등을 나타내는 경우에 도구격이 쓰인 예이다.
10 3행에서 '부귀'라고 옮긴 '왕축(dbang phyug)'은 보통 관자재보살을 수식할 때나 대자재
　천(시바)을 뜻하는데, 여기서는 매우 예외적으로 쓰이고 있다. 4행을 〔한역본〕에서는
　재물을 베푼다(施財)라고 번역하였고 〔잠뻴역〕에서는 준다(give)라고 번역하였다.

406. 屯集之物不增上, 商者處處設貨攤,
　　　如是積財不成富, 智者十方放施財。

407. [9-9]

བྱེ་བ་སྟོང་ཕྲག་གཏེར་ཡོད་ཀྱང་།།
སུ་ཞིག་ལ་ཡང་གཏོང་མི་བྱེད།།
དེ་དག་འཇིག་རྟེན་འདིར་དབུལ་ཞེས།།
ཐོས་མང་རྣམས་ཀྱིས་དེ་སྐད་བཤད།།

'(어떤 자는) 천만의 천배가[11] 되는 보물이 있어도

누구에게도 베풀지 않는다.

그런 자는 이 세상에서 가난한 자다'라고

(가르침을) 많이 들은 분들은 그와 같이[12] 말씀하셨다.

407. 廣聞博學之士雲 : 雖具千百萬寶藏,
　　　誰亦不願布施者, 此乃世間之貧者。

408. [9-10]

རིགས་བརྒྱུད་ཀུད་ཀྱི་དོགས་པ་ཡིས།།
བློ་ཆུང་ཅུང་ཟད་རྙེད་པའང་གསོག།
མཁས་པས་རིགས་བརྒྱུད་མ་ཐོ་ཐོབ་ཕྱིར།།
གསུག་བཞིན་གཞན་ལ་སྦྱིན་པ་གཏོང་།།

　여기서 사용된 동사 '뗄(ster)'은 혜시(惠施)라는 뜻이 있어 '은혜를 베푼다'로 옮겼다.
11 원문을 직역하여 '천만의 천배'라고 했는데, 보통 이것은 헤아릴 수 없는 많은 숫자를
　　가리킨다. 〔한역본〕에서는 천백만이라고 했는데 정확히 헤아리면 천만(제와, bye ba)
　　의 천배(똥탁, stong phrag)이다.
12 '그와 같이'로 옮긴 '데께(de skyad)'를 풀어보면 '그와 같은 말' 정도 되는데 산스끄리
　　뜨어의 '에밤(evam, 경에 나오는 그와 같이 내게 들렸다'에 자주 등장한다)'과 같은
　　뜻이라 이에 따라 옮겼다.

가문의 후손이[13] 기우는 것을 두려워하는
우매한 자는 작은 (재물이라도) 얻을 수 있으면 모은다.
현자는 가문의 후손을 높이는 것을 이루기 위해서
뇌물처럼 (재물을) 다른 사람에게 보시하여 베푼다.

408. 愚者顧慮失後代, 所得微財亦積累,
　　　智者爲興自後代, 如同賄賂而發施。

409. [9-11]

 རིགས་བརྒྱུད་ཕྱུག་པོར་བྱ་སྙམ་ནས།།
རང་ཉིད་བཙོངས་ནས་བུ་ལ་སྦྱིན།།
བུ་ངན་པ་ལ་རྩོལ་བཞིན་དུ།།
ནོར་རྣམས་བརྒྱག་ནས་ཁྱི་བཞིན་འཁྱམས།།

가문의 후손을 부자로 만들기 위한 생각으로
자기 자신을 팔아 아들에게 베풀었건만
나쁜 아들은 (그런) 아버지에게 (계속) 싸워대고
재물들을 잃으면 개처럼 (거리를) 배회한다.

409. 思爲後代得福貴, 抛售己身遺予子,
　　　劣子反而抗父母, 耗盡諸財遊如犬。

---

13 ‘가문의 후손’이라고 옮긴 〔주석서〕와 〔잠뻴역〕에는 ‘릭규(rigs brgyud)’라고 적혀 있
　　으나 〔강톡본〕에는 ‘릭규(rigs rgyud)’라고 적혀 있다. 만약 ‘릭규(rigs brgyud)’라고 쓴
　　다면 하나의 단어가 아닌, 한 혈통, 씨족의 후계 또는 후계자가 되는데 〔한역본〕은
　　후대(後代)로, 그리고 〔잠뻴역〕은 ‘가문의 혈통(fimily lineage)’으로 번역하였다. 〔강
　　톡본〕에 따르면 가문이란 한 단어가 되는데 보통은 혈통, 씨족을 뜻한다.

410. [9-12]

རྗེ་ལྟར་ཕ་མས་བུར་བྱམས་པ།།
དེ་ལྟར་བུ་ཆོས་ཕ་མར་མིན།།
ཕ་མས་བུ་ཚ་བསྐྱངས་བསྐྱངས་ནས།།
ཕ་མ་རྒས་ནས་བུ་ཆོས་བརྙས།།

이와 같이 부모가 자식을 사랑하지만
그와 같이 자식은 부모에게 (그렇지) 않다.[14]
부모가 자식을 (이와 같이) 보살피고 보살폈건만
부모가 늙으면 그 자식은 (그와 같이) 업신여긴다.

410. 父母極爲慈愛子, 子女並非如是待,
　　　父母竭力養子女, 一旦衰老受子辱。

411. [9-13]

ནོར་གསོགས་འཆང་བའི་ཕྱུག་པོ་དང་།།
དགོས་པར་གཏོང་བའི་ཕྱུག་པོ་གཉིས།།
རང་དང་རིགས་བརྒྱུད་གཉིས་ཀ་ལ།།
འཇིག་རྟེན་གཞན་གྱི་བྱེ་བྲག་འབྱེད།།

재물을 쌓으려는 구두쇠 같은 부자와
필요한 곳에 베푸는 부자, (이) 둘 가운데
자신과 가문의 후손, (이) 둘에 대한
다른 세상〔未來世〕의 차이는 (명백하게) 나누어진다.

411. 積財慳吝之富者, 積財樂施之富者,
　　　此二自己及後代, 來世將有明差別。

---

14 문법 구조는 「해제」 참조.

412. [9-14]

སྲེད་པའི་ཁོལ་པོར་གྱུར་པ་རྣམས།།
སྲོག་དང་བསྡོས་ནས་ནོར་ཕྱིར་འབྱུང་།།
ཆོག་ཤེས་རྣམས་ཀྱིས་ནོར་རྙེད་ཀྱང་།།
དེས་པ་བཞིན་དུ་གཞན་ལ་སྦྱིར།།

탐심(貪心)의[15] 노예가 된 자들은
목숨이 위험해도 재물을 따른다.
만족함을 아는 자는 재물을 얻어도
후덕(厚德)한 자와 같이 다른 (사람)에게 베푼다.

412. 漂泊輪回諸眾生, 晝夜拼命求財富,
　　　知足之士雖得財, 亦如菩薩施他眾。

413. [9-15]

བདོག་པ་བཏང་བས་སྦྱིན་པ་རྫོགས།།
དེ་ལ་ཁྲོན་བཟོད་པ་འཕེལ།།
ཚིམས་ན་རྗེས་སུ་ཡི་རང་བསྐོམ།།
དེས་ན་སྦྱིན་པ་ཆོས་ཀྱི་མཆོག།

가진 것을 베풀어 보시 (바라밀다)를 원만하게 한
그에게 화를 내면 (그의) 인내가 증가하고
만족하면 큰 기쁨이 닦여진다.[16]
그러므로 보시가 법의 최고다.[17]

---

15 '탐심'이라고 옮긴 '세빠(sred pa)'는 욕망을 일컬을 때도 자주 쓰인다.

16 '큰 기쁨'이라고 옮긴 '제수 이랑(rjes su yi rang)은 경(經)의 마지막에 부처님의 설법을
　들고 참석한 중생들이 기뻐한다고 할 때 관용적으로 쓰인다. '닦여진다'로 옮긴 '곰빠
　(sgom pa)'의 미래형인 '곰빠(bsgom pa)'는 보통 수행을 의미하는데 주로 쓰이는데
　여기서는 풀어서 썼다.

17 이 경구에서는 육바라밀다를 염두에 두고 베풂, 즉 보시 바라밀다를 강조하고 있다.

413. 施舍一切圓施度, 若起嗔恚增安忍,
　　　人足亦可隨喜故, 布施修法之根本。

414. [9-16]

སྡུག་བསྔལ་རྒྱ་མཚོའི་སྣོད་གྱུར་པ།།
ལུས་འདི་དགྲ་དང་འདྲ་མོད་ཀྱི།།
བློ་དང་ལྡན་པས་འཁོལ་ཤེས་ན།།
འདི་ལ་བསོད་ནམས་རྟེན་དུ་རུང་།།

고통의 바다에 (떠다니는) 배가 된
이 몸은 적과 비슷하지만[18]
지혜를 갖추고 움직일 줄 알면
이것에는 복덕이 머물기 적당하다.

414. 此身雖爲苦海器, 是故如同怨恨敵,
　　　智者若知役使法, 則成一切福德因。

415. [9-17]

སྐད་ཅིག་འཇིག་པའི་ཚེ་ན་ཡང་།།
དགེ་བའི་བག་ཆགས་རིང་དུ་འབྱེར།།
རླུང་གིས་བསྒོས་པའི་ཙན་དན་དེ།།
རིང་དུ་འཐུལ་ཡང་དགའ་བ་སྐྱེ།།

한순간에 부서지는 목숨이라도
선한 습기(習氣)는 오랫동안 전해진다.
바람이 옮겼던 향나무 냄새는

---

18 1행의 '배'라고 옮긴 '뇌(snod)'는 원래 용기, 그릇이란 뜻이다. 2행의 말미에는 '~하
고 있으나 그렇지만'의 뜻을 가진 '뫼끼(mod kyi)'가 쓰였다.

멀리서도 (냄새를) 풍겨 기쁨을 일으키듯이.[19]

415. 雖身刹那卽消失, 善業亦能傳百世,
　　　如同風揚檀香味, 傳送雖遠令人喜。

416. [9-18]

ཡུན་རིང་བདེ་བ་སྤྱད་སྤྱད་ནས།།
འབྲལ་བའི་སྡུག་བསྔལ་ལྡག་པར་ཆེ།།
རང་དབང་མེད་པར་འཆི་དགོས་པ།།
འདི་ལ་རྟག་འཛིན་དེ་དག་བཤིག།

오랫동안 (함께) 행복한 생활을 했다가[20]

헤어지는 고통은 더욱더 크다.

할 수 없이 죽어야 하니

이것을 통해서 항상하다는 (생각을) 가진 것, 그것들은 부서진다.

416. 今世長期共享樂, 一旦辭別極痛苦,
　　　終無自由而死亡, 若執恒常眞毀己。

---

19 이 경구는 '습기(박착, bag chags)'란 단어가 사용되었는데 산스끄리뜨어로는 '바사나
(vāsanā)'라고 하며, 한문 대장경에는 훈습 또는 습기, 습 등으로 자주 등장하고 승가
에서 '습(習)이 들었다'는 표현으로 일상화된 어휘이다. 쉽게 비교하여 이야기하자
면, 마늘을 만지면 그 냄새가 손에 배는 것을 훈습이라고 한다. [잠뺄역]에서는 '박
착'을 'habits'로 영역했는데, 아직까지도 습관을 뜻하는 이 단어가 주로 쓰이고 있는
처지다. [한역본]은 의역하여 선업(善業)으로 풀고 있다. 3행에 '옮겼다'로 옮긴 '괴
뻐(bsgos pa)'는 '고와(sgo ba)'의 과거형으로, '박착 괴뻐(bag chags bsgos pa)'로 함께
쓰면 사염상습기(使染上習氣)다.

20 티벳어로는 '생활을 했다'로 옮긴 '쩨쩨(spyad spyad)'가 반복적으로 사용되어 있다.
'행위를 했다'가 직역인데 여기서는 의역했다.

417. [9-19]

གཉེན་བཤེས་ཀུན་གྱིས་མཐའ་བསྐོར་ཏེ།།
བཙམ་བསྐྱངས་མིག་རྩ་ཤིན་ཏུ་ཞན།།
གང་ཕྱོགས་འགྲོ་བའི་གཏོལ་མེད་པ།།
དེ་ཚེ་དགེ་བ་གཞན་རྣམས་ཕུང་།།

모든 친척에게 둘러싸인 채
목소리 잦아들고 눈은 매우 침침하여[21]
어느 쪽으로 가는 지 확실하지 않은
그때 다른 (모든) 즐거움들은 무너진다.[22]

417. 親友皆圍自身旁, 低聲吐語失目光,
　　 不知死後歸何處, 此時無善者可憐。

---

21 '믹짜 신두 쎈(mig rtsa shin tu zhan)'을 직역하면 '눈의 혈맥은 매우 좋지 않다'인데
여기서는 의역했다.

22 4행은 [잠뺄역]과 [주석서]의 철자가 달라 아주 달리 해석되는데 본문은 [주석서]에
따른 것이다. [잠뺄역]에 따르면, '데체 게와 쎈남풍(de tshe dge ba zshan rnams
phung)'은 '그때 행복(선)이 없어진 것(결여된 것)이 무너진다(쓰러진다)'가 된다. [주
석서]와의 차이는 '쎈(gzhan)'과 '쎈(zhan)' 뿐이지만 '쎈(gzhan)'은 '게와(dge ba, 善,
행복)'를 수식하고, '쎈(zhan)'은 '게와'를 목적어로 받는다. [한역본]은 이들을 모두
하나로 보고 무선자(無善者), 즉 선업을 쌓지 못한 자로 보고 있는데, 이에 따라 해석
하면 '선업을 쌓지 못한 자들은 무너진다'가 된다. 그런데 한역은 따라오는 '풍
(phung)'을 빼고 의역하여, 그때 무선자들은 불쌍하다로 옮겼다.
여기서는 즐거움으로 보고 해석했는데, 막상 죽음이 눈앞에 닥치면 더 이상 세속의
즐거움은 없다고 보았다. 4행의 문장 말미의 '무너진다'로 옮긴 '풍(phung)'은 동사가
아닌 명사로 자주 쓰이는데 원래는 산스끄리뜨어인 '스깐다(skandha)', 즉 온(蘊, 모
음)을 가리킨다. 티벳어의 경우는 보통 다섯 가지의 무너지는 것(이 모여 있는 것)을
오온(五蘊)이라고 하는데 여기서는 '풍송(phung song)', 즉 이런 것들이 무너지는 것의
약어로 보고 해석했다.

418. [9-20]

ངན་སོང་གསུམ་པོའི་ནད་རྣམས་ནི།།
མ་བྱུང་བ་ནས་གསོ་བར་བྱ།།
གནམ་ལྕགས་མགོ་ལ་བབ་པ་ལྟར།།
ཐོག་ཏུ་བབ་ན་ཅི་བྱར་ཡོད།།

삼악취(三惡趣)의[23] 병들은
일어나기 전에 고쳐야 한다.
벼락이 머리에 떨어지는 것처럼
막상 (삼악취에) 떨어지면 무엇을 할 수 있으랴!

418. 三種惡趣之諸病, 未到之際當治之,
　　　否則如同遭霹靂, 驟落自頂無可奈。

419. [9-21]

མཛའ་བཤེས་ཀུན་དང་འབྲལ་བ་དང་།།
ངེས་པར་འཆི་བ་ཤེས་བཞིན་དུ།།
ད་དུང་བདེ་བར་གཉིད་ཁེབས་པ།།
བདག་གི་སྙིང་ལ་ཅི་ཞིག་ཞུགས།།

모든 일가친척과 헤어지고
확실하게 죽을 것을 알고 있는데
지금까지 행복하게 잠드시는지?
(그러면) 그 자신의 마음에 무엇이 들어올거나![24]

---

23 6도 중생 중에 지옥생, 아귀, 축생을 가리킨다.
24 이 경구는 직역하였는데, 3행의 잠들다에 쓰인 '펩빠(phebs pa)'는 가다는 동사 '도와
('gro ba)'의 존칭어다. 비꼬기 위해서 이렇게 썼는데 격변화를 하지 않는 동사지만
의문형으로 해석하고 4행을 감탄형으로 받았다.

419. 明知離別諸親友, 亦知必定會死亡,
　　　仍舊安然入眠者, 究竟吾心有何魔。

420. [9-22]

བདག་གིས་བཙོན་པ་མི་ནུས་ཀྱང་།།
ཅི་ནས་ངན་འགྲོར་མི་ལྷུང་བྱ།།
དཔའ་བོས་དགྲ་སྟེ་མི་བསོད་ནའང་།།
རང་ཕྱོགས་གསོད་པར་བྱེད་དམ་ཅི།།

자신이 추구하는 바를 (모두) 할 수 없어도
무엇이든 악취(惡趣)에 빠지지 않는 것을 하라.
용사가 적의 무리를 죽일 수 없어도
자기편을 죽여 무엇 하랴?[25]

420. 何者雖不能精進, 亦不應該墮惡趣,
　　　勇者雖不能殺敵, 怎會殺害自方矣?

421. [9-23]

འཕལ་དུ་ཆུང་ཟད་སྡུག་ན་ཡང་།།
རྒྱུན་དུ་བདེ་བ་མཁས་པས་བསྟེན།།
གཏར་བསྲེག་དག་གིས་ནད་འདོན་པ།།
སྨན་པ་མཁས་པའི་གཞུང་ལུགས་ཡིན།།

한순간 약간 고통스럽더라도
항상 선(善)을 현자는 따른다.[26]
째고 짜는 것들이 병을 없앤다.

---

25 말미에 쓰인 어휘들을 풀어보면, '죽이랴? 왜!'가 된다.
26 보통 '의지하다'로 옮겼던 '뗀빠(bsten pa)'를 여기서는 '따른다'로 옮겼다.

(이것은) 명의(名醫)의 학설이다.[27]

421. 學者爲得恒久樂, 暫苦亦應求學問,
　　　如同刺灸法療治, 此乃巧醫之論典。

422. [9-24]

གལ་ཏེ་གཞན་དག་ཕུན་ཚོགས་པས།།
བདག་གི་ཡིད་ལ་མི་བཟོད་ན།།
དེ་ཡིས་རང་འབྱོར་འཇོམས་པའི་ཕྱིར།།
རང་ལ་ཕྲག་དོག་བྱེད་པར་ཟད།།

만약 다른 사람들의 원만함이
자신의 마음을 참을 수 없게 한다면
그것은 자신의 원만함을[28] 훼손하기 때문에
자신을 질투하는 것일 뿐이다.

422. 若他一切圓滿時, 自心生起不忍耐,
　　　則摧自己之福根, 實爲嫉自又毀己。

423. [9-25]

གནོད་པར་བྱ་ཕྱིར་དག་འཇོམས་ན།།
ཁྱོད་ཀྱིས་ཁྲོ་བ་ཁོན་ཚམས།།
ཁྲོ་བས་འཁོར་བ་ཐོག་མེད་ནས།།
བདག་ལ་གནོད་པ་མཐའ་ལས་འདས།།

가해를 행하여 적을 꺾으려면
너는 오직 (너의) 성냄을 꺾어야 한다.[29]
성냄이 시작 없는 윤회로부터
자신에게 (가한) 해는 헤아릴 수도 없다.

423. 若欲滅除諸害敵, 則汝應除自嗔恨,
　　　是因無始輪回中, 嗔恚害吾無窮盡。

424. [9-26]

གལ་ཏེ་དགྲ་ཀུན་བཅག་འདོད་ན།།
བསད་པས་དེ་ཀུན་ག་ལ་འཛད།།
རང་གི་ཁྲོ་བ་གཅིག་བཅོམ་པས།།
དགྲ་ཀུན་གཅིག་ཅར་བསད་པ་ཡིན།།

만약 모든 적을 제압하기를 원한다면
그 모두를 죽이는 것이 어찌 끝나겠느냐?
자신의 성냄 (이) 하나만 꺾으면
모든 적(들)을 한꺼번에 죽이는 것이다.

424. 若欲滅盡一切敵, 彼等怎能會殺盡,
　　　若能滅除自嗔敵, 則能同時滅諸敵。

---

29 꺾다, 정복하다, 제거하다, 겁탈하다, 훼손하다 등의 뜻을 지닌 '좀빠('joms pa)'의
　 현재형이 1행에 쓰였고, 2행에서는 '춈(choms)'이 쓰였는데, 『장한사전』과 찬드라
　 다스의 『티벳어 - 영어사전』에는 이런 단어가 나와 있지 않고, 다만 티벳 고등연구원
　 의 『티벳어 - 산스끄리뜨어 사전』에만 명령형으로 나와 있다. 'The Tibetan Translation
　 Tool'에도 이와 같다.

425. [9-27]

ཕ་རྒྱུ་ཅན་གཙུ་ལུམས་སྤྱོད་པ་ལ།།
ཁྲོས་ན་རང་ལ་གླག་པར་གནོད།།
དམ་པ་ཉི་བར་ཞི་བ་ལ།།
ཁྲོ་བ་དགུ་ག་ལ་ཡོད།།

고강하고 완고하게[30] 행동하는 자에게
화를 내면 자신에게 더욱더 해가 된다.
성자는 매우 평온한 자이니 (그에게)[31]
화를 낼 이유가 무엇이 있으랴!

425. 若嗔高强魯莽者, 則將自己遭禍害。
　　 對於正士和藹者, 有何必要起嗔恚?

426. [9-28]

སྟོང་བུ་གཅིག་ལས་སྐྱེས་པ་ཡི།།
ལྕུ་རྣམས་རླུང་གིས་ཕྱོགས་བཅུར་འཕྲོ།།
དེ་བཞིན་ལྷན་ཅིག་སྐྱེས་པ་ཡི།།
སྐྱེ་བོ་ལས་ཀྱིས་སོ་སོར་འགྲལ།།

한 나무에서 자란
잎들이[32] 바람에 의해서 십방(十方)으로 흩어진다.
그와 같이 함께 태어난

---

30 '완고하다'라고 쓴 '주룸(gzu lums)'에 부정적인 의미가 없다면 '확신으로 똘똘 뭉친'
　　정도로 풀어 3행, 4행과 대구를 이룰 수 있겠지만, 역본들의 설명이 3행, 4행을 예로
　　든 것이 아닌 1행, 2행과 다른 문장으로 이루어져 있다고 보고 모두 이에 따라 옮겼다.
31 '매우 평온하다'로 풀어쓴 '네발 씨와(nye bar zhi ba)'는 열반을 뜻한다.
32 원문에는 '풀(쫘, rtswa)'이라 적혀 있어 의역했는데, 한 나무에서 자란 잎이나, 한
　　들판에서 자란 풀 등 다른 비유가 이해하기 쉬운데, 원문대로라면 커다란 한 나무를
　　뒤덮고 있는 작은 이끼 풀들을 연상하는 게 좋을 듯싶다.

사람도 업(業)에 의해서 각각 나누어진다.

426. 同根所生之禾草, 被風吹送於十方,
　　　如是俱生之衆生, 以業所牽各自分。

427. [9-29]

སྔོན་ཆད་མ་མཐོང་འབྲེལ་བར་འཐམས།།
དེ་ནས་སླར་ཡང་གཞན་འགྲོ་བའི།།
མི་དེ་བདག་དང་ཅིས་འབྲེལ་ན།།
ཤི་ནས་དེ་ཡི་སྡུག་རན་བྱེད།།

이전에는 보지 못한 관계를 맺었다가

그러다 다시 다른 곳으로 가는

그 사람이 (금생의) 자신과 어떤 관계를 맺었다면

죽고 난 뒤 그에 대한 비통함이 생겨난다.[33]

427. 昔不相識今互愛, 次後彼又各自行,
　　　此人與吾密切故, 死後亦生巨痛苦。

428. [9-30]

རང་དོན་འབད་པས་བསྒྲུབ་འདོད་ན།།
དེ་ཡིས་དང་པོར་གཞན་དོན་བསྒྲུབ།།
རང་དོན་ཁོ་ན་གཙོར་བྱེད་པ།།
དེ་ཡིས་རང་དོན་འགྲུབ་མི་སྲིད།།

자신의 일을 애써 이루고자 원한다면

---

33 3행, 4행의 〔잠뺄역〕의 의역이 눈에 띈다. '그 사람과 정말 무슨 인연이었길래 그(그
녀)가 죽고 난 뒤 이렇게도 비통할까(What relation with this person do really have that
after his or her death I feel such sorrow)?'

그는 먼저 다른 사람의 일을 이루어 주어야 한다.

자신의 일만 주로 하는

그에게 자신의 일이 이루어지는 것은 불가능하다.[34]

428. 若欲專爲私利者, 彼者先應利他人,
　　　專以私利爲重者, 彼人不會成自利。

429. [9–31]

མི་གང་གཞན་དོན་གཙོར་བྱེད་པ།།
གཡོ་ཅན་རང་དོན་སྒྲུབ་པ་འདྲ།།
རང་དོན་འབའ་ཞིག་གཙོར་བྱེད་པ།།
གཞན་མགོ་འདོན་ཕྱིར་དྲང་པོ་འདྲ།།

어떤 사람이 다른 사람의 일을 주로 하는 자라면

교활한 자로 자신의 일을 이루는 것과 같다.

자신의 일만 주로 하는 자는

다른 사람을 부양하기 위한 정직한 자와 같다.[35]

429. 何人利他爲重者, 倒如狡者爲私利,
　　　一切利己爲重者, 倒如利他眞誠者。

---

34 이 게송에서는 의지를 가지고 어떤 일을 이루다 성취한다는 뜻을 지닌 동사 '둡빠 (sgrub pa)'의 미래형인 1행, 2행에 그리고 의지가 없는 가운데 어떤 일이 자연스럽게 이루어지는 것을 뜻하는 동사 '둡빠('grub pa)'의 미래형이 4행에 쓰여 있다. 2행과 4행의 '그는'과 '그에게'로 옮긴 '데이(de yis)'는 2행에서는 주격으로 자기 자신이 무슨 일을 이루는 것으로, 4행에서는 그 자신에게 무슨 일이 이루어지는 것으로 받았다.

35 이 경구는 파라독스인데 바로 앞의 428번 경구와 함께 자신의 일(랑된, rang don)과 다른 사람의 일(쩐된, gzhon don)이 반복적으로 사용되었다. 랑된은 자신의 이익(私利)이라는 뜻이 있으며 '된(don)'은 주로 목적한 일을 뜻하는데 여기서는 '제와(bye ba)'처럼 일반적인 의미의 일(work)로 해석했다. '둡빠(sgrob pa)'가 사용되었다.

430. [9-32]

ཀྲོ་ལྡན་ཚེ་འདི་བསྒྲུབ་ན་ཡང་༎
ཆོས་ཀྱིས་བསྒྲུབ་ན་བདེ་བར་འགྱུར༎
དམ་པ་རྣམས་དང་ཆོམ་རྐུན་གྱི༎
ཕུན་སུམ་ཚོགས་པའི་ཁྱད་པར་ལྟོས༎

(전생 공덕의 힘으로) 지혜를 갖춘 자가 금생에서 수행할 때

법에 따라 수행하면 행복을 성취한다.[36]

성자들과 도둑의

삼원만(三圓滿)의 차이를 보라.

430. 智者雖爲利今生, 亦應修法方得樂,
　　　當視正士與盜賊, 彼二圓滿有大異。

431. [9-33]

མི་རྣམས་ཚེ་ཐུང་དེ་ཡི་ཕྱེད༎
མཚན་མོ་གཉིད་ལོག་ཤི་དང་འདྲ༎
ན་རྐས་སྡུག་བསྔལ་ཟླ་ཚོགས་ཀྱིས༎
ཕྱེད་པོའང་བདེ་བར་སྤྱོད་དུ་མེད༎

사람들은 그의 짧은 삶의 반을

밤에 잠자는데 (쓰는데) 죽은 것과 같고

---

36 여기서도 '둡빠(sgrob pa)'의 미래형인 '둡빠(bsgrob pa)'가 1행, 2행에서 반복적으로
　쓰였는데, 수행하다로 옮겼고 '데와(gde ba)'를 선(善)이 아닌 행복으로 옮겼다. '둡빠
　('grub pa)'를 성립하다, 존재하다 등으로도 풀 수 있으나 여기서는 그 수행의 결과를
　받아 성취된 것이라 해석했다.
　전체적인 의미는 지혜를 갖춘 자는 과거의 업보에 대한 결과일 뿐만 아니라 금생에서
　의 수행의 결과라는 뜻으로, 1행의 '나양(na yang, ~을 할지라도)'을 시간적인 개념
　'~을 할 때라도'로 풀었다. 이 1행, 2행에 대해서 [잠뻴역]과 [한역본] 둘 다 의역하
　고 있다.

늙고 병드는 별의별 고통들이
그 나머지 절반이라 행복을 즐길 수 없다.[37]

431. 諸人壽短其一半, 夜間入眠如死亡,
     又遭病老等衆苦, 餘半亦無享樂際。

432. [9-34]

སྐྱེ་བོ་ཀུན་གྱི་དྲུང་སྡོད་པའི།།
འཆི་བདག་གལ་ཏེ་མངོན་སུམ་མཐོང་།།
བྱ་བ་གཞན་དག་ལྟ་ཅི་སྨོས།།
ཟ་བ་དྲན་པའི་རུས་པ་མེད།།

모든 중생들의 주변에 머무는
죽음의 신이 만약 곧장[38] 보고 (있다고 여기면)
다른 일들은 말할 필요도 없고
먹는 것조차 생각할 수 없다.

432. 衆人若能眞現見, 跟隨自身之死主,
     則爲餘事何堪言, 甚至食念亦無有。

433. [9-35]

ཁྱོད་ཀྱི་བུ་བ་ཟིན་རྣམ་ཞེས།།
འཆི་བདག་སྡོད་པར་མི་འགྱུར་གྱིས།།
ངེས་པར་བྱ་དགོས་ཡོད་ན་ནི།།
དེ་རིང་ཉིད་དུ་བརྩོན་ལ་གྱིས།།

---

37 '행복을 즐길 수 없다'로 옮긴 '데왈 쩨두메(bde bar spyad du med)'의 '쩨빠(spyad pa)'는 다양한 의미를 지니고 있는데, 일반적으로 행위, 일(deed) 등을 뜻한다. 그런데 여기서는 '쩨두(spyad du)'가 쓰였으므로 뒤따라오는 없다(메, me)를 받기 위해서 이렇게 옮겼다. 직역하면, '행복할 수 없다' 정도도 된다.

38 '논숨(mngon sum)'이 쓰였다. 94번, 150번 경구 참조.

'네 일을 (모두) 마쳤느냐?'고

죽음의 신은 (기다리며) 머물러 주지 않으므로

확실하게 해야 할 일이 있으면

바로 오늘이라도 열심히 하라.[39]

433. 無論汝事圓滿否, 死主絶不讓汝停,
　　　設若尚有應作事, 則應今起精進行。

434. [9-36]

བདག་གིས་བྱ་བ་མ་ཟིན་པས།།
རེ་ཞིག་དེ་རིང་ཁྱེད་བཞུགས་ཞེས།།
མཆི་མས་བརྣངས་ཏེ་གསོལ་བཏབ་ཀྱང་།།
འཆི་བདག་བཙོན་སུ་ག་ལ་རུང་།།

'제 자신이 (해야 할) 일을 (아직) 마치지 못했으니

잠시 오늘만이라도 그대여 살려주십시오'라고

눈물이 (눈에) 그득한 채 빌어도

죽음의 신이 (마음을) 바꾸는 것이 어찌 가능하겠느냐!

434. 吾今諸事尚未滿, 懇請暫時等一日,
　　　如是涕泣複哀求, 死主怎能改其時。

---

39 이 경구에서는 2행, 4행의 말미에 모두 '기(gyis)'가 쓰여 있는데 2행의 경우는 접속사로 '그렇기 때문에'로 해석했고 4행의 경우는 명령형으로 옮겼다. 같은 어휘를 써서 이렇게 해석을 달리하게 하는 방법도 사꺄 빤디따의 글맛을 살리는 방법이다.

435. [9-37]

འདུ་འཛི་སྤངས་པ་བདེ་བ་སྟེ།།
མིན་ན་བཟང་པོ་རྣམས་དང་འགྲོགས།།
དུག་སྦྲུལ་གསོ་བ་ག་ལ་རུང་།།
གསོ་ན་བཟླས་བརྗོད་བརྩོན་པར་བྱ།།

(세상의) 혼란함을 멀리하면 행복이니

(그렇게) 할 수 없으면 좋은 친구들과 사귀어라.[40]

독사를 기르는 것이 어찌 가능하겠느냐?

기르려면 (물리지 않게) 주문이나 열심히 외워라.

345. 舍棄散亂卽爲妙, 不能舍此依善友,
　　　喂養毒蛇不應理, 若養便需勤誦咒。

436. [9-38]

སེམས་ནི་རྣམ་པར་གཡེངས་པ་ལ།།
དམ་ཆོས་སྒྲུབ་པའི་གོ་སྐབས་མེད།།
ཞི་བར་ཞི་བར་གནས་པ་ལ།།
སེམས་ནི་ལས་རུང་ཤིན་ཏུ་ཆེ།།

마음이 매우 산만한 자에게

성법(聖法)을 성취할 기회는 없다.

적정(寂靜)하게 머무는

마음은 (성법을) 감당하기 매우 쉽다.[41]

---

40 1행, 2행에 연결되어, 1행 말미에 '떼(ste, 그것이)', 2행 처음에 '민나(min na, 아니더라
　도)'가 쓰였는데, 이 '떼 민나'를 한꺼번에 쓰면 '그렇지 않다면(otherwise)'이 되는데
　여기서는 행이 나누어져 있어 이렇게 풀어서 썼다.

41 4행 말미의 '네와(nye ba)'는 명사로 친속을 뜻하고 형용사로 가까운, 쉬운이란 뜻이
　있어 여기서는 후자에 따라 옮겼다.

346. 設若自心散亂者, 彼無修法之良機,
　　　若人寂靜而安住, 彼心卽可得堪能。

437. [9-39]

དམིགས་པ་ཀུན་ལ་རབ་མཁས་ཤིང་།།
ཏིང་ངེ་འཛིན་གྱིས་སེམས་དུལ་བ།།
འཕགས་པའི་ཆོས་ལ་རབ་སྦྱངས་ན།།
ཡོན་ཏན་ཀུན་གྱི་ཞིང་ས་ཡིན།།

모든 대상에[42] 매우 정통하고
선정으로 마음을 온화하게 길들이고
성인의 법을 잘 공부했으면
(이는) 모든 공덕의 밭이다.

437. 精通一切所緣義, 並以禪定調自心,
　　　勤學聖者之敎言, 此乃一切功德基。

438. [9-40]

བླུན་པོ་སློབ་པ་དོ་མཚར་འཛིན།།
མཁས་རྣམས་མི་བསླབ་དོ་མཚར་འཛིན།།
དེས་ན་མཁས་རྣམས་ཉེས་གྱུར་ཀྱང་།།
ཕྱི་མའི་དོན་དུ་རིག་པ་སློབ།།

어리석은 자는 공부하는 것을 기이하게 여기고
현자는 공부하지 않는 것을 기이하게 여긴다.[43]

---

42 '대상'이라고 옮긴 '믹빠(dmigs pa)'는 보통 불교 철학에서 말하는 소연(所緣)으로 인
　식의 대상을 의미한다.

43 〔강톡본〕은 기이하다, 신기하다는 뜻을 지닌 '노찰(ngo mtshar)'을 '노찰(ngo tshar)'로
　썼는데 이것은 부끄러움, 자괴(自愧) 등을 뜻하는 '노차(ngo tsha)'의 수식을 위한 목적
　격이다.

그러므로 현자들은 늙더라도

다음 (생)의 일을 알고 공부한다.[44]

438. 愚者學習執爲恥, 智者不學執爲恥,
　　　是故智者再衰老, 亦爲來世學知識。

439. [9-41]

ཤེས་རབ་མེད་པའི་རྒྱུ་མཚན་གྱིས།།
བླུན་པོ་ཡོན་ཏན་མི་སློབ་ལོ།།
བརྟགས་ན་ཤེས་རབ་མེད་ཉིད་ཀྱིས།།
བླུན་པོས་འབད་པ་ལྷག་པར་དགོས།།

지혜가 없다는 이유로

어리석은 자는 (지혜) 공덕을 배우지 않는다.

헤아려보면 지혜 없음 바로 그 때문에

어리석은 자는 더욱더 노력할 필요가 있다.[45]

439. 愚者因無智慧故, 彼等不願求學問,
　　　若善觀察無智故, 愚者更應勤求學。

440. [9-42]

སྐྱེ་བ་ལྟ་མར་མ་བསྐྱབ་པས།།
ཚེ་འདིར་བླུན་པོར་མ་བཏང་ནས་ནི།།
ཕྱིར་མར་བླུན་པོར་སྐྱེས་དོགས་པས།།
ཚེ་འདིར་དགའ་ཡང་འབད་དེ་མཉན།།

---

44 직역하였는데 '돈두(don du)'에는 '(목적을) 추구하기 위해서(for the sake of)'라는 뜻
  이 있으므로 '다음 생의 목적을 추구하기에 공부한다'로도 해석된다.
45 4행은 우리말에 맞게 순서를 바꾸어 옮겼는데, 직역하면 '어리석은 자는 노력하는
  것이 더욱더 필요하다'이다.

전생에 공부하지 않아

금생에 어리석은 자로 보인다.[46]

후생에 어리석은 자로 태어나기 두려우면

금생에 힘들더라도 애써 듣고 (배워라).[47]

440. 是因前世未求學, 今見終身成愚者,
　　　因恐後世成愚昧, 今生再難亦勤聞。

441. [9-43]

བསྒོམ་ན་ཐོས་པ་མི་དགོས་ཞེས།།

གྱེན་པོ་བློ་ཆུང་དུ་སྨྲ།།

ཐོས་པ་མེད་པར་བསྒོམ་པ་ཙམ།།

འབད་ཀྱང་དུད་འགྲོའི་སྒྲུབ་ཐབས་ཡིན།།

'명상하면[48] 듣고 (배울) 필요가 없다'는 것은

어리석은 자의 심지(心地)가 좁은 말이다.

듣고 (배움이) 없는 명상이란 다만

애써 (노력)해도 짐승의 수행법이다.[49]

---

46 '보인다'로 옮긴 '통(mthong)'에 뒤이어 탈격(ablative)의 '네(nas)'가 뒤따라 왔는데 여기서는 영어의 'having'에 해당한다. 문장을 둘로 나누어 옮겼다. 이 탈격 '네'는 ~하기 때문에 그렇다면'이라고도 받을 수 있다.

47 본문에는 듣다(녠빠, nyan pa)의 미래형인 '녠빠(mnyan pa)'가 쓰였는데 명령형으로 해석했다. 듣는다는 표현은 스승의 가르침을 들어서 배운다는 뜻으로 자주 쓰여, 공부하다, 배우다는 의미다. 앞에서도 종종 설명한 문사수 3혜의 문(聞)에 해당한다.

48 요즘 말로 하면 '명상하면 불교 철학의 오의를 배울 필요가 없다' 정도 된다.

49 '수행법'이라고 옮긴 '둡탑(sgrub thabs)'은 산스끄리뜨어로 '사다나(sādhana)'로 『장한사전』에는 수법(修法), 성취법이라고 적혀 있다. 티벳 불교 용어에서 빼놓을 수 없는 어휘인데 각 종파에 따라서 그 체계화된 방법을 가지고 있다. 당대의 그릇된 수행 풍조를 날카롭게 비판하던 사꺄 빤디따의 이와 같은 격한 표현은 새로운 수행법을 쫓아 가부좌를 틀기 좋아하는 '공중부양파'들이 새겨들어야 할 경구다.

441. 淺學寡聞愚者雲：修習不需廣聞法,
　　　若無聞法僅修習,再勤亦成傍生因。

442. [9-44]

རྒྱུ་འབྲས་བསླུ་བ་མེད་པ་འདི།།
ཐམས་ཅད་མཁྱེན་པའི་ཁྱད་ཆོས་ཡིན།།
མ་བསླབ་པ་ལ་ཀུན་མཁྱེན་དུ།།
འགྲོན་རྒྱུ་འབྲས་ག་ལ་བདེན།།

'인과(因果)는 속일 수 없다'는 이것은
일체지자(一切智者)의[50] 특별한 법이다.
배우지 않고 모든 것을 아는
중생이 (있다)면 인과가 어찌 진실이랴!

442. 無欺因果循環律, 此乃遍知之特征,
　　　若無求學亦成佛, 則彼因果何能眞?

443. [9-45]

ཐོས་པ་མེད་པའི་སྒོམ་པ་དེ།།
རེ་ཞིག་གྲུབ་ཀྱང་སླར་དུ་འཇིག།
གསེར་དངུལ་ལེགས་པར་བཞུན་ཡང་།།
མེ་དང་བྲལ་ན་སྐུ་བར་འགྱུར།།

듣고 (배우지) 않고 명상하는 그것은
잠깐 동안은 성공해도 빨리 망한다.
금은을 잘 녹였어도
불과 멀어지면 (금방) 굳어지듯이.

---

50 '탐쩨 켄빠(thams cad mkhyen pa)'가 쓰였다.

443. 若無聞受僅修習, 暫時修成亦速盡,
　　　猶如金銀雖煉熔, 一旦離火卽變硬。

444. [9-46]

ཤེས་རབ་ཀྱིས་ནི་གཏིང་བཅགས་ནས།།
ཉེས་རྒྱུ་སྤོང་བ་སྒོམ་པ་ཡིན།།
ལུས་ཀྱི་དྲི་མ་བཀྲུས་པ་ལྟར།།
བསྒོམས་ཀྱང་རིང་ཞིག་ལོན་ནས་ལྡོག

지혜를 통해 깊이 헤아려보면
과실(過失)의 원인을 버리는 것이 명상이다.
몸의 때를 씻는 것처럼
명상을 해도 오랫동안 해야 바뀔 수 있다.[51]

446. 純依智力細觀察, 能斷過根卽修習,
　　　否則久修反照舊, 如滌身垢複沾身。

445. [9-47]

རྒྱུ་འབྲས་ཕུན་སུམ་མ་ཚོགས་ན།།
བདག་མེད་རྟོགས་ཀྱང་འཚང་མི་རྒྱ།།
ཐབས་མཆོག་དག་གིས་མ་བསྒྲུབ་པའི།།
བདེན་པ་མཐོང་ཡང་དག་བཙོམ་ཡིན།།

인과를 원만하게 쌓지 못하면
무아(無我)를 통달했어도 성불할 수 없다.
최고의 방편들로 (완벽하게) 이루어지지 않은

---

51 〔잠뺄역〕이나 〔한역본〕은 모두 의역인데 여기서는 직역했다. '해야'로 옮긴 '렌(len)'
　은 보통 받다, 얻다는 뜻으로 자주 쓰인다.

진리를 보았으면 (이는 다만) 아라한이다.[52]

445. 殊勝因緣未具時, 雖證無我難成佛,
　　　未修殊勝方便者, 雖見諦亦非羅漢。

446. [9-48]

དེས་ན་ཆོས་རྣམས་ལེགས་རྟོགས་ཏེ།།
ཏིང་ངེ་འཛིན་ལ་སེམས་བཞག་ནས།།
ཉེས་པ་བག་ཆགས་དང་བཅས་པ།།
གང་གིས་སྤངས་པ་རྟོགས་འཚང་རྒྱ།།

그러므로 법들을 잘 통달하여
선정에[53] 마음을 두고 있는[54]
과실(過失)의 습기(習氣)를 지닌
어떤 자가 (이것을) 완벽하게 버리는 것이 성불이다.[55]

---

52 아라한(阿羅漢, arhān)의 이명인 '다쫌(dgra bcom)'이 쓰였는데, 한문 경전에 나오는 '적을 죽인 자', 즉 살적(殺賊)이다. 원래는 '욕망을 죽인 자'란 뜻으로 산스끄리뜨어의 아리(ari)에서 파생된 어휘인데, '6도 중생에게 공경받는다' 하여 응공(應供)이라고도 한다. 이 경우, 붓다의 10종 이명의 하나이다. 티벳 경전의 영역에서 아라한을 'foe killer(적을 죽인 자)'라고 종종 직역하는데 이는 아라한 또는 붓다를 가리킨다. 이 경구에서는 대승 불교가 취한 2종 무아의 관점(法無我, 人無我)뿐만 아니라 자비로 대표되는 보리심에 대한 언급으로, 성문, 독각 그리고 보살승의 삼승(三乘) 개념을 기저에 두고 있다.

53 〔한역본〕에서는 앞서 437번 경구에서 '선정'으로 옮긴 '띵네진(ting nge 'dzin)'을 여기서는 삼마정(三摩定)이라고 음차를 빌려 쓰고 있다.

54 '두고 있는'으로 옮긴 '싹네(bzhag nas)'의 '네'는 440번 경구처럼 영어의 'having'에 해당한다. 〔한역본〕에서는 '안주(安住)'라고 번역했다. 한글로 옮기면 잘 드러나지 않는데 원문에는 1행, 2행의 말미에 '떼(te)'와 '네(nas)'가 쓰여 있어, 1행의 '떼'에는 '먼저 그렇게 하고 난 다음에 그리고'란 뜻이, 그리고, 2행의 '네'에는 '바로 이렇게 했기 때문에'라는 의미가 숨어 있다. 여기서는 시간의 구분과 원인과 결과, 그리고 3행, 4행의 어떤 자를 수식하고 있다는 점에서 우리말로 '있는'으로 풀었다.

55 〔한역본〕에서는 앞서 445번 경구에서 성불이라고 번역했던 '창갸('tshang rgya)'를 여

446. 是故證悟諸法已,　自心安住三摩定,
　　　斷除過失習氣俱,　彼者方成正等覺。

447. [9-49]

གང་ལ་བློ་གྲོས་མི་ལྡན་ན།།
བསྟན་བཅོས་ལེགས་ཀྱང་སུ་ཞིག་ལེན།།
ནོར་བུས་སྤྲས་པའི་གསེར་གྱི་རྒྱན།།
མཛེས་ཀྱང་བ་ལང་ག་ལ་ལྟ།།

어떤 자에게 지혜가 갖추어지지 않았으면

좋은 논전(論典)이라도 그가[56] (어찌) 배울[57] (수 있으랴)?

보석으로 꾸며진 금 장식품이

아름다워도 황소가 무엇 때문에 쳐다보랴![58]

447. 何人若無勝智慧,　論典雖妙亦不學?
　　　鑲寶金飾雖美妙,　犛牛對此何理睬?

기서는 정등각(正等覺)이라고 적고 있는데 같은 의미다. 〔잠뺄역〕은 붓다(sangs rgyal)
라고 쓰고 있다.

56 원문에는 1행의 '어떤 자(gang la)'와 부합되게 '누가(수씩, su zhig)'가 쓰였는데, 비유
에 맞게 우리말로 바꾸었다.

57 받다, 얻다는 뜻을 지닌 '렌빠(len pa)'가 쓰였는데 이 동사에는 가르침을 받아서 안다
는, 즉 공부하다는 뜻도 있다.

58 원문대로 보면 이 경구는 1행, 2행과 3행, 4행의 비유가 명확한 것 같으면서도 그렇지
않다. 지혜가 갖추어지지 않은 자는 황소에 비유되어 있지만, 2행의 말미에 '누가
가지랴?'는 행위의 주체가 지혜가 갖추어지지 않은 자일 경우에는 '무엇 때문에 가지
랴?'가 된다. 그런데 논전을 뜻하는 '뗀쪼(bstan bcos)'는 또한 논전을 지은 자라는 뜻
도 있다.
축역하면, '어리석은 자가 좋은 글을 지었어도 무슨 의미가 있으랴?' 정도가 되거나
'어리석은 자에게는 좋은 글이라도 아무런 의미가 없다'는 뜻인데, 시구답게 이 둘이
혼용되어 있다고 보인다.

448. [9-50]

མཁས་པ་རྣམས་ཀྱིས་ལེགས་བཤད་ཀུན།།
ཤིན་ཏུ་བདེན་པར་གོ་བཞིན་དུ།།
དེ་དོན་རྣམས་སུ་མི་ལེན་ན།།
བསྟན་བཅོས་ཤེས་ཀྱང་ཅི་ཞིག་དུ།།

현자들에 의한 모든 선설(善說)을
매우 진실되게 알고 있으면서[59]
그 의미를 잘못되게 받아들이면[60]
논전(論典)을 알아서 무엇에다 쓰랴!

448. 智者如若已精通, 一切格言之眞理,
　　　然而彼義不奉行, 則知論文亦何用?

449. [9-51]

རང་ལ་དགོས་པའི་བསྟན་བཅོས་རྣམས།།
ཉི་མ་རེ་རེར་ཚིག་རེ་བཟུང་།།
གྲོག་མཁར་དང་ནི་སྦྲང་རྩི་ལྟར།།
རིང་པོ་མི་ཐོགས་མཁས་པར་འགྱུར།།

자신에게 필요한 선설(善說)들을
매일 한 구(句)씩 (외워) 가지면
개미굴이나 벌꿀처럼 (차츰 늘어나)

---

59 2행의 말미에 '씬두(bzhin du)'는 현재 진행형이다. 이 2행의 운율에는 '씬뚜 뗀빨
고씬두(shin tu bten par go bzhin du)'에 '뚜'와 '두'가 쓰여 있다. 여기서는 이와 같이
어려운 단어가 없는 가운데 다의성과 운율의 묘미를 살리고 있다.

60 이 3행도 직역하면 '악화되게 받아들이지 않았다면〔부정(냠, nyams)과 부정(미렌,mi
lan)〕'이 되는데, 자세한 내용은 400번 경구 주석 참조. 2행의 의미는 실천이 없는
지식을 가리킨다. 앞 경구처럼 '렌빠'를 배우다로 옮기지 않고 원래의 의미인 '받다'
로 보았다.

오래 걸리지 않아 현자가 된다.

449. 自己所需諸論典, 每日之中記一句,
　　　如同蜂蜜及蟻窩, 不久即將成智者

450. [9-52]

ལེགས་པར་སྤྱོད་ལ་འཇུག་འདོད་ན།།
ཅི་ནས་དེ་ཡི་ཁ་གླན་ཏེ།།
རྣམ་པ་ཀུན་ཏུ་སྲན་བཙུགས་ནས།།
སྲོག་ལ་བབས་ཀྱང་ལུགས་བཞིན་བསྐྱང་།།

옳은 수행에 들어가기를 원하면
어떤 경우에도 그것〔불법〕의 (가르침과) 일치해야[61] 하고
항상 인내를 (가지고) 참아서
목숨이 떨어지더라도 법도에 따라 (자신을) 돌봐야 한다.[62]

450. 若願行持諸善事, 務必敬聞佛教言,
　　　一切諸時能忍耐, 縱遇命難亦行法。

---

61 '일치해야'로 옮긴 '카렌(kha glan)'을 〔잠뻴역〕에서 한 단어로 보고 있어 이에 따랐다.
　원어를 해자해보면 이상한데 '카렌'은 표면(얼굴 등의 외부)을 붙이거나 때운다는
　뜻이다. 〔주석서〕에는 '카렌〔kha glan, (은혜나 원수를) 갚다, 옷을 깁다〕'으로 쓰여
　있으며 〔강톡본〕에는 녠빠〔(nyan pa, 듣다, 배워 듣다)의 과거형, 미래형)'로 쓰여 있
　다. 여기서는 〔잠뻴역〕에 따랐는데 〔강톡본〕에 따라 옮기는 것도 좋아 보인다.
62 이 경구의 1행은 〔주석서〕에는 '옳은 수행(렉빨 쬐, legs par spyod)'이 아닌 '그릇된
　수행(록빨 쬐, log par syod)'으로 되어 있는데, 〔강톡본〕도 〔잠뻴역〕처럼 '렉빨 쬐'로
　쓰여 있다. 446번 경구처럼 '~떼(te) ~네(nas)'가 2행, 3행에 쓰이고 있다.

451. [9-53]

དེ་ལྟར་འབད་པས་གཞུང་ལུགས་རྣས།།
འབྱུང་བཞིན་གཉེན་པོས་བསྒྲུབ་ནུས་ན།།
མཁས་རྣམས་བརྫུན་པ་མི་གསུང་གི།
འདི་ཡི་ཕན་ཡོན་ཕྱིས་ནས་བློས།།

이와 같이 애써 (노력하여) 경의(經議)로부터
획득된 것에 따라 대치법을 성취할 수 있으면
현자들이 거짓을 말하지 않는다는 것(을 알)고[63]
이것의 이득과 공덕을[64] 나중에 볼 것이다.

451. 若能依據經敎義, 精進修行依對治,
　　　智者從不說妄語, 彼德此後會明知。

452. [9-54]

སྔོན་ཡང་འདི་བཞིན་སྒྲུབ་རྣམས་འཕེལ།།
ད་ལྟ་ན་ཡང་དེ་ལྟར་མཐོང་།།
གཏན་ཚིགས་བཟང་པོ་འདི་ཡིས་ནི།།
མ་འོངས་རྣམས་ཀྱང་ཕུན་ཚོགས་འབྱོབ།།

과거에도 이와 같은 수행들로 (이득과 공덕은) 증가했고
지금이라도 그와 같은 것을 볼 것이다.
바로 이 좋은 이유로[65] 인하여

---

63 3행의 마지막 소유격 '기(gi)'는 접속사 '그리고'의 기능을 하고 있다.
64 '이득과 공덕'이라고 '펜왼(phan yon)'을 풀어서 썼는데, 『장한사전』에는 구역에서는
　공덕을 이렇게 썼다고 하며, 공효(功效)라 적혀 있다.
65 '이유'라고 옮긴 '뗀칙(gtan tshigs)'은 이유, 원인 등을 뜻하는 산스끄리스뜨어의 '헤뚜
　(hetu)'에 해당한다. 보통 논서에서는 인과(因果)의 인(因)을 언급할 때 사용한다.

미래 생(生)들에서도[66] 원만함을 얻을 것이다.

452.　過去行此亦興盛, 如今行此亦複然,
　　　　若學殊勝此格言, 未來亦會得圓滿。

453. [9-55]

བློ་ལྡན་རང་གིས་ཤེས་ན་ཡང་།།
མཁས་པའི་གཞུང་ལུགས་གུས་པས་བལྟ།།
རིན་ཆེན་ཤིན་ཏུ་བཟང་པོ་ཡང་།།
མ་བཟོས་བར་དུ་རིན་ཐང་ཆུང་།།

지혜를 갖춘 자는 자신이 알고 있어도

(다른) 현자의 경의(經議)를[67] 공경하며 보아야 한다.

보석이 매우 보기 좋아도

가공하지 전에는 그 가치가 적다.

453.　智者自己雖了知, 亦會恭學智者論,
　　　　如同珍寶雖貴重, 未銷之前價極微。

---

66 전생, 금생, 후생 대신에 여기서는 시간적인 개념만 사용되었는데 4행의 미래가 복수
　형으로 되어 있어 '생(生)'을 첨언하였다. 바로 다음 생만이 아닌 끝없는 미래생에서
　도 이득을 본다는 뜻이다.

67 '경의(經議)'라고 옮긴 '쑹룩(gzhung lugs)'을 [한역본]에서는 451번 경구에서는 경교
　의(經敎義), 여기서는 논(論)이라고 옮겼는데, '쑹룩'은 경론에 대한 주석서 혹은 경
　론에 대한 해석, 논쟁 등을 주로 의미한다. 주석서는 보통 소(疏)라고 하는데, 『불교
　대사전』에는 '경론의 문구를 소통시켜 의리(義理)를 결택(決擇)하는 것'이라고 나와
　있다. 이 소[산스끄리뜨어로 브르띠(vṛtti)]에는 크게 두 가지 있는데 자기가 지은
　글에 대한 주석서가 있고, 경론에 대한 일반적인 주석이 있다. 여기서는 후자를 가리
　킨다.

454. [9-56]

ནགས་ཚལ་ཤིན་ཏུ་མང་ན་ཡང་།།
ཙན་དན་ས་མཆོག་སྐྱེ་བ་ཉུང་།།
དེ་བཞིན་མཁས་པ་མང་ན་ཡང་།།
ལེགས་བཤད་འབྱུང་བ་ཤིན་ཏུ་དཀའ།།

숲이 매우 많아도

백단향(白檀香)이 자라는 (숲은) 적다.

그와 같이 현자는 많아도

선설(善說)이 나타나기는 매우 어렵다.

454. 樹木縱使極衆多, 生長檀香林極少,
　　　如是學者雖衆多, 能説格言學者少。

455. [9-57]

རྟ་མཆོག་འགྲོ་བའི་ཚེ་ན་ཤེས།།
གསེར་དངུལ་བཞུ་ན་ཤེས་པར་འགྱུར།།
གླང་ཆེན་གཡུལ་ངོར་ཤེས་འགྱུར་ཏེ།།
མཁས་པ་ལེགས་བཤད་བརྩམས་ན་ཤེས།།

준마(駿馬)는 달릴 때 알게 되고

금은(金銀)은 녹여보면 알게 된다.

코끼리는 전쟁터에서 알게 되고

현자는 선설(善說)을 지을 때 알게 된다.

455. 駿馬行道知勝劣, 金銀冶煉知純濁,
　　　大象戰場知勇懦, 學者著論知學問。

456. [9-58]

གང་ཞིག་འཇིག་རྟེན་ཐམས་ཅད་ཀྱིས།།
རང་ལ་ཚད་མར་བྱེད་འདོད་ན།།
དེ་ཡིས་གཞུང་འདི་ལེགས་བརྟགས་ཏེ།།
གཉེན་པོ་བསྐྱེད་ལ་འབད་དེ་བསྒྲུབ།།

어떤 자가 온 세상이
자신을 옳게 평가하기를 원하면
그는 이 정문(正文)을 옳게 헤아리고
대치법을 증장시키기 위해서 애써 수행해야 한다.[68]

456. 若欲一切世間衆, 皆爲自己當正量,
　　　則當推究此善論, 對症下藥勤修行。

457. [9-59]

འཇིག་རྟེན་ཕུ་བ་ལེགས་ཤེས་པ།།
དེ་ཡིས་དམ་པའི་ཆོས་ལུགས་བསྒྲུབ།།
དེས་ན་ཆོས་ལུགས་སྒྲུབ་པ་དེ།།
བྱང་ཆུབ་སེམས་དཔའི་རྣམ་ཐར་ཡིན།།

세상사를 잘 이해하게 된
그는 성스런 법을 잘 성취한다.
그러므로 법(法)을 잘 수행하는 그것이 (바로)
보살의 해탈이다.[69]

---

68 2행에서 '옳은 평가'로 풀어 쓴 '체마(tshad ma)'는 불교 논리학에서 빼놓을 수 없는
　　양(量)으로 산스끄리트어로 '쁘라마나(pramāṇa)'라고 한다. 앞서 나왔던 현량, 비량이
　　이에 포함된다. 여기서는 '체마 쩨(tshad ma byed)'를 '옳게 평가하다'로 풀어 썼다.
69 '해탈'이라고 쓴 '남탈(rtam thar)'을 산스끄리뜨어로 풀어보면 '남(rtam)'은 '비(vi)'로
　　구체적인 것, 집중적인 것을 뜻하고, '탈'은 '탈빠(thar pa)', 즉 해탈로, '남탈'은 '비목

457. 若知一切世間事, 彼能修成諸正法,
　　　是故行持正法者, 乃是菩薩之善規。

　　　　　　　　　　　　　　『선설보장론』「제9「관법품(觀法品)」 마침.

사(vimokṣa)'로 어떤 구체적인 해탈이라는 뜻이다. 이 경구는 앞선 445번 경구에서
아라한의 경지 다음의 보살의 경지에 대한 설명으로 읽힌다.

사꺄 지역의 풍경   Copyright Sangwhan Shin

결 문[1]

a.

འཚོ་བྱེད་ཟས་སུ་སྐྱོ་བཏགས་ནས།།
སྨན་གྱིས་ནད་ཆེན་གསོ་བ་ལྟར།།
འཇིག་རྟེན་ལུགས་ཀྱི་རྗེས་འབྲངས་ནས།།
བདག་གིས་དམ་པའི་ཆོས་འདི་བསྟན།།

지바까(Jīvaka)가[2] 음식이라고 거짓으로 말하여

약으로 큰 병을 치료한 것처럼

세상의 도리에 따라

내가 이 성스런 법을 펼쳐 보였다.

a. 耆婆良醫以巧法, 以藥爲食治重疾,
   吾以隨順世間理, 宣說殊勝此正法。

---

1 གཞུང་དོན་རྗེ་ལྟར་བརྩམས་པའི་རྒྱལ།།
   어떤 목적으로 지금까지 이 글을 지었는지에 대한 설명과 저자인 자신을 소개하고
   있다.

2 의사 지바까를 가리킨다. 〔한역본〕에는 기파(耆婆)라는 음역으로 적혀 있다. 지바까는
   가우따마 붓다의 주치의로, 왕권과 매우 친밀한 관계를 맺고 있었던 당대의 명의(名醫)
   였는데, 자신이 가지고 있던 왕사성의 망고 농원을 붓다를 비롯한 출가자들에게 제공
   해 주었을 뿐만 아니라 물질적 후원을 아끼지 않았다고 한다.
   이 이야기는 〔잠뻴역〕에 나와 있는데 지바까가 북인도(우자인, Ujjayini)의 짠드라쁘라
   디오따(Candapradyota) 왕을 치료한 것을 예로 들고 있다. 불면증에 시달리던 왕은 인
   도 버터(기, ghee)를 싫어했는데, 버터를 불면증의 약으로 쓰던 지바까가 이를 몰래
   음식에 탔다고 한다. 이 사실을 알게 된 왕이 지바까를 처벌하려고 했으나 이미 도망을
   친 뒤라 어쩔 수 없었는데 나중에 병이 낫고 난 뒤 그에게 큰 상을 내렸다는 이야기다.

b.

ཐོས་པ་རྒྱ་མཚོའི་གླིང་ནས་ལེགས་འཁྲུངས་ཤིང་།།
བློ་གྲོས་ཀླུ་ཡི་དབང་པོས་ལེགས་བཟུང་བ།།
དཔལ་ལྡན་ལེགས་བར་བཤད་པའི་རིན་ཆེན་གཏེར།།

듣고 (배우는 지혜의) 바다의 섬에서 잘 탄생하였고
총명한 용왕이 잘 보존하였던 것이[3]
광영스런[4] '선설보장'이다.[5]

b. 生自廣闊海島上, 智慧龍王所攝持,
   具德格言珍寶藏。

c.

བློ་གསལ་བློ་ཡི་བང་མཛོད་དགང་བ་དང་།།
མཁས་པ་རྣམས་ཀྱི་འདོད་རྒུལ་བསྒྲུབ་པའི་ཕྱིར།།

명찰(明察)함으로[6] 지혜의 창고를[7] 채우고
현자들의 다양한 요구들을 성취하기 위하여

---

3 이 비유는 용수가 반야부 경전을 취득하였던 것을 비유로 들고 있다.

4 '광영스런'이라고 옮긴 '뺄덴(dpal ltan)'을 직역하면 '길상, 복덕, 성덕 등을 갖추고 있는' 이란 뜻인데, 산스끄리뜨어의 '스리만(śrīmān)' 또는 '스리마뜨(śrīmat)'로, 보통 불경에 대한 존경을 표현할 때 사용한다. 〔한역본〕에서는 구덕(具德)이라고 썼다. 1행의 말미 에는 발생하다, 태어나다는 뜻을 지닌 '께빠(skye pa)'의 존칭어인 '쿵빠('khrung pa)'가 사용되어 있는데 이 또한 불경에 대한 존경을 표시하기 위해서 사용된 단어다.

5 이하의 3행으로 이루어진 문장은 〔주석서〕의 구조에 따른 것이다. 〔한역본〕과 〔잠뺄 역〕은 4행으로 이루어져 있다. b~e는 9자 1행으로 되어 있다.

6 맑은 지혜, 혹은 깨끗한 마음(지혜)으로 번역할 수 있는 '로셀(blo gsal)'을 명찰함으로 옮겼다. 바로 앞 경구에서 총명으로 옮긴 '로되(blo gros)'와 구별하기 위해서인데 의미 상의 큰 차이는 없다.

7 첫 번째 게송의 '현자는 (지혜) 공덕의 창고를 가지고 있다'는 표현 이후 이어진 여러 경구들 끝의 이 표현은 그 공덕의 최고가 바로 지혜임을 명확하게 밝히고 있는 행이다.

c. 爲滿學者之慧庫, 爲足智者之渴望。

d.

ཤཱཀྱའི་དགེ་སློང་ཀུན་དགའ་རྒྱལ་མཚན་དཔལ།།
བཟང་པོས་དགེ་བའི་ཡིད་ཀྱིས་ལེགས་བཏགས་ནས།།
ཕྱོགས་རྣམས་གསལ་བར་བྱ་ཕྱིར་འདི་བྱིའོ།།

사꺄의 비구인 뀐가 곌첸 펠

장뽀인[8] (나의) 선한 마음이 잘 헤아려져서

(온) 방향들을 밝게 하기 위해서 이것이 지어졌다.

d. 釋迦比丘吉祥賢, 根嘎嘉村善觀察, 爲明諸世著此論。

e.

དེ་ལས་བྱུང་བའི་དགེ་བ་རྡུ་མ་མེད།།
བསིལ་ཟེར་བྱེད་པའི་འོད་ལྟར་རབ་གསལ་བས།།
སྐྱེ་བོའི་སློང་གི་མུན་པ་ཕྱིར་བསལ་ཏེ།།
བློ་གསལ་བློ་ཡི་ཀུ་མུད་རྒྱས་བྱུར་ཅིག།

그로 인해서 일어난 선함은[9] (한 점의) 결점 없이

밝은 달빛처럼[10] 비추어

중생의 마음속 어둠을 밖으로 내쫓고

---

8 사꺄 빤디따의 본명인데 9자 1행을 맞추기 위하여 두 행에 나누어져 있다.

9 '게와(dge ba)'는 행복하다는 뜻과 함께 물들지 않는다는 뜻도 이다. 여기서는 '선함'으
　로 옮겼다.

10 '밝은 달빛'으로 옮긴 '실쎌 제빼외(bsil zer byad pa'i 'od)'의 '실쎌(bsil zer)' 또한 달빛
　의 이명인데 여기서는 반복적으로 쓰이고 있다. 직역하면 '서늘한 광선을 만드는 불
　빛' 정도 된다.

명찰(明察)한 지혜의 수선화로[11] 피어나기 바란다.

e. 此中所生無垢善, 猶如極明皎月光,
   遣除諸衆之意暗, 願盛智者之慧蓮。

f.

ཤེས་བྱ་ཀུན་ལ་རབ་སྦྱངས་པས།།
ཐམས་ཅད་མཁྱེན་པ་འཐོབ་པའི་ཕྱིར།།
དེས་ན་བདག་གིས་བསྟན་བཅོས་འདི།།
རྫོགས་པའི་སངས་རྒྱས་ཐོབ་ཕྱིར་བྱས།།

모든 알아야 할 대상을[12] 열심히 공부하여

일체의 지혜를 얻기 위하여

그러기 위하여 나는 이 논전(論典)을

완벽한 깨달음을[13] 얻기 위하여 지었다.

f. 學習一切諸所知, 爲得一切智智位,
   是故吾造此論典, 亦是爲得圓佛果。

---

11 '달의 친구'인 수선화에 대해서는 앞의 125번 경구의 각주 참조.

12 〔한역본〕에서 소지(所知)라고 번역한 '셰쟈(shes bya)'는 인식 주체가 알아야 할 인식
   의 대상을 가리킨다. 티벳 불교 철학서에서 '쟈(bya)'가 붙어 있는 어휘들은 보통 그
   행위를 받는 대상을 가리킨다.

13 직역하였는데, '족빼 상게(rdzogs pa'i sangs rgyas)'는 '원만한(완벽한) 불과'라고도
   풀 수 있으며, 이럴 경우 '원만한 불과를 성취하기 위하여 지었다'로도 번역할 수
   있다. '족빼 상게'는 한 단어로 정등각(正等覺)을 뜻하기도 하는데 〔한역본〕에서는
   원불과(圓佛果)로 번역했다.

사꺄 지역의 풍경   Copyright Sangwhan Shin

해제

― 사꺄 빤디따 전후의 티벳 상황과 『선설보장론』 분석 ―

방법론적 측면에서 티벳 불교에 대한 연구는 크게 세 가지로 나누어 볼 수 있다. 그 첫째는 티벳 역사책 등이 반복적으로 가르쳐주는 전통에 대한 답습, 둘째는 이에 대한 서구의 근대 인문학적인 접근,[1] 그리고 셋째는 이에 대한 현대적인 해석 등이다. 물론 이것은 티벳학 연구의 시기적인 구분과도 겹치고 있을 뿐만 아니라 학자들의 기본적인 관점과도 깊은 관련을 맺고 있다.

역사를 쓰는 행위는, 저명한 역사학자 카(E. H. Carr, 1892-1982)가 이야기한 낚시꾼이 자신이 원하는 물고기를 잡기 위해서는 어떤 종류의 바늘이나 그물, 작살을 먼저 선택해야 하는 것처럼, 그 행위자인 역사학자란 인물이 자신의 관점을 드러내는 행위를 역사라는 대상을 통해서 행한다는 점만 다를 뿐, 궁극적으로는 인간이란 이 허약한 갈대가 처한 시대적 상황 속에서 그 자신의 사유를 반영한다는 점에서 다른 인문학과 크게 다를 바 없다고 본다. 이 점에서 우리는 항상 역사를 비롯한 거의 모든 학문에서 사용되는 방법론이 시대의 아들인 한 인간이 가질 수밖에 없는 한계를 내포하고 있음을 솔직히 토로해야 된다.

---

1 이후에 다시 간략하게 언급하겠지만, 이 접근법의 가장 큰 문제점은 근대적 개념자 적용이 무차별적이라는 점이다. 대표적인 예로는 김한규 교수의 『티베트와 중국(소나무, 2000)』에 인용된 '티벳이 중국의 일부였냐, 아니었냐?'를 다루던 서양학자들이 이 범주에 포함된다.

맨 처음 티벳 불교가 서구에 소개되었을 때는, 인도 불교에 대한 소개 때처럼 오리엔탈리즘(Orientalism)의 편향을 극복하기 어려웠다고 보이는데, 아마도 그 대표적인 예는 『티벳 사자의 서』로 유명한 에반츠 웬츠(Evasns Wents)의 티벳 연구일 것이다. 그는 동양의 오묘한 그 무엇을 상징하는 라마교(Lamaism)의 유체이탈 등으로 티벳 불교를 소개하였다. 실제로 그는 티벳 본토에 단 한 발자국도 들이민 적이 없었다. 인도령 티벳 혹은 영국의 식민지였던 히말라야 산악 지역을 대상으로 그가 다룬 것은 빠드마삼바바(구루 린뽀체)로 대표되는 제례 의식을 강조하는 닝마빠 불교였다.[2] 물론 당시에 티벳 역사에 대한 연구는 오묘한 그 무엇을 감싸고 있는 부차적인 요소였다.

이후 여러 티벳 역사책들이 영어 등의 서구 언어로 번역되었고, 그리고 동남 및 동북아시아의 다양한 불교 전통들이 서구에 알려졌을 때야 비로소 티벳은 '세계의 지붕' 속의 숨겨진 낙원인 '샹그릴라'라는 이미지에서 점차 탈피할 수 있게 되었다. 티벳학 연구의 획기적인 전환은 세계 언론의 집중을 받은 1959년 달라이 라마 14세의 인도 망명 이후부터 본격적으로 시작되었다고 해도 과언이 아니다. 이때부터 티벳인에 의한 전통적인 티벳 역사가 소개되었을 뿐만 아니라 정치·사회학적 접근 그리고 인도, 중국, 몽고 등의 불교와의 비교 연구가 진행되기 시작했다.

---

2 빠드마삼바바(Padmasambhava, 蓮花生)의 생애에 대해서 초기 티벳 역사책인 『바셰(sba bshed, 桑耶寺志)』에는 다만 인도 출신(오늘날 파키스탄의 스와트 계곡)의 승려라고 간단하게 언급되어 있을 뿐이었다. 그러나 2차 전법기 이후 종파 간의 알력과 투쟁, 대외적으로 티벳족의 민족적 긍지를 지키기 위한 조작의 결과로 마술과 신비로 가득 찬 영웅으로 다시 등장했다. 히말라야 산맥 중에 그럴싸한 동굴마다 구루 린뽀체가 수행하던 곳이라는 전설은 이렇게 완성되는데, 그의 생애에 대한 이런 기록에서 우리가 확인할 수 있는 것은 영웅 신화의 탄생의 배경일 뿐 사실(fact)이 아니다. 사실에 대한 다양한 해석이 역사임에도 불구하고 사실을 창조하고 믿는 것을 역사라고 우기는 것은 빠드마삼바바를 강조하는 닝마빠의 딴뜨릭 불교가 끼친 악영향이다.

　　현재 한국의 티벳학 연구는 이러한 방법론적 그리고 시기적 특징들이 매우 혼합된 가운데 그 첫 번째 단추를 꿰고 있는 중으로 보인다.[3] 그리고 앞으로 이런 집중적 혼합의 과정에서 드러나는 여러 편향을 극복하는 역경 작업, 문화, 역사 등에 대한 소개·연구가 이루어지리라 본다. 이 점에 대해서는 여러 논의 점들이 산재하고 있지만, 현재 필자의 능력으로는 전체 티벳 역사에 대한 개략적인 조감도만 그릴 수 있을 뿐이다. 또한 이 글의 목적은 사꺄 빤디따의 생애를 전후로 한 티벳 역사와 그의 『선설보장론』을 간략하게 살펴보는 것이다.

　　다만 한 가지 확실한 것은 여기서 다루려는 사꺄 빤디따는 티벳 역사에서 빼놓을 수 없는 인물이라는 점이다. (여태까지 그의 저작에 대한 번역이나 본격적인 논의가 이루어지지 않았던 것이 신기할 정도다.)

　　그에 삶에 대해서 간략하게 정리하자면, '본명 뀐가 곌첸(kun dga' rgyal mtshan), 생몰 연대는 1181~1251, 사꺄빠의 5대조 중 4대조로 오명(五明)에[4] 능통한 제2차 전법기의 고승, 당시 국제 정치 역학 관계를 이용하여 몽고족으로부터 티벳 영토의 자치권을 획득, 이후 티벳의 정교일치 사회를 토대를 닦은 대석학' 정도 되겠다.

---

3 서구와 비교하여 한국의 티벳학 연구의 가장 큰 장점은 중국측 자료들을 훨씬 더 풍부하게 살펴볼 수 있다는 점인데, 중국에서 한문 자료를 통해 티벳학을 공부한 학자들과 인도 등지에서 티벳어 원문으로 공부한 학자들 간에 티벳어의 한글 표기마저 통일되어 있지 않은 게 지금의 실정이다.

4 고대 인도에서 통용된 학문의 구분. 다섯 가지 학문. 연구하여 지혜를 얻는 다섯 분야. 고대 인도의 학문의 총칭. 1, 문법학이나 훈고학에 상당하는 성명(聲明). 2, 공예와 기술 또는 역학(曆學) 등을 연구하는 공교명(工巧明). 3, 의학과 약학에 상당하는 의방명(醫方明). 4, 논리학인 인명(因明). 5, 자파(自派)의 종교를 연구하는 내명(內明). 〔고려대장경 연구소(http://www.sutra.re.kr/)의 용어사전〕

2차 전법기의 티벳 불교의 특징

티벳 역사를 크게 양분하면, 1차 전법기인 통일 티벳 시기인 얄룽 왕조의[5] 3대 대왕 등의 치세 시기(~ C.E. 9세기)와 이후 2차 전법기(10세기 ~)를 통한 정교일치 시기로 나눌 수 있다.

전통적인 티벳 역사책들을 살펴보면 이 전·후기 사이의 여러 문제에 대한 언급은 극히 미비한데[6] 최근의 여러 서구의 학자들 연구로 그 윤곽이 서서히 드러나고 있다.

1차 전법기의 특징은 3대 대왕들에 의한 전 티벳 통일과 함께 중앙 집중화된 정치 체계의 구축, 불교의 도입, 티벳 문자의 완성, 다양한 역경 사업의 시작 등으로 정의될 수 있다. 약 3백여 년 동안 지속하였던 불교를 국교로 삼은 얄룽 왕조는 이후 티벳의 문화적 토양을 갖출 수 있는 계기를 마련해 주었다.

전 티벳을 최초로 통일한 송쩬 감뽀(song btsan sgam po) 대왕 때부터, 막강한 군사력을 바탕으로 곤륜산맥을 넘어 타클라마칸 사막과 중국의 서북부로, 히말라야 산맥을 넘어 버마까지 진군했던 티송 데쩬(khri srong lde'u bstan), 그리고 얄룽 왕조의 마지막 법왕이던 랄빠쩬(ral pa can)에 이르기까지[7] 1차 전법기의

---

5 '얄룽(yar lung)'은 '계곡의 위쪽' 혹은 '위쪽 계곡'이란 뜻이다. 티벳인들은 이 왕조를 '최곌(chos gryal)' 왕조라 부르는데 '최곌'은 '법왕〔法王, 달마라자(Dharmarāja)〕'이라 는 뜻이다. 불법을 강조한 3대 대왕들이라지만 실제로 그들도 강력한 군사 대국을 건 설·유지했다. 1차 전법은 강력한 군사 대국 기간 동안 이루어졌기 때문에 여기서는 얄룽 왕조라는 그 지명에 따른 이명을 사용했다.

보통 '신들의 땅'이라고 부르는 '라싸(lha sa)'의 원래 명칭은 '라사(ra sa)'로 산양이나 염소들이 살던 땅이라는 뜻이다. 송쩬 감뽀 대왕 치세시 계곡 위쪽에 살던 부족과 다른 부족들이 통합하여 계곡의 아래, 원래 목초지였던 곳으로 천도한 것이 라싸의 기원이다.

6 대부분의 티벳 역사책들은 얄룽 왕조가 몰락한 후 티벳에서 불교가 사라졌다고 언급 하고 있다.

7 그를 시해한 형제인 랑 달마(grang dar ma)는 얄룽 왕조의 마지막 왕이었으나 '최곌'이 라고 부르지 않는다.

불교는 느슨한 12 부족 국가 연합 형태를 극복하기 바라던 라싸의 신흥 왕조의 집권 이념에 부응하여 토속 종교인 뵌교(bon)의 후원자였던 지방 토호들을 견제하기 위한 일차적인 목적을 달성할 수 있는 강력한 기반이 되었다.[8] 그러나 왕권이 최고로 강화된 티송 데쩬의 재위시, 이제 불교 내부에서 '친인도냐 혹은 친중국이냐?'는 문제가 불거져 나왔다.

당시 국제 정치 역학 관계를 살펴볼 때, 빼놓을 수 없는 것은 티벳과 중국 당 왕조(618-907)와의 상호 관계다. 중국 역사에서 이전에 강(羌)이라는 이름으로 불리던 오늘날 암도 지역의 티벳 부족은 이때부터 토번(吐蕃)이라는 이름으로 중국 역사의 전면에 등장하는데[9] 실크로드 사막의 길인 오늘날 깐수성(甘肅省)과 칭하이성(靑海省) 지역은 여러 유목 민족들과 한족으로 상징되는 중국의 농경민족 간의 투쟁으로 점철된 지역이었고 당 왕조의 흥성과 멸망은 이 토번과 긴밀한 상관관계를 맺고 있었다.[10]

이런 역학 관계 속에서 중국의 돈오(頓悟)적 관점을 이단으로, 그리고 인도의 점수(漸修)적 관점을 전통으로 간주하는 티벳 현교가 완성되었는데[11] 그것은 순

---

8 원래 초기 불교는 인도의 통일 전쟁 시기에 '세속의 일에 관여하지 마라'는 가우따마 붓다의 가르침으로 인해서 왕과 불가촉천민까지 모두 같은 사람으로 간주하였지만, 이후 정주 상가의 정착과 해외 전법 등을 거치며 중앙 권력 강화를 위한 정치 이념을 제공하기 시작했다. 이런 변화 이전의 불교가 가진 평등사상은 가우따마 붓다의 가르침을 이해하는 데 매우 중요한 지표다.

9 강족과 토번의 관계는 정확하게 정의할 수 없는데, 그것은 강족의 경계 너머 중국 측 자료들이 전무하고, 초기 티벳이 하나의 국가의 형태마저도 갖추지 못했던 결과, 전설과 설화 이상의 자료를 제공해 주고 있지 못하기 때문이다. 한 가지 확실한 것은 토번의 주축 세력은 중국 변경에서가 아니라 중앙 티벳(위짱 지역)에서 발흥했다는 점이다.

10 당시 동아시아의 국제 정치 역학 관계를 중심으로 한반도의 삼국 통일을 살펴볼 때, 송쩬 감뽀의 제위 기간이었던 나당 전쟁(670-676) 시기, 당나라는 수도 장안마저도 농락하던 토번의 직접적인 위협 때문에 원거리의 한반도까지 직접적인 경영을 할 수 있을 만한 여력이 없었다고 보인다. 그리고 또한 고구려의 직접적인 도전이 거세된 이상 한반도 경영은 그들에게 부차적인 문제였을 것이다.

전히 '삼예 논쟁(bsam yas, 794)'이라고 알려진 양측의 견해가 충돌한 결과였다.[12]

이 논쟁은 '어떤 식으로 깨달음을 얻을 것인가?'라는 그 방법론에 대한 논쟁의 외피를 둘러싼 권력관계의 저울추가 크게 작용하고 있었다.[13] 중국과 국경을 맞댄 암도와 캄 지역에서는 중국 측 입장이 강했으나 이것은 라싸의 중앙 정부의 입장에서는 '변경의 강화/중앙의 약화'에 해당되었다. 그리고 인도의 3차, 혹은 4차에 걸친 결집과 달리 이 논쟁의 심판관은 다름 아닌 이 '정치적' 목적을 감추고 있었던 논쟁의 주최자인 티송 데쩬 자신이었다! 이와 같은 일이 벌어진 것은 뵌교의 위협보다도 더욱 대두한 중앙 집중적인 얄룽 왕조 내외의 친중국파를 견제하기 위한 정치적인 목적으로 이해해야 올바르다고 본다. 왜냐하면 '돈오/점수' 논쟁으로 바라보는 티벳 역사학자들의 전통적인 관점만 반복했을 경우, 우리는 원효 대사 이래로 한국 불교가 가진 통불교의 사상 혹은 복업에 따라 수행자가 행하는 다양한 방법들에 대해서 항상 열린 자세를 취하는 불교의 전통적인 쌍수(雙修)의 사상을 놓치게 되기 때문이다.[14]

어찌 되었든 강력한 왕권에 뿌리를 둔 1차 전법기의 불교는 '세계의 지붕'에

---

11 이후 티벳 불교는 (수습차제가 되었던, 보리도차제가 되었던) 이 점수 사상을 근간으로 하여 인도 후기 불교의 특징인 딴뜨릭 불교의 전통을 보존한 가운데 오늘날까지 이어져 오고 있다.

12 이 논쟁에서 중국 측의 돈오(頓悟)적 입장을 강조한 '화상(Hwasang)'이 누구인지에 대해서 알려진 바는 거의 없다.

13 이 논쟁의 주제를 깨달음의 방법론으로 보는 시각 또한 옳지 않다. 논쟁에서 승리한 후 까마라쉬라가 자신의 입장을 정리했다는 『수습차제』를 읽어 보아도 단 한 번도 공(空)에 대한 언급이 없기 때문이다. 후기 티벳 불교의 전형을 완성한 쫑카빠의 『람림(lam rim, 보리도차제론)』에는 이 책을 1백여 번 인용하고 있으나 그의 또 다른 주요 저작인 용수의 『중론』을 해석한 『지혜의 대혜(rig pa'i rgya mtsho)』에는 이 책에 대한 언급이 전혀 없다. 속된 말로 정치적 배경을 감춘 채 '짜고 치던 고스톱'이었던 게 이 삼예 논쟁의 실체였다.

14 이 삼예 논쟁에서 돈오를 이단으로 취급하는 전통은 이후 2차 삼예 논쟁이라고 불러도 손색이 없는 2차 전법기의 고승 사꺄 빤디따가 사용한 방법이기도 했다.

그 뿌리를 내리는 데는 태생적인 한계를 가지고 있었다. 스스로 인도의 사두 (Sadhu, 고행자)처럼 머리를 꼬았던 랄빠쩬은 불교의 강력한 후원자였을지는 몰라도 '중앙/지방' '뵌교/불교'라는 이 힘의 균형을 조절하는 데는 실패하여 결국 얄룽 왕조의 마지막 왕인 자신의 친형제인 랑 달마에게 암살당하고 랑 달마 역시 승려인 자객의 손에 암살당함으로써 통일 티벳은 와해하였다.

티벳 역사책에서는 이로 인하여 불교는 암흑기에 빠지게 되었다고 이구동성으로 언급하고 있다.[15] 그러나 실제 상황은 통일 티벳의 역사를 다루는데 습관이 들어 있던, 그리고 가장 단맛을 많이 보았던 승려/학자들의 기술(記述)과는 달랐을 것이다. 그것은 마치 한 화로 안에서 크게 타오르던 불덩이들이 들판에 흩뿌려지는 것과 같은 효과를 불러왔다. 즉, 중앙 집권기에 전래한 불교가 이제는 각 지방에서 자생적으로 뿌리를 내리기 시작한 것이다. 아띠샤(Atīśa, 980~ 1054)를 비롯해 인도의 여러 현자의 티벳 방문과 캄 지역의 자생적 불교 운동으로 2차 전법기가 시작되기 직전, 이 빈 역사 속에서 불교는 이제 각 지역의 토호들의 조그만 지역의 중앙 집중을 위해서 이용되었다.[16]

이후 신흥 종파들의 출현으로 닝마빠, 즉 구파(舊派)라 불리게 된 종파의 다양한 고승들이 출현하고 그리고 티벳 민중들에게서 가장 존경받고 사랑받는 시인이자 수행자인 미라레빠가 속한 까귀빠가 등장하게 되었다. 각 토호들에 의한 이와 같은 불교의 옹호가 이루어지던 시기, 위짱(중앙 티벳)의 귀퉁이인 사꺄

---

15 개인적으로 '악마에 씌인' 랑 달마가 아닌 통치자로서의 왕, 랑 달마의 폐불 사건의 배경에는 거대 승원의 지원을 위한 과세 제도의 문제(겔룩빠의 정교일치 시기, 전 경작지의 1/3이 승원 소속이었다는 기록을 본 적 있다)와 지방 호족들의 불만이 복합적으로 작용하고 있었다고 본다.

16 지난날 자신들의 조상들이 강력하게 반대했던 전 티벳 중앙 집중의 수단이었던 불교가 각 지방 토호들에 의해서 장려된 결과, 중국이나 몽고, 만주의 황제 정도나 되어야 꿈꿀 수 있었던, 혹은 고려 왕조가 명운을 걸고 행하던 대장경 사업이 티벳에서는 몇 차례 반복되었다.

지역의 뀐가족(族)의 등장은 이후 티벳 역사의 새로운 전환을 가져오게 되었다. 악마와 원숭이의 후예라는 티벳족의 극도의 야만성을 표현하는, 혹은 전쟁을 통하여 정체성을 확보한 다른 부족들과는 달리, 스스로 하늘의 후예〔天孫〕이라는 뀐가족은 자신들의 본거지인 사꺄[17] 일대에서 자손들을 출가시켜 토호 세력이 우려한 승단의 강화가 가지고 올 수 있는 권력 체제 이원화를 방지하여 그 세력을 확장할 수 있었다.[18]

사꺄빠뿐만 아니라 전 티벳 역사를 통해서 그 이름을 각인시킨 사꺄 빤디따 뀐가 겔첸의 등장은 이 2차 전법기의 특징을 그대로 담고 있다 해도 과언이 아니다. 실제로 스승의 죽으라는 명령에 따라 목숨을 끊는 것을 정법으로 받아들이던 당시의 분위기(인도 불교의 유입의 단절과 새로운 도입 시기 사이에 만연된 분위기)는[19] 그릇된 불교 수행의 폐해를 상징한다.

---

17 사꺄(sa kya)는 회색을 뜻하는데, 실제 이 지역은 승복의 잿빛이기보다는 검은색에 더욱 가까웠다. 지금은 한족들이 무작정 지어놓고 보는 성냥갑 같은 백색과 적색을 섞은 색조의 티벳 건물들 때문에 독특한 자취들이 많이 사라졌지만, 예전에 108개의 승원이 있었다는 이 지역은 전통적인 티벳 건축 양식과는 다른 독특한 분위기를 풍긴다. 중국 측 사료에는 회지파(灰地派)라고 알려진 사꺄빠의 또 다른 이명은 하얀 모자를 썼다고 하여 백모파(白帽派)이다.

18 사꺄빠의 법통은 뀐가족의 한쪽이 출가를 하면 다른 쪽에서 아들을 얻어 다음 법좌를 물려주는 식으로 진행되어 왔다. 현재는 41대 사꺄 티진(sa kya khri 'dzin, 티진은 황제를 표현할 때 쓰는 단어다)이 법좌를 지키고 있다. 그의 다른 형제들은 미국으로 망명하였는데, 그 자손들이 현재 인도의 데라둔으로 와서 다음 법좌를 위해 교육받고 있다고 한다. 참고로 티벳 종파의 분포는 겔룩빠가 절대적으로 많으며, 다음은 닝마빠, 4대8소(四大八小)로 분파된 까뀌빠〔부탄은 공식적으로 이 중의 한 부파인 둑(龍) 까뀌빠가 절대적이다〕, 사꺄빠 순이지만 그저 고만고만하다. 이 중 닝마빠는 히말라야 산악 지역에서 절대적인 우세를 차지하고 있다. 시킴도 닝마빠의 근거지인데 이 지역에서 겔룩빠는 환영받지 못하다.

19 미라레빠가 말빠에게 몇 번이나 죽으라는 소리를 들었는지는 유명하다. 그는 비록 다시 소생할 수 있었지만 보통 사람들은 '금생의 고'로부터 해탈하기 위해 죽었다 다시 살아날 수는 없는 법이다.

사꺄 빤디따는 기존의 닝마빠와 까귀빠의 불교 수행법의 비정통성 혹은 방법론적 오류를 강조했다. 이미 1차 전법기의 삼예 논쟁을 통하여 중국의 돈오사상을 맹렬히 반대하였던 전통을 상기시킨 그가 지적한 정통/이단의 문제에 대해서 당시의 주요 종파였던 닝마빠와 마하무드라〔大手印〕의 까귀빠는 '우리 방법은 그런 게 아니다!'는 수세적인 입장에 놓이게 되었다.

'새로운 종파 까귀빠를 창시한 대역경사 마르빠(Marpa)가 인도의 마이뜨리빠다(Maitrīpāda)로부터 전수받은 마하무드라(大印)의 부작의(不作意)의 교계와 과거 마하연 화상이 주장했던 부작의(不作意)의 가르침과 같은 것이라는 주장이 싸꺄 빤디따에 의해 제기되었다. 그리고 이 부작의 논쟁은 까르뽀칙툽으로 비화하여, 순식간에 전 티베트불교계에 커다란 소용돌이를 불러일으키게 된다.'[20]

'이러한 배경에는 부작의에 대한 단순한 오해와 또 일부의 수행자들이 마하연 화상이 주장하는 부작의를 따르는 풍조와, 또 **종파간의 알력**(필자 강조) 등이 서로 겹치며 더욱 뜨거운 쟁점으로 비화하였다고 볼 수 있다. 아무튼 이러한 우여곡절들을 거치면서 티베트불교계에는 까귀빠의 마하무드라의 부작의와 마하연 화상의 부작의가 같다고 매도하는 풍조가 생기게 된 것이다.'[21]

이 책에서는 당시의 수행 전통에 대한 병폐에 대해서 전면적으로 언급하고 있지 않다. 2차 전법기 초기 불교의 특징에 대해서 조금이나마 덧붙이자면, 당시의 티벳 불교는 강력한 왕권 중심의 학술 불교가 아닌 구복 신앙식 불교라는 점을 빼놓을 수 없다. 구복 신앙과 결합한 불교를 비롯한 모든 종교는 언제나 비현실적인 혹은 초월적인 그 무엇을 통해서 대중들에게 접근하려고 한다.

---

20 까말라씰라, 수습차제연구—삼예(bSam yas)의 논쟁 연구, 중암, 불교시대사, p.121.
21 같은 책, p.125.

티벳에서는 그것이 딴뜨릭 불교로 포장되었을 뿐이라면 지나친 강조일지 모르겠다. 어찌 되었든 다양한 사료들이 가르쳐주는바, 2차 전법의 전통이 확립되기 전, 즉 기존의 민간 신앙과 결합한 딴뜨릭 불교의 폐해는 충분히 공감할 만하며 사꺄 빤디따의 맹렬한 공격 또한 충분히 이해할 만하다.

그리고 우리가 빼놓지 말아야 할 점은, 본명인 뀐가 겔첸인 그가 빤디따(Paṇḍita, 현자)라는 칭호를 받은 유일무이한 티벳인이라는 점이다. 보통 현자는 오명(五明)에 능통한 자라고 불리는데, 우리가 눈여겨 볼 부분은 다름 아닌 논리학(因明)에 대한 그의 탁월한 능력이다. 그는 실제로 인도의 다른 논리학자들과의 논쟁에서도 승리하였을 뿐만 아니라 오늘날에도 티벳 불교에서 빼놓을 수 없는 논리학 저서인 『체마릭뗄(tshad ma rigs (pa'i) gter, 量理寶藏)』을 직접 짓기도 했다.[22]

그는 인도 전통에서 비롯되었는지, 그렇다면 그 원전이 있는지에 대한 문제를 우선 지적했다. 전통을 잃어버렸던 닝마빠나 사실 산스끄리뜨어 원전이 없는 대수인법의 꺄귀빠는 이 지적에서 자유스러울 수 없었다. 사꺄 빤디따는 인도 원류의 무극상 요가 딴뜨라의 일종인 헤바지라 딴뜨라(Hevajra Tantra, 平金剛)와 람델(ram dal, 道果, 사꺄빠의 점수법)의 작법을 구축하여, 점수 사상과 후기 인도 밀교를 접목했다. 닝마빠의 전통적인 족첸(rdzog chen, 大圓滿), 꺄귀빠의 마하무드라, 그리고 이후 신흥 종파로 전 티벳을 일통한 겔룩빠의 까라짜끄라 딴뜨라(Karacakra tantra, 時輪)와 『람림(lam rim, 보리도차제론)』 등은 이와 같은 과정을 겪으면서 확립되었다.

11, 12세기 '세계의 지붕'에서 이런 일이 벌어지고 있었을 때, 서북 지역인

---

22 산스끄리뜨어로는 『쁘라마나육띠니디(Pramāṇayuktinidhi)』라고 부르는데, 영어로는 보통 'Treasury of Reasoning', 또는 'Treasury of Logic on Valid Cognition'이라고 한다. 인터넷에 검색해 본 결과 아직 영역되지 않았다. 그의 5종의 주요 저작에 대해서는 http://en.wikipedia.org/wiki/Sakya_Pandita#Five_major_works 참조.

암도 너머에서는 징기스칸의 후예들이 발흥하여 남송을 괴롭히고 있었고 중앙 아시아 일대를 말발굽 아래에 두고 있었다. 티벳 역사의 전기가 된 것은 몽고족 의 구육 칸(Guyug Khan, 재위기간, 1246~1249)의 사꺄 빤디따의 초빙이었다. 당시 이 풀도 자라기 어려운 고지대를 침략하여 직접적인 경영을 하기에는 징기스 칸 후손들에게는 내부의 권력 투쟁, 남송의 저항, 전 유라시아의 전쟁화 등 산 적한 문제들이 너무 많았다. 그리고 한때 장안을 침탈하며 '당나라 군사 12명은 단 1명으로 충분하다'던 과거 토번족의 용맹성도 무시할 수 없었으리라. 거기 다 더욱 중요한 점은 과거 티벳이 인도에서 유입된 불교를 통하여 중앙 집중을 강화할 수 있었던 것처럼, 몽고족에게 필요한 것은 신흥 제국의 중앙 집중을 강화할 새로운 사상의 유입이었다.[23]

　징기스칸 손자들 간의 골육상전에서 승리한 쿠빌라이 칸(1215~1294, 재위 연도, 1260~1294)은 자신의 황사(皇師)로 사꺄 빤디따의 조카인 팍빠('phags pa, 1235~1280)를[24] 초빙했다.

---

23 티벳이 샤머니즘적인 뵌교를 따랐던 것처럼, 징기스칸은 비록 도교를 알고는 있었지 만(도교의 한 부파인 전진교의 장춘자 구처기는 징기스칸과 함께 종행했다) 기본적으 로는 몽고의 전통적인 샤머니즘을 따랐다.

24 팍빠를 유명하게 한 팍빠 문자(八思巴文字)에 대해서, 몽고족의 언어를 팍빠가 만들 었다고 오해하는데 실제 팍빠 문자는 우리가 쓰는 일반문자가 아닌 도장에 새기는 문자다. 10여 년 전, 송광사에서 이전부터 내려오던 팍파 문자로 적힌 문서 때문에 국제 학회가 열렸는데, 실제적인 토론은 도장에 새겨진 문자가 아닌 (이 문자에 대해 연구하는 학자는 거의 없다. 글자의 생김새는 http://www.unicode.org/charts/에서 찾아 볼 수 있다) '축링〔tshugs ring, 생김새가 길다는 뜻임, '우메(dbu me, 머리 없는 글, 無頭)'의 일종으로 경전이 아닌 공문서나 편지 등에 사용되는 티벳 필기체)〕'이었다! 어지간히 '우메'를 아는 티벳학자라면 '축링'은 그냥 읽는다.
세종대왕이 홀로 (혹은 집현전 학자들과 함께) 한글이란 언어를 창제했다는 것은 형 용 모순이다. 언어는 창제되기 전에 이미 존재하고 있는 것이다. 한글이라는 언어는 한반도 거주민들이 사용하던 구두 언어였으며 세종대왕은 이를 쓸 수 있는 문자를 만든 것이다. 1언어 1문자(혹은 표기법)에 익숙한 한국인들에게 이것은 상당히 이해

법보시와 재물보시로 이어지는 불교 공동체인 상가(Saṅgha)의 특징에서 볼 때, 몽고족의 원 왕조가 티벳의 자치를 사꺄빠에게 위임한 것은 통 큰 보시였다. 그러나 이것은 오늘날까지 '티벳이 중국의 일부냐 아니냐?'는 논쟁의 시발점이 되었다.

이 티벳과 중국과의 관계는 여기서 언급하기 상당히 껄끄러운 문제다. 왜냐하면 이 논쟁의 대치점이 되는 어떤 한 개념자의 적용(일테면 근대 민족 국가의 탄생)이 그러한 개념이 통용되기 이전 역사까지도 소급될 수 있느냐는 간단한 문제에서부터 그 고민이 시작되기 때문이다. 침략 왕조이자 단명 왕조인 몽고족의 4대 칸국의 하나인 원나라를 자국의 역사에 포함하는 중국적인 관점은, 제국주의와 식민지라는 기본적인 근대 민족 국가의 개념에서 볼 때 상당한 오류지만 힘의 정치가 판치는 국제 정치에서는 이와 같은 밀어붙이기도 가능하다. 그렇다고 역사가 바뀌는 것은 아니다. 두 번째 문제는 정교일치 사회의 토대를 닦은 사꺄빠 이후 겔룩빠와 청 왕조와의 밀착이다. (실제 티벳 역사책들은 이 점에 대해서 언급을 회피하지만) 필자가 알기로 세계 불교사 가운데 반대파를

하기 어려운 문제인데, 한 언어는 다양한 문자로 쓸 수 있다. 티벳어의 경우는 '우쩬(dbu can, 머리 있는 글, 有頭)'과 사원 입구에서 볼 수 있는 '렌짜(보통 Ranjana라고 쓰는데 네팔 일부 지역에서는 요즘도 사용되고 있다고 한다)', 그리고 다양한 '우메'가 있다. 인도에서는 각 왕조는 자신의 왕조를 위한 문자를 만들기도 했으며 한글이나 한문도 로마자로 옮겨 쓸 수 있다.

세종대왕이 '나랏 말씀이 듕국과 달'라 고민한 것은 언어의 표기, 즉 문자의 문제였는데 그것은 언제나 표음문자(한글)와 표의문자(한문) 사이에는 건널 수 없는 강이 존재하고 있기 때문이었다. 비록 왕조는 몰락했지만, 원나라의 부마국이었던 고려의 지식층에서 팍빠 문자뿐만 아니라 다양한 표음문자에 대해서 알고 있었을 가능성이 매우 컸고 신흥 왕조인 조선 초기의 지식층도 이 표음문자에 대해서는 충분히 알고 있었을 것이다. 실제로 '우메'나 팍빠 문자 그리고 한글의 자모는 상당히 유사한 게 많다. 당시 표음 문자에 대한 전통을 추적하기 위해서는 이런 역사적인 배경과 최소한 4개 이상의 언어에 대한 이해가 필요한데 아직 이 부분에 대한 본격적인 연구 결과를 보지 못했다.

숙청하기 위해서 외국 군대의 힘을 빌린 것은 겔룩빠가 유일하다. 명청 교체기 마지막 신흥 종파였던 조낭빠(jo nang pa)는 명나라 편을 들었다가 거의 폐문지화를 당한다.[25] 굳이 사꺄빠와 겔룩빠의 정교일치 사회를 비교하자면, 사꺄빠는 수동적으로 그리고 겔룩빠는 능동적으로 대처했다고 볼 수 있는데 여기서는 굳이 이 문제에 대해서 다룰 필요는 없어 보인다.[26] 이 겔룩빠의 정교일치 사회에서 다른 종파들은 히말라야 산맥을 넘거나(주로 닝마빠와 부탄의 둑 까귀빠), 간신히 명맥만 유지하거나(까귀빠, 사꺄빠) 또는 폐문 당하는데(조낭빠), 달라이라마 14세의 망명 이후에야 종파 간의 알력이나 투쟁이 아닌 일승(一乘, Ekayāna) 전통이 비로소 생겨나고 있다. 랄빠쩬의 사후 왕권 위주의 불교 대신에 '밑으로부터'의 불교가 전파된 것처럼, 정교일치 사회가 실제적으로 티벳 본토에서 와해된 이후 티벳 불교는 세계를 대상으로 전법에 나서고 있으니 어쩌면 인도 후기 불교는 지난 1천여 년 동안 티벳에 보장되어 있다가 다시 그 모습을 드러내는 셈이다.

『선설보장론』 분석

논리학자로서 사꺄 빤디따는 인명(因明, 불교 논리학)에서 특유의 현량(現量, Skt., pratyakṣa, Perceptive cognizer)을 주장하는데,[27] 그것은 기존의 인도 불교 논리

---

25 최근에 들어와서야 조낭빠는 이단이란 이름에서 벗어날 수 있게 되었다. 조낭빠의 대표적인 인물은 인도와 티벳을 오가며 환생한 고승 따라나타(Tāranātha, 티벳명 sgrol ba'i mgon po, 1575~1635)를 꼽을 수 있다.

26 만약 사꺄빠가 '장기 집권'하였다면 이후 겔룩빠가 보여준 정교일치 사회의 폐악을 반복했을 가능성이 매우 크다.

27 Rinbochay (L.), Mind in Tibetan Buddhism(Snow Lion Publication), pp.56-57 참조. 여기에 정리된 사꺄 빤디따의 주장은 인도의 논리학자 샹까라나다(Shaṅkarānada)의 견해를 따르는데, 그것은 감각적 인식 또는 자각(現量)이 감각 기관의 외부적 감각 대상을 포착하여(색 등의 5종의 근현량, 의현량) 어떻게 내부적인 인식(자증분 현량)으로 전환되는 것인지에 대한 견해다.

학의 차이를 총합적으로 다룬 것이다. 이것은 그가 인도 논리학을 숙지했을 때만 가능한 일이다.

　마찬가지로 그가 인도 문학에도 정통하고 있었다는 것은 『선설보장론』에 두루 스며 있다.[28] 그것은 「귀경게」에 등장하는 여러 선인(仙人, Ṛṣi)들을 통해서 확인된다.

　　　위대한 신과 용왕, 전륜성왕,
　　　선인 뱌사(Vyasa)와 발미끼(Valmiki) 그리고 아끄싸빠다(Akṣapāda) 등이
　　　커다란 희열로 보옥의 왕관을 발아래 (머리) 숙여 존경한
　　　뭇 중생들의 우두머리 일체지자(一切智者)에게 저 또한 경배하옵니다.

　선인(仙人)은 리쉬(Ṛṣi)로 보통 문학에서는 시인을, 그리고 때로는 탈속적인 수행자를 가리키는데, 여기에 『마하바라따』의 저자 뱌사(Vyasa), 『라마야나』의 저자 발미끼(Valmiki) 그리고 인도 논리학의 대표적인 논서인 『니야야수뜨라』의 저자 아끄싸빠다(Akṣapāda)를 등장시키고 있다.

'색근현량의 두 번째 순간과 색의현량의 첫 번째 순간, 이들이 자증분 현량과 함께 발생한다고 인정하는데, 약술하자면 외부로 향하는 두 가지(색, 의현량)와 내부로 향하는 것(자증분 현량)이 한 쌍이 되어 발생한다는 주장이다.'
이와 달리 겔룩빠의 사조인 쫑카빠의 견해와 다르다. 그는 달마못따라(Dharma-mottara)의 견해를 따르는데, 그것은 이와 같은 현량이 연속성을 띄고 발생하지 제각자 발생하지 않는다는 것이다. 개인적으로는 쫑카빠의 견해를 따른다.
28 양정연은 100 송 정도가 인도 혹은 티벳 게송에서 인용되었고 '나머지는 티벳 민간시가(民間詩歌)에서 인용되거나 창작된 것이다'라고 적고 있으나(http://skb.or.kr/down/papers/023.pdf, p.2), 필자의 견해로는 거의 전체가 인도식으로 꾸며져 있다고 본다. 왜냐하면 티벳에는 존재하지도 않는 사자나 코끼리 등의 동물과 남인도의 향나무 등의 식물, 그리고 용수의 저작, 인도의 '이솝 우화'인 『빤짜딴뜨라』에 등장하는 비유 등이 본문에 두루 등장하고 있기 때문이다. 그는 다만 여기에 티벳의 속담 등을 접목시켰다.

사꺄 빤디따가 인도에서 저명한 저술가들이지만 외도인 이들을 굳이 언급하였는지는 조금 의문이지만 우리는 그가 『마하바라따』, 『라마야나』 등 인도의 대서사시는 물론이고 그의 주요 관심사였던 논리학 저서인 『니야야수뜨라』를 의식적이던 무의식적이던 강조하고 있음을 알 수 있다. 다른 불전 문학자가 아닌 이들을 특별히 언급하고 있다는 것은 자신의 저술이 이들의 작품들과 어깨를 나란히 하고 싶다는 뜻으로 해석된다.

그가 이 『선설보장론』을 마치 인도에서 유래한 것처럼 '수바씨따라뜨나니디(Subhāṣitaratnanidhi)'라고 산스끄리뜨어로 부른 것 또한 이런 인도 지향적인 자세의 결과다.

> 410. [9-12]
> 이와 같이 부모가 자식을 사랑하지만
> 그와 같이 자식은 부모에게 (그렇지) 않다.
> 부모가 자식을 (이와 같이) 보살피고 보살폈건만
> 부모가 늙으면 그 자식은 (그와 같이) 업신여긴다.

본문 중의 '이와 같이 ~ 그와 같이 ~'란 뜻을 지닌 '지달 데달(ji ltar ~ de ltar ~)'을 통해서도 이것은 확인되는데, 이 표현은 산스끄리트어의 '야뜨(yat) ~ 따뜨(tat) ~'를 딴 것으로 주로 경전 게송에 등장하는 '번역투'다.

문학 양식으로써 다양한 비유를 통해서 본래의 의미를 살리는 것을 티벳어로는 '뻬돈(dpe don)'이라고 부르는데, '뻬'는 보통 '예를 들자면(뻬나스, dpe na s, Skt, upamā)'이란 뜻으로 평상시에 자주 쓰이며, '돈(don, Skt., rupak)'은 '의미, 일' 등을 가리킨다. 이 '뻬돈 양식'을 우리말로 굳이 옮기자면, '실례를 들어 그 의미를 설명하는 운문학 양식' 정도 된다. (이 양식에 따라 번역하였으므로 때로 '뻬'의 술어부를 '~듯이', '~하는 것처럼'으로 약술하기도 했다.) 이와 같은 양식도 원래 인도에서 비롯되었다. 본문의 7자 1행의 구성 또한 산스끄리뜨어 문학 작품을 따른 것이다. 이것에 대해서는 김성철 교수가 말끔하게 정리해 두었다.[29]

사꺄 빤디따는 인도에서 전래된 경전과 같은 양식으로 『선설보장론』을 지었는데 이는 이후 티벳 시가의 정형을 이루는 기초가 되었다. 이와 같은 예들을 통해서, 인도 원류의 불교와 문학 작품에 사꺄 빤디따가 얼마나 심취하고 있었는지 엿볼 수 있다. 그럼에도 이 글을 굳이 '논(論, 뗸쬐, bstan bcos, Skt., śāstra)'이라고 부른 것은 조금 이해하기 어렵다. 다만 경(經)을 '논'하는 것 정도로 자신을 낮추었다고 추측된다. 어쩌면 그는 자기의 저작들에 산스끄리뜨어 이름을 붙이면서 '논'으로 통일하기를 바랐던 것인지도 모르겠다.

그가 인도에 대해서 정통하고 있었다는 것은 이상과 같이 의심할 여지가 없는데, '어쩌면 중국에 대해서도 어렴풋이 알고 있지 않았을까?'라는 의구심이 드는 것은 다음의 경구 때문이다.

---

29 '산스끄리뜨 시인의 작품(Kāvya)에는 散文(Gadya : prose)과 韻文(Padya : verse)이 있으며, 산문은 네 개의 句(Pāda : quarte)로 이루어져 있다. 각 구의 길이는 拍子(Mātrā : syllabic instant, mora)의 수나 音節(Varṇā : syllable)의 수에 따라 결정된다. 운문의 韻律(Vṛtta : verse rhythm)은 크게 拍子韻(Mātrāvṛtta＝Jāti)과 音節韻(varṇavṛtta＝Vṛtta)으로 나누어지는데, 박자란 하나의 음절을 발음할 때 걸리는 시간을 나타낸다. 'a, i, u, ṛ, ḷ'은 斷音(harsva : short)이기에 오직 한 박자만을 가지며, 'ā, ī, ū, ṝ, ḹ, e, ai, o, au'는 長音(dīrgha : long)이기에 두 박자를 갖는다. 또, 둘 이상의 자음이 겹치는 경우에는 그 앞의 모음을 장음으로 보며, 필요한 경우 구의 末尾에서는 단음을 장음으로 계산하기도 한다. 산스끄리뜨 운문들 중 龍樹의 저술과 관계가 있는 것은 슈로까(Śloka)와 아르야(Ārya)이다. 슈로까는 『베다(Veda)』의 아누스뜨브(Anuṣṭbh : 4x4 調)에서 발달한 서사시 형식인데 8음절짜리 구(Pāda) 넷으로 이루어져 있는 총 32음절의 운문이며, 아르야는, 첫째 구와 셋째 구는 12박자, 둘째 구는 18박자, 넷째 구는 15박자로 이루어져 있는 총 57박자의 운문이다. ……'〔김성철의 회쟁론(범·장·한 대역), 경서원, pp.381~382 참조.〕

328. [8-25]
'부드러운 것은 부드러운 것을 이기고
부드러운 것은 거친 것도 이긴다.
부드러운 것은 모든 것을 성취하기 때문에
부드러운 것 자체가 날카로운 것이다'라고 현자들은 말한다.

이것은 아무리 봐도 노자의 『도덕경(道德經)』 78번과 닮았다.

'천하에 물보다 더 부드럽고 약한 것은 없다. 그러나 곧고 강한 것을 공격하는 데 있어서는 능히 물보다 나은 것도 없다. 달리 그것을 대신할 만한 것이 없기 때문이다. ……'

경구의 구성으로 봤을 때 자신이 생각이 아닌, 즉 다른 사람이 말한 것을 인용한 것인데 그것이 인도 원류의 불경이었다면 다른 현자들이 말했다고 언급하지는 않았을 것이다. 혹자는 『도덕경』이 티벳어로 번역되지 않았고 사꺄 빤디따가 한문을 몰랐을 경우, 그저 자연스러운 우연의 일치라고 여기겠지만 7세기에 이미 현장이 산스끄리뜨어로 이 책을 번역한 적이 있으니 이와 같은 의구심을 지울 수 없다.

『선설보장론』의 구성은 크게 서문, 본문 그리고 결문으로 나누어져 있는데,[30] 본문은 9장으로 구성되어 있다.

정리하면 다음과 같다.

---

30 티벳어로 이들 서문, 본문 결문은 뇐도(sngon 'gro), 뇌씨(dngos gzhi), 죽(mjug) 또는 졸(sbyor), 뇌(dngos), 제(rjes)라고 한다.

구 · 분		제 목	게송수
1.	서문	예경문과 귀경게	2
2.	본문	1 장 현자에 대한 검토	30
		2 장 선량한 성품에 대한 검토	28
		3 장 어리석은 자에 대한 검토	43
		4 장 뒤섞인 행실에 대한 검토	43
		5 장 나쁜 행실에 대한 검토	48
		6 장 자성의 형식에 대한 검토	64
		7 장 부적절한 행위에 대한 검토	47
		8 장 행에 대한 검토	95
		9 장 법에 대한 검토	59
3.	결문	비유를 통한 법을 설명한 이유와 저자 소개	5

게송수 본문 457, 총 464.

불경이나 불전 문학에서 이와 같은 3문의 구성은 거의 공통적인 양식이다.
본문의 내용 가운데, 「3장 어리석은 자에 대한 검토」에서 이야기하고 있듯
이,[31] 가장 나쁜(하등) 자의 징표는 남을 이간질하고 좋은 가르침(성자의 전기 등)

---

31 100. [3-42]
(이런) 악한 자의 성상(性相)에 대하여
설명할 내용들이 많아도
나쁜 구토물의 우물에서 누가 끌어내리오!
이 구토물을 현자가 어찌 경험하리!

101. [3-43]
(다만) 입술을 움직였다는 것으로 신호를 주고
(타인이) 이야기할 때면 눈을 감는 것
(성자의) 전기(傳記)를 들으면 끙끙거리며 (숨쉬기를) 잃어버리는 것
(이 가운데) 무엇을 나타냈어도 (제일) 하등의 징표다.

을 무시하는 것들이다. 티벳인들이 이 글을 애송하고 있다는 것은 때로 『흥부
전』에서 놀부가 심술부리는 대목처럼 웃음이 절로 나는 내용에서 느껴진다.
전쟁터에서의 비겁한 자의 모습 또한 그렇다.

98. [3-40]
전쟁터에서는 (무기를) 장식품처럼 깨끗하게 닦다가
적과 마주치면 자기 쪽 (뒤)에 숨고
(마지못해 싸우러) 가면 적보다 아군 쪽을 더 두렵게 만들고
(제) 무기를 적의 무기가 되게 내던진다.

99. [3-41]
(자기) 군대가 진격할 때는 후미에 모였다가
(이긴 뒤) 회군할 때는 그것의 선두가 되고
먹고 마실 것이 보이면 은근슬쩍 끼어들고
어려움이 보이면 (모든) 방법으로 도망친다.

그 운율을 살리려고 하였으나 애초부터 제대로 옮기는 것은 꿈도 꾸지 못할
일이었다. 〔번역투의 생경함으로 인해서 눈에 거슬리는 경구가 한두 개가 아니라서
그저 천학비재(淺學菲才)함을 통탄할 따름이다.〕 티벳어 원문은 2 · 2 · 3조로 읽는
다. 예를 들자면,

399. [9-1]
중생의 우두머리인 부처님이 계시는 동안
다른 (외도의) 스승을 존경하는 것은
팔공덕수(八功德水)의 (갠지즈 강) 둑에서
짠맛의 우물을 파는 것이다.

이 경구의 원문을 읽을 때는 다음과 같다.

도괸 상게 쑥씬두	འགྲོ་མགོན་སངས་རྒྱས་བཤུགས་བཞིན་དུ།།
뙨빠 쎈라 귀제빠	སྟོན་པ་གཞན་ལ་གུས་བྱེད་པ།།
웬락 게덴 추담두	ཡན་ལག་བརྒྱད་ལྡན་ཆུ་འགྲམ་དུ།།
바채 뙨빠 꼬와인	བ་ཆུའི་སྟོན་པ་བཀོ་བ་ཡིན།།

단음 문자인 티벳어의 특징을 살리는 대신에 기존의 티벳어 경전을 한글로
옮겼던 학자들처럼 정확한 한글음을 찾기 위해 고민한 경우, 4행의 '채'는 (거
의 '채'처럼 빨리 발음한다고 생각하고) '차이'로 옮기면 된다. 이럴 경우 7자
1행의 규칙에 어긋나는 문제가 생긴다.

위의 경구는 용수가 지었다는 '『쁘라갸단다(prajñādaṇḍa, 자세한 내용은 본문의
399번 경구 각주 참조)』'라는 위경(僞經)에서 약간 바꾼 것인데, 이 『선설보장
론』과 불전 문학과와의 친밀한 관계에 대해서는 별도로 언급할 필요가 없어
보인다. 그것은 본문의 마지막 장인 9장에서 별도로 「법에 대한 검토」를 다루
고 있다는 점에서 더욱더 명확한데, 출가자로서 당연한 자세라 하겠다.

이 경구집이 이후 티벳 운문학의 기초를 놓았다는 점과 그리고 그 내용이
티벳 불교라는 종교를 떠나서 보편적인 인간의 심성과 행위를 다루고 있다는
점을 조금이나마 공감한다면, 과거 티벳 뽀다라 궁에서 관리들이 차를 마시며
여기에 나오는 경구들로 담소를 주고받던 풍경, 때로 웃음을 터뜨리던 그 풍경
이 연상될 것이다. 별도로 언급할 필요가 없는 명문들이 본문에 두루 편재되어
있으므로 직접 읽으며 느껴보는 게 나을 듯싶다.

사꺄 대승원의 내부 전경   Copyright Sangwhan Shin

티벳어 30음도의 한글 표기표

각 행의 명칭	무성무기음	무성대기음	유성무기음	비음
까데(후음) ka ཀ	까 ka ཀ	카 kha ཁ	가 ga ག	나(이응) nga ང
짜데(구개음) ca ཅ	짜 ca ཅ	차 cha ཆ	자 ja ཇ	냐 nya ཉ
따데(치음) ta ཏ	따 ta ཏ	타 tha ཐ	다 da ད	나 na ན
빠데(순음) pa པ	빠 pa པ	파 pha ཕ	바 ba བ	마 ma མ
짜데 (거센 구개음) tsa ཙ	짜 tsa ཙ	차 tsha ཚ	자 dz ཛ	와(반모음) wa ཝ
싸데(치찰음) zha ཞ	싸 zha ཞ	싸(자) za ཟ	아(모음) ་འ	야(반모음) ya ཡ
라데 ra ར	라 ra ར	라 la ལ	샤(치찰음) sha ཤ	사(치찰음) sa ས
하데 ha ཧ	하 ha ཧ	아(모음) ཨ		

　　티벳어 로마자(字) 표기는 와일리 표기법(Wylie system)에 따라 적었다. 표준 티벳어 발음의 경우, '라사의 공식어 혹은 관리들이 사용하는 언어를 기본으로 한다'지만 지역마다 발음이 다른 게 캄이나 암도 지역과 중앙 티벳인 위짱 지역과는 말이 통하지 않을 정도다. 와일리 표기법의 특징은 완벽한 원어를 구축할 수 있다는 점인데, 익숙해지기 전에는 로마자로 원래의 티벳어에 따라 발음하기 어렵다.

　　티벳어가 역경 작업 등을 위하여 산스끄리뜨어에 기원을 두고 만들어진 만큼 산스끄리트어의 50 음도와 큰 관련이 있으니 이것에 대해서는 따로 공부해야만 된다. 더 나아가 두 언어의 특징을 주지했다고 해도, 8세기 경 토미 삼보따가 『숨쭈빠(gsum bcu pa, 30음들을 설명하는 30개의 게송집)』를 만들 때 티벳인들의 독특한 발성법을 염두에 두고 이를 정리한 관계로 전통 산스끄리뜨어의 발음법과도 맞지 않다는 것도 유념해야 된다. 티벳 발음은 오늘날 히말라야 산악 지역에 남아 있는 독특한 발음들로 구성되어 있어 산스끄리뜨어에 없는 발음도 더러 있다. 그러므로 한글로 표기할 때 기존의 산스끄리뜨어 학자들이 정리한 부분과 맞지 않는 점도 눈에 띈다. 기존의 일본학자들을 답습한 대부분의 한국 학자들도 무의식적으로 이를 따르는데 이 점은 반드시 고칠 필요가 있다.

　　예를 들자면 산스끄리뜨어의 50음도표는 순전히 자음 혹은 반모음을 포함한 자음들로 구성되어 있으나 30음도표에서는 '아('ᅥ)'와 '아(a ᅰ)' 음 등이 보여주듯 모음을 기본 30음에 포함하고 있다. 그러므로 우리말의 'ㄲ, ㅋ, ㄱ' 식으로 쓸 수 없다. 기본 모음들은 '이·우·에·오(i, u, e, o, ᅦᅲᅦᅥ)'로 되어 있으며 장모음은 없다. 티벳어의 기본 발음법의 특징 중의 하나는 단음 문자(monosyllabic)라는 점인데 두 모음이 겹치는 경우, 이를 하나의 모음으로 처리한다. 대표적인 경우가 소유격에 사용되는 '이('i, ᅥ)' 음으로 이런 경우 '애(æ)'음이 된다. '에(e)'의 경우는 뒤따라오는 자음들 가운데, '다 ·나 ·라 ·사(da, na, la, sa)' 음과 만나면 바뀐다. 이것은 우리말로 옮기기 매우 어려운 경우인데,

독어의 우무라우트처럼 줄여서 사용하는 경우가 생길 수 있다. 예로 들자면 'bod'는 원래음은 o+e이지만 '뵈'로 적는다.

티벳어 문법의 근간을 이루는 '젠죽추(rjes 'jug bcu, 10개의 꼬리문자, suffixes)'는 '가·나·다·나·마·바·아·라·라·사(ga, nga, da, na, ba, ma,', ra, la, sa)' 음으로 이루어져 있으며, 이 중에 '가·다·바·마·아'는 '돈죽나(sdon 'jug lnga, 머리글자를 이루며 발음하지 않는다)'이다.

이 밖에도 문법에 관한 부분은 많은 설명이 필요하지만(특징적인 부분은 본문 각주 참조) 30음도의 주요 특징에 대해서만 언급하자면, 티벳어에는 3개의 비음들이 있어 한글의 '니은(n)' 음과 비교하여 표기에 난점을 제공한다. 한글에 가장 가까운 '니은'은 따데의 '나(na)'이며, 까데의 경우 산스끄리뜨어처럼 'ṅa'로 적고 한글로 '응아'로 쓰기도 하는데, 청전 스님이나 김성철 교수 등도 이를 따르고 있다. 한글로 발음할 때 약간의 비음이 섞이는 정도인데 티벳어의 1인칭 주격으로'내가 무엇을 했다' 등에 자주 쓰이는 발음으로 우리말 발음의 '나'에 '이응'을 약간 덧붙이는 정도다. 문제는 짜데의 '냐(nya)'인데 이 경우는 '이응'을 더욱 강조하여 '냥' 정도면 되지만 우리말에 없는 발음이다 보니 신경이 쓰인다.

이 밖에도 2행 짜데와 4행 짜데의 경우, 우리말로 표현하기에는 난점이 있는데 4행의 경우는 기본적으로 러시아의 '짜르(zar)'를 발음할 때처럼 혀에 힘을 주면 비슷하게 소리난다. 이 발음들은 현대 파키스탄의 공용어인 우르두에 남아 있다. 치찰음인 '시웃'의 경우는 4개나 되는데 싸데의 '싸(zha)'는 비슷하지만 '싸(za)'의 경우는 '자'음으로도 들리는 게 너무 확실하여 본문 중에서도 그렇게 적었다. '샤'와 '자'가 섞인 가운데 '쟈'으로 뒷소리를 강조하면 비슷하게 된다. '샤(sha)'는 확실하게 들리지만 '사(sa)'의 경우는 종종 '싸'로 표현하기도 한다. 대표적인 경우가 티벳의 수도를 '라싸(lha sa)'로 표기하는 경우인데, 이것은 앞에 오는 '하(ha)'의 영향을 받은 경우다. 보통 산스끄리뜨어의 '싸(ṣa)'를 착각하는데 이것을 티벳어로 옮길 때는 'ᄫ'로 산스끄리뜨어 표기를 제외하고는 거의 사용하지 않는다. 이 4종의 치찰음 중 '싸(zha)'와 '싸(za)'의 경우는 산스끄리뜨 어에 없는 음들로 현대 네팔어에 남아 있다. 본문에서 '셰(shas)'로 적은 것은 이 'sha' 음이 '에' 음을 만난 경우이며 '쉬(shi)' 의 경우는 '이' 음을 만난 경우인 데 이 표기에 대해서는 앞으로 좀더 고민할 필요가 있다. 짜데와 구분하기 위해 서, 일단은 싸데의 2종 치찰음의 경우는 'ㅆ'를 초성으로 취하고 라데의 2종 치찰음은 'ㅅ'음을 기본으로 하는 방법을 제안할 수 있겠지만 아직까지 결정할 만한 것은 못된다. (한글의 고어를 되살려 기호화시키면 산스끄리뜨어와 티벳어 한글 표기가 가능할 것이라는 생각이 최근에 들었다.)

토미 삼보따가 인도령 히말라야 산악 지역의 기본음들을 근거에 두고 30음 도를 만들었기 때문에 이 점은 산스끄리뜨어를 공부한 학자들도 특히 유의해야 된다. 빼놓을 수 없는 것 중의 하나는 빠데의 '바(ba)' 음이 반모음 '와(wa)'로 바뀌는 경우인데, 이것은 앞서 오는 '돈죽'의 '다(da)'가 영향을 끼치는 경우가 있는데('다 논죽'이 아닌 경우는 'ㅂ'음을 취한다) 보통 산스끄리뜨어의 'va' 음으로 간주하면 무리가 없다.

이 밖에도 기본적인 한 어휘를 구성하는 '머리글자(고쩬, mgo can)'와 '본 글자 (밍시, ming gshi)' 그리고 '본 글자' 아래에 붙어 발음이 바뀌는 '곡쩬('dogs can)' 등이 있다. 예를 들어 이를 바탕으로 다음 단어를 살펴보면,

བསྒྲུབས་

본문에 수차례 등장한 이 글자는 성취하다, 이루다, 마치다 등의 뜻을 지닌 '둡(sgrub)'의 과거형인데, 이 글자를 해제하면 바오는 논죽, 사는 고쩬, 가는 밍 시, 라는 라따(곡쩬 4종의 하나로 라따가 붙으면 따행의 발음을 쫓아감), 바는 젠죽, 사는 양죽[다(da)와 사(sa)로 한 글자의 완성형을 나타내는데 현재는 한 어휘의 완성형 을 나타내는 몇 글자에만 남아 있다]이다.

　이와 같은 기본 표준음에서도 라싸어와 위짱어(중앙 티벳어)의 차이가 나는 대표적인 경우는 승리를 뜻하는 'rgyal ba'다. 표준 문법과 라싸어에 따르자면 이것을 '겔와'가 되지만 젠죽 'l'의 'e' 음 변형을 간주하지 않고 '야따(ya ta)'의 'ya' 음을 강조하는 위짱어는 '걀와'라고 발음한다. 다람살라의 티벳어 수업 시간에서도 이 점에 대해서는 크게 신경 쓰지 않고 있으므로 유념하는 게 좋을 듯하다.

찾아보기

찾아보기

원저자

사꺄 빤디따 본명 뀐가 곌첸(kun dga' rgyal mtshan, 1181~1251)

사꺄빠의 5대조 중 4대조로 오명(五明 : 고대 인도에서 통용된 학문의 구분)에 능통한 제2차 전법기의 고승, 당시 국제 정치 역학 관계를 이용하여 몽고족으로부터 티벳 영토의 자치권을 획득, 이후 티벳의 정교일치 사회를 토대를 닦은 대석학.

옮긴이

신상환(辛尙桓) 철학 박사, 1968년 전남 광양 生

순천고등학교(1986)·아주대학교 환경공학과(1993)를 졸업하고 카라콜람 산맥을 넘어 파키스탄을 통해서 인도로 들어간 후 인도·티벳·중국 등을 여행하였다(1993~1998).

티벳 불교를 공부하기 위하여 타고르 대학으로 알려진 인도의 비스바 바라띠(Visva-Bharati) 대학의 인도 - 티벳학과(Indo-Tibetan Studies)에서 티벳학 석사 및 같은 학교에서 산스끄리뜨어 준석사(Diploma) 등을 마쳤으며 캘커타 대학의 빠알리어과에서 철학박사 학위를 취득했다(1999~2008).

현재 비스바 바라띠 대학의 인도-티벳학과의 조교수(Lecturer)로 재직하고 있으며 티벳 경전의 한글 번역에 관심을 쏟고 있다.

주요 저서로는 티벳·타클라마칸 사막·고비 사막의 자전거 여행의 기록인 『세계의 지붕 자전거 타고 3만리』 등이 있으며 논문으로는 「시초 단계의 초기 대승불교에 대한 반야부의 영향 - 가설적 접근」, 「삼예 논쟁의 정치적 배경과 까마라쉬라의 수습차제에 대한 비판적 고찰」, 「한문 대장경에서의 밀교의 자취」 등이 있다.

티벳 운문학의 정수

선설보장론 善說寶藏論

원저자 | 사꺄 빤디따
옮긴이 | 신상환

초판일 | 2010년 7월 10일
펴낸곳 | 도서출판 서이원

펴낸이 | 윤영만
표지디자인 | 김경옥
본문디자인 | 마하심

신 고 | 제300-2009-99호(2009.9.3)
주 소 | 서울특별시 종로구 부암동 216
전 화 | (02) 379-5134
팩 스 | (02) 379-5134
e-mail | samhorst@hanmail.net

ISBN 978-89-964592-0-0 93220

값 22,000원

*잘못된 책은 바꾸어드립니다.